CAHIERS DU PATRIMOINE 86

# RIOM
# Une ville à l'œuvre
## ENQUÊTE SUR UN CENTRE ANCIEN - XIII$^{e}$-XX$^{e}$ SIÈCLE

Bénédicte Renaud

Direction de la publication
Dominique Frasson-Cochet
Marie-Blanche Potte

Photographie
Roger Choplain
Roland Maston
Jean-Michel Périn
Isabelle Védrine

Dessin et cartographie
Guylaine Beauparland-Dupuy

Ouvrage réalisé par le service régional de l'Inventaire général du patrimoine culturel, Conseil régional d'Auvergne.

Lieux Dits Éditions

## DIRECTION DE LA PUBLICATION

Dominique Frasson-Cochet, conservateur en chef des bibliothèques
Marie-Blanche Potte, conservateur du patrimoine, conservateur régional de l'Inventaire Auvergne

## AUTEUR

Bénédicte Renaud, conservateur du patrimoine, Inventaire Auvergne

## PHOTOGRAPHES

*Sauf mention contraire*
Roger Choplain, Inventaire Auvergne
Roland Maston, Inventaire Auvergne
Jean-Michel Périn, Inventaire Auvergne
Isabelle Védrine, Inventaire Auvergne

## DESSINATEUR-CARTOGRAPHE

*Sauf mention contraire*
Guylaine Beauparland-Dupuy, architecte, Inventaire Auvergne

## RELECTURE

Jean-Baptiste Minnaert, professeur d'histoire de l'art contemporain, université François-Rabelais de Tours
Renaud Benoit-Cattin, conservateur en chef du patrimoine, conservateur régional, Inventaire Nord-Pas-de-Calais
Dominique Frasson-Cochet, conservateur en chef des bibliothèques, conservateur régional, Inventaire Auvergne
De la sous-direction de l'archéologie, de l'ethnologie, de l'Inventaire et du système d'information :
Georges Coste, conservateur en chef du patrimoine, mission Inventaire général du patrimoine culturel
Catherine Gros, conservateur du patrimoine, mission Inventaire général du patrimoine culturel
Pascal Liévaux, conservateur du patrimoine, département recherche, méthodes, expertise
Hélène Verdier, conservateur général du patrimoine, département recherche, méthodes, expertise
De la direction de l'architecture et du patrimoine :
Francis Muel, conservateur général du patrimoine, inspection générale de l'architecture et du patrimoine

Et aussi :
Bruno Phalip, professeur d'histoire de l'art médiéval, université Blaise-Pascal de Clermont-Ferrand

La documentation sera consultable :
Au centre de documentation du patrimoine, Hôtel de Chazerat, 4 rue Pascal, 63 000 Clermont-Ferrand,
Sur les bases de données nationales Mémoire, Mérimée et Palissy,
Sur le site Internet du service régional de l'Inventaire (Conseil régional d'Auvergne).

## REMERCIEMENTS

A :
Monique Chatenet, Georges Coste, Bernard Gauthiez, Pascal Liévaux, Thierry Lochard, experts auprès de la Sous-direction de l'archéologie, de l'ethnologie, de l'Inventaire et du système d'information,

A Gilles Séraphin, chargé de mission du Secteur sauvegardé de Riom,

Mais aussi à Christophe Morand,

et à :
Isabelle Barbedor, Joëlle Barreau, Renaud Benoit-Cattin, Isabelle Boutin-Fontugne, François Capeline, Florence Cassier, Brigitte Ceroni, Jean-Denis Clabaut, Alexandrine Condou, Yves Connier, Claire Etienne, Bernard Galland, Pierre Garrigou Grandchamp, Fabrice Gauthier, Catherine Gros, Virginie Inguenaud, Christian Le Barrier, Jean-Paul Lerclercq, Viviane Manase, Philippe Mercier, Claude Mignot, Daniel Parent, Bruno Phalip, Pascal Piéra, Marie-Blanche Potte, Laurent Poupard, Christiane Roussel, Maurice Scellès, Josiane Teyssot, Philippe Vergain, Gérard Vernet,

aux habitants de Riom, qu'ils soient propriétaires, locataires, gérants de sociétés, d'immeubles ou d'institutions, qui ont bien voulu m'ouvrir leur porte, et nous autoriser à prendre des photos et faire des relevés,

à mes interlocuteurs :
aux archives communales de Riom, en particulier à Mme Francine Mallot,
aux archives départementales du Puy-de-Dôme, en particulier à Mme Nicole Lepron et M. Henri Hours,
à la bibliothèque communautaire et inter-universitaire de Clermont-Ferrand, en particulier à Mme Elisabeth Dravet,
au centre régional de documentation pédagogique, en particulier à Mme Annie Didier,
au musée Mandet, en particulier à Mme Marie-José Linou,
au service d'animation du patrimoine de Riom, en particulier à Mme Marie-Anne Barnier,
au service départemental de l'architecture et du patrimoine du Puy-de-Dôme, en particulier à M. Antoine Armynot,
aux services techniques de la ville, en particulier à Mme Brigitte Juillard et Mme Rachel Royon,

aux Archives nationales, en particulier à M. Luc Requier,
à l'agence photographique du centre des monuments nationaux,
à la Bibliothèque nationale de France,
au Centre de recherche des monuments historiques, en particulier à Mme Martine Diot, Mme Françoise Esposito, Mme Jannie Mayer, M. Alain Prevet,
à l'Ecole des hautes études en sciences sociales, en particulier à Mme Marie-Christine Vouloir,
à la revue *Mappemonde*, en particulier à Mme Patricia Cicille

## ABREVIATIONS

A.C. : archives communales
A.D. : archives départementales
A.N. : archives nationales
B.H.S.A. : bulletin historique et scientifique de l'Auvergne
D.R.A.C. : direction régionale des affaires culturelles
O.P.A.C. : office public d'aménagement et de construction
BnF : Bibliothèque nationale de France

Les références des ouvrages cités dans le texte ou dans les notes sous une forme abrégée se trouvent dans la partie Bibliographie.

# Table des matières

**Vue depuis la terrasse du 20 rue de l'Hôtel de Ville vers l'ouest, avec au premier plan à droite la partie haute de la façade de la succursale de la Banque de France.**
Construite d'après des plans de Louis Jarrier, architecte de Clermont-Ferrand (1862-1932) entre 1921 et 1924, elle s'inspirerait d'un édifice préexistant d'époque Louis XVI.

# PREFACE

Madame, Monsieur,

L'ouvrage qui s'ouvre ici parle de rencontres ; celle, d'abord, entre l'application méthodique du service de l'Inventaire du patrimoine avec une ville elle aussi rigoureuse, ville de la magistrature aux fronts de rue unis, Riom.
L'on peut dire, sans doute, que l'Inventaire et Riom se ressemblent. Au fil de l'étude, l'apparente sévérité raconte une histoire longue, déroulée des caves aux greniers, ordonnée par les rues : elles aussi, se croisent et se rencontrent, pour former les places. A force d'architecture, de percées, d'alignements, de traces, la ville s'est faite. C'est cette histoire qui nous est contée.

Riom est célèbre pour son plan régulier, qui illustre fort bien d'ailleurs son statut médiéval de capitale administrative et judiciaire. Des rues au cordeau ouvrent, à leurs extrémités, sur le paysage alentour, dans ce mélange de ville dense et de campagne toute proche que l'on trouve en Auvergne. Mais on découvre, à l'envers du décor, toute la complexité d'un lieu que l'on habite depuis longtemps.

Une étude urbaine menée par un service de l'Inventaire est toujours l'occasion d'une grande mise à plat, celle du territoire, celle des raisons qui modèlent les rues, les façades et les cours.
Cette enquête très approfondie de Riom ne déroge pas à la règle : elle décrit la longue occupation des lieux à travers des habitats retouchés, modifiés, partagés, rendus présents par l'usage.

Je tiens à remercier vivement Bénédicte Renaud pour avoir su mener, face à une ville aux archives en grande partie perdues, une étude « pierre par pierre », qui rend la mémoire aux rues du centre ancien. Elle a usé pour cela de tous les moyens de l'esprit mais aussi de la technique, comme en témoigne l'illustration fine de l'ouvrage, et le recours, pour appuyer le texte, aux techniques d'investigations les plus pointues, comme la datation par dendrochronologie, le recours à la thermoluminescence, ou la description par photogrammétrie.

La dernière rencontre enfin qui façonne cet ouvrage, c'est celle, en 2006, entre le grand projet dû à Malraux et à André Chastel de dresser l'Inventaire, et le Conseil régional d'Auvergne. *Riom, Une ville à l'œuvre* est ainsi le premier cahier du patrimoine publié par l'Inventaire désormais service du Conseil régional, maître d'œuvre de ce que Malraux appelait une « aventure de l'esprit ».
En accueillant l'Inventaire, en finançant en intégralité la publication de l'étude de Riom, le Conseil régional saisit ainsi l'opportunité d'accorder à sa politique de développement durable tout le recul qui lui est nécessaire, préparant les villes à venir par l'étude raisonnée du patrimoine légué.

Nul doute qu'il y a là matière à intéresser tous les Riomois, mais bien au-delà, tous ceux qui sont persuadés que l'on peut lire au fil des rues l'histoire, jusqu'au plus ténu des patrimoines, celui de l'usage, des déplacements, des rencontres. Cet ouvrage saura, j'en suis certain, faire date dans l'histoire des études urbaines tout autant que dans celle de la connaissance de notre territoire régional.

**René Souchon**
*président du Conseil régional d'Auvergne*

Vue de Riom depuis le nord-ouest.

# LA MÉTHODE À L'ŒUVRE

**Bruno Malinverno**, chef de la mission Inventaire général du patrimoine culturel

*Riom, une ville à l'œuvre*, prend place parmi la vingtaine de villes publiées dans la collection des *Cahiers du patrimoine*. L'étude de ces villes repose sur une méthodologie élaborée et maintenue au plan national, et que partagent les chercheurs engagés dans l'Inventaire général du patrimoine culturel. Ces études mettent d'autant plus en valeur les caractères originaux de chaque territoire qu'elles se fondent sur ce référentiel méthodologique commun : pour apparaître, le génie du lieu a besoin d'une mise en scène nationale. *Riom, une ville à l'œuvre*, illustre avec bonheur l'application circonstanciée de ces règles de méthode.

D'abord, une certaine modestie qui veut que l'on prenne, non au pied de la lettre, mais au sérieux ce que nos prédécesseurs ont dit ou que d'autres spécialistes disent sur le sujet : Riom ville régulière, homogène, archétype d'un siège de tribunal, cité médiévale, etc., autant d'apparents lieux communs qui ont été à l'origine des hypothèses les plus fécondes de l'enquête. Et ce sont les questions que l'on pose qui font la bonne application d'une méthode.

La réponse à ces questions est recherchée dans l'observation directe, sur le terrain, de la ville telle qu'elle est, ses rues, ses aménagements, en appréhendant la grande masse de ses maisons comme ses monuments insignes. Mais à chaque objet, des échelles d'étude adaptées, une place déterminée dans l'argumentation : les monuments sont les repères des moments forts de l'histoire du développement urbain, sur la façade de chaque maison sont relevés les facteurs de régularité du paysage urbain, derrière chacune d'elles est mis au jour l'articulation de la distribution intérieure avec le réseau viaire qui témoigne du processus d'homogénéisation des fronts de rue, dans chaque parcelle la recherche, la localisation et l'identification sommaire des vestiges médiévaux prend la mesure d'une période historique occultée, etc.

L'instrumentation scientifique suit les niveaux d'observation. La notation codée, le plan schématique sont de précision suffisante quand on cherche les communautés de traits propres au grand nombre plutôt que la singularité de chaque œuvre : la statistique qui mesure la récurrence des caractères et la pertinence de leurs combinaisons s'impose alors, de même que la cartographie qui reconstruit le territoire par strates typo-chronologique et donne à voir la disposition relative des œuvres entre elles et suggère leurs relations. Travaux historiques et archives disponibles sont sollicités pour préciser la chronologie, connaître la politique urbaine des édiles, évoquer les modes d'occupation des demeures. Dans ce dispositif, la monographie – et les techniques qui lui sont propres : exploitation fine des sources d'archives, relevé régulier, photogrammétrie, photo redressée, dendrochronologie, ... -, tient peu de place : les maisons, mais aussi les rues, îlots, lotissements, etc. ne sont pas étudiées pour eux-mêmes, ce sont les rapports qu'ils entretiennent entre eux qu'il est question d'élucider pour comprendre la formation du paysage urbain.

La description fluide et continue du général au particulier, de la ville à l'alcôve, restituant la totalité des choses dans la vérité de leurs détails, cède la place à une démonstration faite d'arguments soigneusement sélectionnés, une prise de position dans un débat ouvert qui intéresse les scientifiques comme les usagers de la ville. Mais le débat n'est-il pas un moyen éprouvé de progrès de la connaissance ?

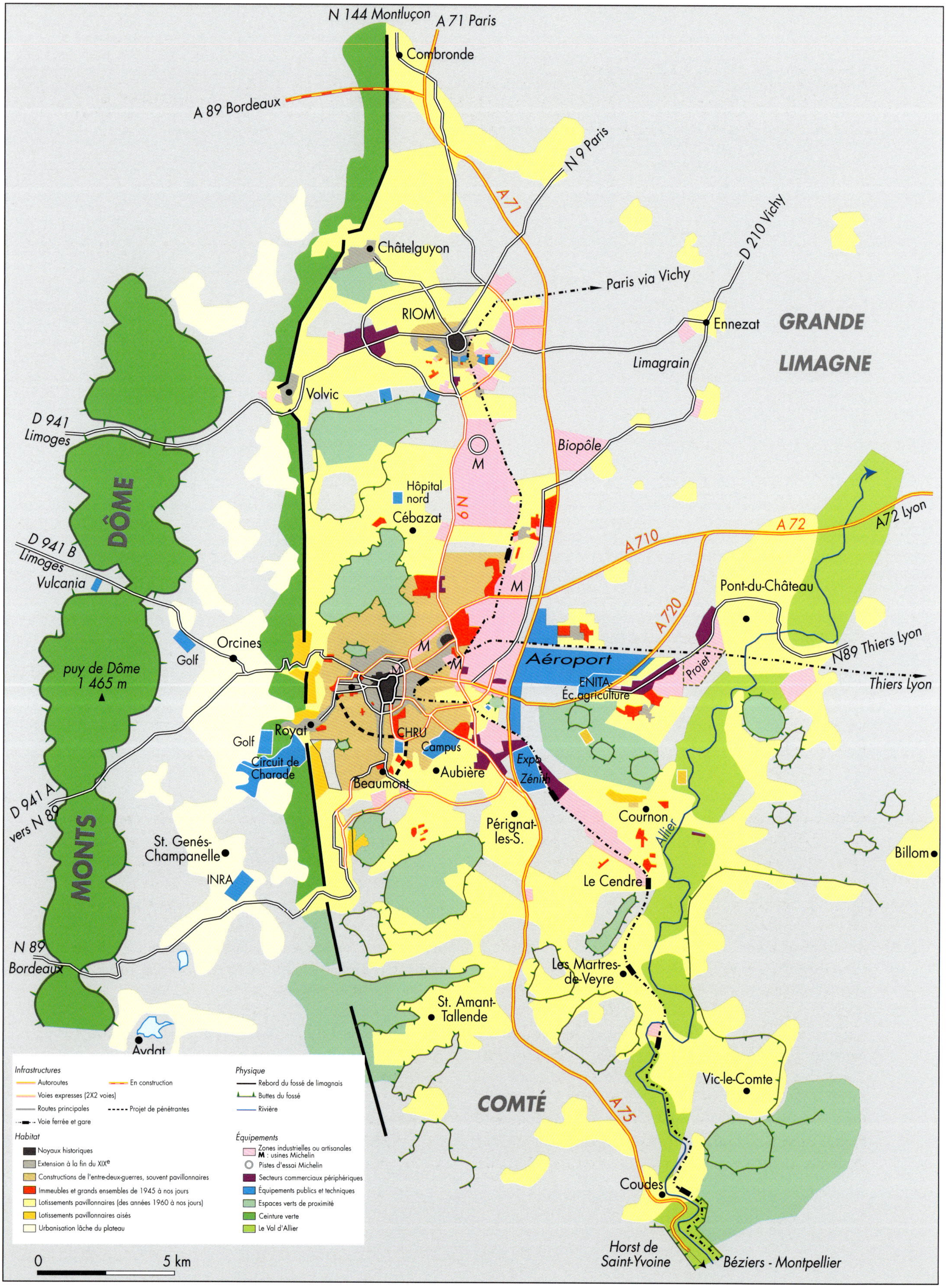
N 144 Montluçon
A 71 Paris
Combronde
A 89 Bordeaux
N 9 Paris
A 71
Châtelguyon
Paris via Vichy
D 210 Vichy
RIOM
Ennezat
GRANDE
LIMAGNE
Limagrain
Volvic
D 941
Limoges
M
Biopôle
DÔME
Hôpital
nord
N 9
Cébazat
D 941 B
Limoges
Vulcania
A 710
A 72
A 72 Lyon
M
A 720
Pont-du-Château
Orcines
Golf
M
M
M
Aéroport
Projet
N89 Thiers Lyon
puy de Dôme
1 465 m
ENITA
Éc. agriculture
Thiers Lyon
Royat
CHRU
Golf
Circuit de
Charade
Campus
Expo
Zénith
Beaumont
Aubière
D 941 A
vers N 89
Cournon
Pérignat-
les-S.
Allier
St. Genés-
Champanelle
Billom
MONTS
INRA
Le Cendre
N 89
Bordeaux
Les Martres-
de-Veyre
St. Amant-
Tallende
Aydat
Vic-le-Comte
COMTÉ
A 75
Coudes
Horst de
Saint-Yvoine
Béziers - Montpellier
Infrastructures
Autoroutes
En construction
Voies expresses (2X2 voies)
Routes principales
Projet de pénétrantes
Voie ferrée et gare
Habitat
Noyaux historiques
Extension à la fin du XIXe
Constructions de l'entre-deux-guerres, souvent pavillonnaires
Immeubles et grands ensembles de 1945 à nos jours
Lotissements pavillonnaires (des années 1960 à nos jours)
Lotissements pavillonnaires aisés
Urbanisation lâche du plateau
Physique
Rebord du fossé de limagnais
Buttes du fossé
Rivière
Équipements
Zones industrielles ou artisanales
M : usines Michelin
Pistes d'essai Michelin
Secteurs commerciaux périphériques
Équipements publics et techniques
Espaces verts de proximité
Ceinture verte
Le Val d'Allier
0
5 km

**1- Morphologie urbaine de Clermont-Ferrand-Riom en 2001**
Carte parue en 2001 dans la revue Mappemonde (n°64), illustrant un article de Christian Jamot « Clermont-Ferrand », p. 30-35.
Clermont, Montferrand et Riom constituent les trois principaux noyaux historiques autour desquels s'organise le développement de l'aire métropolitaine. L'aire clermontoise est restée « parisienne » à 80%, d'après Christian Jamot, et dialogue fort peu avec Lyon comme cela est souvent écrit. Le système axial nord-sud se lit particulièrement bien au niveau routier et autoroutier (Paris-Clermont-Béziers).

# INTRODUCTION

« ...-pour comprendre les villes il faut les considérer avec plaisir-... », Philippe Panerai, 2005

« Les villes ne sont pas seulement les empreintes d'une longue suite de gestes architecturaux et urbanistiques. Elles sont à la fois matrices et substrats d'une infinité de représentations et d'actions évoluant dans une multiplicité d'échelles et de temporalités, où se mêlent l'individuel et le collectif, le savant et l'ordinaire, l'exceptionnel et le banal », Jean-Baptiste Minnaert, 2006.

L'étude des villes, à l'Inventaire général, s'est infléchie au cours des dernières années : après l'ouvrage de référence que constituent les deux premiers volumes publiés sur les demeures de Montpellier (Bernard Sournia, Jean-Louis Vayssettes[1]), une autre tendance se dessine en effet où l'étude de la morphologie d'ensemble est ramenée au premier plan (étude de Montpellier par Ghislaine Fabre et Thierry Lochard[2], et dernièrement, Le Havre par Claire Etienne[3]). Il s'agit alors avant tout de « mettre en relation des éléments illisibles, oubliés ou insignifiants qui permettent de reconstituer des dispositifs d'organisation de l'espace »[4]. De même, des questionnements sont posés à la ville en tant que forme cohérente et non plus en tant qu'agrégat d'édifices : « cherchant à comprendre et à expliquer la forme urbaine, la question des marges et des limites semblait prioritaire », écrit par exemple Isabelle Barbedor (dans *Rennes, mémoire et continuité d'une ville*[5]). Notons que certains historiens (François Loyer[6], ...) et certains architectes intéressés par la connaissance de la ville ancienne comme moteur indispensable au renouvellement urbain (Aldo Rossi[7], ...) se sont rejoints sur cette approche de la ville en tant qu'œuvre (ou « édifice géant »)[8]. La parution, sous l'égide de l'Inventaire général, d'un *Vocabulaire de l'espace urbain*[9] témoigne également d'un intérêt renouvelé pour ce milieu « caractérisé par le cumul, plus ou moins organisé ou planifié, d'interventions multiples ayant trait au parcellaire, à la voirie, à l'architecture et à l'aménagement des espaces publics », chacune de ces interventions ayant des « logiques de renouvellement différentes, suivant des rythmes distincts, de la durée millénaire pour la voirie, séculaire souvent pour les édifices, parfois très courte pour le mobilier urbain »[10].

## Transformations et régularité.

Ainsi un de nos objectifs a-t-il été de montrer la ville comme un organisme vivant, objet d'intentions contradictoires, forte, de tout temps, d'un potentiel de transformations, créateur d'une complexité que ne soupçonne pas le visiteur occasionnel, voire l'habitant. Il s'agissait de démonter le processus d'aménagement du territoire, de décrire la ville comme une entité où sont à l'œuvre des idéologies, de faire émerger des conceptions architecturales et urbaines dont les résultats constituent un réservoir d'expériences spatiales toujours utiles pour les praticiens.

Un autre objectif était la mise en forme d'une restitution synthétique de ce que l'approche physique et territoriale nous avait permis de comprendre de la ville en prenant le contre-pied d'une démarche érudite. La synthèse devait s'appuyer sur un rassemblement renouvelé de données avec l'idée directrice qui consistait à ne considérer les édifices que « comme des moments et des parties d'un tout qu'est la ville »[11].

Il nous a semblé également intéressant d'organiser des rapprochements entre nos questionnements sur Riom et les pistes de recherche ouvertes ailleurs par d'autres dans d'autres villes : par exemple, dans la mesure du

**2- Vue générale de Riom depuis le nord.**
Les vignes plantées sur les coteaux nord de Riom, dont un carré est visible ici au premier plan, donnent encore aujourd'hui le vin de Madargues. Vient ensuite un aperçu sur la plaine de Limagne sur laquelle se détache la butte de Riom. On y distingue, de gauche à droite : le palais de justice, les parties hautes de la Sainte-Chapelle, le dôme qui couronne le beffroi depuis la fin du XVII$^e$ siècle, et la tour de croisée de la basilique Saint-Amable. Vient ensuite, en arrière-plan, la chaîne des puys, dominée, au centre de la photographie, par le Puy de Dôme.

possible, les angles de vue adoptés par Françoise Boudon dans le quartier des Halles à Paris[12], l'expérience relatée par François Loyer qui a consisté à « mener d'une manière purement visuelle » son étude sur les immeubles et la rue à Paris au XIXe siècle[13], la problématique sur l'immeuble de logements explorée par Jean-François Cabestan à Paris[14]… L'analyse systématique des compositions de façades lyonnaises à la manière de Bernard Duprat et Michel Paulin nous a confortée dans notre mode d'approche des façades[15]. Nous nous sommes également inspirée de sujets traités au séminaire de troisième cycle d'histoire de l'architecture moderne du centre de recherche André Chastel (C.N.R.S., Inventaire général, université de Paris IV) dirigé par Claude Mignot.

Dans cet état d'esprit, déterminée à produire des connaissances nouvelles, des éléments de réponse devaient être apportés à un ensemble de questions et il fallait avancer dans la vérification de certaines hypothèses qui s'enracinent territorialement dans le centre de la ville. En effet, au plan national, Riom est connue comme l'archétype de la ville de magistrature d'Ancien régime : « Une ville de Parlement se reconnaît à Aix-en-provence ; une ville où a siégé un tribunal d'importance, créant une tradition judiciaire encore vivante, à Riom ; une ville qui a connu le cercle

## « Carte de la Limagne d'Auvergne »

**Légende de la carte** : « La partie d'Auvergne qui est appellée Alimagne, pour l'abondance des alimens qu'il y a, ou selon l'opinion d'aucuns, Limagne à cause des fanges, et terre grasse, contient environ 20 lieues [80 km] de longueur et de largeur presque 8 [32 km], depuis le pont de la vieille brioude jusques à Ganat. Mais nous voulans seulement représenter la partie la plus fertile et plus habitée, l'avons compris en 8 lieues de longueur, et bien prés de sept de largeur, en compassant les villes et bourgades de telle mesure que voyez cy dessoubz. Car il est fort difficile et quasiment impossible de la mesurer parfaictement à cause de l'amas des mons et vaux, et des circuis tortus dudit lieu. Lequel abonde en blé et légumes, vin, miel, bestail, safran, bois, nois, herbage, pasturage, fontaines, bains chaux, estangs, rivières, chaux, mine d'argent, maisons nobles, fort[e]resses, et de marchandise ».

3- Gravure sur bois, 29 x 38 cm, non signé, 1561.
Tiré de SYMEON, Gabriel, Description de la Limagne d'Auvergne en forme de dialogue […], Lyon : Guillaume Roville, 1561.
Bibliothèque communautaire et inter-universitaire de Clermont-Ferrand, A 30170.

Par delà les codes de représentation graphique de cette carte, il faut en retenir que Riom est située dans une plaine aux pieds de la chaîne volcanique du Puy-de-Dôme, d'où les carriers tirent la lave depuis au moins le XIIIe siècle. Par ailleurs, la légende de la carte fait référence à la fertilité particulière de la plaine de Limagne où se trouvent situées les trois villes (« CLEREMONT », en haut de la carte, « MONFERRANT », juste à côté, puis « RION », un peu à droite) sur une distance de 15 km.

érudit d'un chapitre cathédral, à Langres »[16]. Riom est prise aussi comme exemple des villes à plan régulier, elle a souvent été comparée aux bastides médiévales du Languedoc ; de surcroît, elle est mentionnée au titre de son paysage urbain homogène, elle a souvent été comparée à un décor de théâtre. Par ailleurs, il semble paradoxal qu'il ne subsiste apparemment de l'époque médiévale où la ville était capitale de la « Terre d'Auvergne » que le plan général et les édifices religieux. Ce qui a conduit d'une part à interroger les facteurs de régularité de la ville pour tenter de mesurer l'homogénéité qu'ils lui donnent, d'autre part, à enquêter sur l'existence de vestiges médiévaux invisibles de l'espace public.

## Le cadre territorial et chronologique.

Le cadre institutionnel dans lequel l'étude a été entreprise n'a pas été sans effet sur ses limites territoriales et chronologiques : il s'agissait de concentrer les efforts dans le périmètre du Secteur sauvegardé tracé depuis 1967 et qui correspond à l'unité historique de Riom *intra-muros*.

Aucune étude urbaine n'avait été menée en Auvergne depuis la création du service de l'Inventaire en 1971, et Riom *intra-muros* constituait un terrain d'expérience à la fois riche du point de vue patrimonial et limité en extension. Ce parti offrait la possibilité de se concentrer sur les phénomènes de sédimentation, sur l'épaisseur du tissu urbain. De fait, la fin du XIX^e^ siècle et le XX^e^ siècle, n'ont été évoqués qu'incidemment.

Nous espérons qu'il ne se dégagera pas du choix de ces limites un plaidoyer en faveur de la muséification des centres urbains.

## L'observation comme démarche-clef.

La méthode de l'Inventaire, fondée en particulier sur l'approche topographique, avec ce que cela suppose d'analyse quantitative et d'appréhension des phénomènes sur la longue durée, a été appliquée au terrain et au contexte de l'étude. Par ailleurs, quand il s'agit de « progresser dans l'intelligence du monde »[17], et des aires urbaines en particulier, recourir exclusivement à l'histoire de l'architecture ne suffit plus et le décloisonnement entre disciplines s'impose. La « manière impure » que Philippe Panerai revendique[18] est bien un peu la nôtre lorsque nous nous fixons de ne pas considérer l'édifice isolément mais, dans ce premier temps, de ne l'envisager que pour les relations qu'il noue avec l'ensemble territorial sur lequel il est implanté, et aussi lorsque nous essayons de contenir dans nos observations, entre autres, des considérations sur l'évolution du foncier, sur le fonctionnement des formes à l'échelle de la ville et sur les comportements sociaux qui en découlent.

Etant donné le contexte documentaire spécifique, les réponses à nos questions devaient presque exclusivement venir de l'observation systématique de chacune des cellules qui constitue le tissu urbain (les édifices, avec en premier lieu les demeures[19], et les espaces libres). Nous avons donc procédé à un recensement des demeures qui avait trois objets : la restitution la plus exhaustive possible du substrat médiéval sur lequel la ville s'est construite par récolement des vestiges matériels, les façades, et les systèmes distributifs. Nous entendons par système distributif l'enchaînement des différents organes qui permettent de passer de l'espace public à l'espace privé (entrée, escalier, éventuellement espace libre). Chacun des objets d'étude ainsi défini est appelé unité distributive[20]. Il importe de repérer ces unités car il a été montré qu'« à chaque période de l'histoire le groupe social sélectionne entre tous les schémas possibles d'organisation distributive quelques solutions préférentielles réputées mieux adaptées aux conditions du milieu, et tend à codifier celles-ci en de véritables stéréotypes »[21] : faire ressortir des types de distribution sur un territoire donné permet ainsi de saisir un principe de cohésion du tissu. D'autre part, faire émerger des types de façades met en évidence un principe de cohésion du paysage. Sur ces deux derniers points, le recensement a été analytique dans un premier temps (pour les 300 premiers « individus »), puis, après un traitement statistique, la fin du recensement des demeures (998 en tout) a été entrepris à partir des seuls critères typologiques (5 types de distribution, 10 types de façade, répartis dans 8 tranches chronologiques). La méthode permet aussi d'éviter de considérer chaque édifice comme un représentant exclusif de lui-même et de livrer un portrait collectif de l'ensemble des demeures de Riom.

Le travail d'un service de l'Inventaire général est également fondé sur un ensemble de photographies de professionnels, de relevés manuels et photogrammétriques,

**4- Carte de l'Académie, dite carte de Cassini.**
Dessin, éch. : 1/86 400$^{e}$, 1748-1790.
BD-Cassini-EHESS (d'après la carte conservée à la BnF).
La carte dite de Cassini, plus tardive que celle de Symeon, qui se donne pour objectif de « mesurer le Royaume », montre qu'à deux siècles d'intervalle les villes gardent les mêmes proportions entre elles. Riom et Montferrand sont traversées par le « grand chemin de communication de l'Auvergne au Languedoc » qui reprend le tracé d'une voie romaine, Clermont s'en écarte à peine. Ici, grâce à une tentative de mise en relief, figurent la butte (355 m d'altitude en moyenne, 20 m au-dessus des marais environnants) sur laquelle Riom est implantée, et le ruisseau Ambène passant à l'intérieur de la ville close. La surélévation par rapport à la plaine est une des caractéristiques des agglomérations mérovingiennes en Auvergne.
C'est grâce à cette surélévation que les rues percées selon une direction nord-sud offriront, à Riom, des échappées sur le paysage environnant.

détaillés et schématiques. Ces instruments s'inscrivent directement dans une des vocations de l'Inventaire qui est de conserver la trace des édifices destinés à disparaître. Mais dans un premier temps, ils démultiplient les capacités de lecture. La photographie professionnelle corrige les déformations, le relevé et la photogrammétrie donnent les proportions exactes et introduisent les mesures. En cela, ils participent de l'interprétation qui est donnée du territoire.

Ajoutons que de ce recensement qui avait pour objectif de mieux comprendre l'organisation du centre urbain que nous avons sous les yeux, a été exclue toute évaluation patrimoniale : le fichier des immeubles établi par le chargé de mission du Secteur sauvegardé, Gilles Séraphin, répondra, lui, à cette question. Il n'en reste pas moins que les discussions que nous avons eues avec lui, mais aussi avec des spécialistes d'architecture médiévale, avec des archéologues, avec des chercheurs des services de l'Inventaire d'autres régions investis dans des études urbaines ont nourri notre étude. En outre, les experts de la sous-direction de l'Inventaire ont été beaucoup sollicités. A cet égard, nul doute qu'il s'agisse ici de rendre compte d'une réflexion collective.

Enfin, dans le but de démontrer de façon radicale que la ville est beaucoup plus qu'une somme de monuments, le parti a été pris, dans cette synthèse, de relativiser le rôle des monographies d'édifices. Mais on pourra se reporter éventuellement à la double monographie sur la Sainte-Chapelle et le palais de justice de Riom qui a été publiée par le service de l'Inventaire dans la collection des *Images du patrimoine* en 1999, à celles de l'hôtel de Cériers et de « la maison des consuls », deux édifices insignes de la Première Renaissance, qui ont été publiées dans le *Congrès archéologique de France* en 2003, et aux notices monographiques des autres édifices de la ville qui seront prochainement versées sur la base *Mérimée* du ministère de la culture[22].

Des encarts thématiques ont été prévus dans l'ouvrage de manière à ne pas surcharger le développement de l'exposé principal. Il pourra s'agir d'un thème qui renforce la démonstration ou de thèmes sur lesquels des données neuves ont été réunies ou encore de thèmes destinés à éclairer différemment l'interprétation que nous donnons de la ville.

## Pénurie de plans et de dates.

Lorsque l'on veut appréhender la ville, les plans sont les outils indispensables. Or, dès 1985, le service de l'Inventaire en Auvergne avait réalisé un catalogue d'exposition intitulé *Riom d'après les documents figurés anciens*, qui faisait état d'un inventaire de plans et de vues relativement pauvre. Si, sous l'Ancien Régime, des plans ont été levés ou des projets pour la ville matérialisés sous forme de plans, ils ont été probablement conservés dans les archives du Bureau des finances qui ont brûlé. Le plan cadastral « napoléonien » a lui aussi disparu. Le plan cadastral actuel a donc été la base de notre analyse. Nous pensions que l'examen des archives du XIX$^{e}$ siècle concernant la voirie et celui des archives notariales pallieraient l'absence de plans anciens mais notre espoir de retrouver des devis, accompagnés ou non de plans dans les séries notariales, a été déçu. De ce fait, l'étude souffre aussi d'un manque de datations précises d'édifices, et particulièrement des habitations, qui font le gros du tissu urbain.

Les dépouillements d'archives entrepris dans les années 1980 par le service de l'Inventaire en Auvergne, en particulier celui des registres des délibérations communales entre 1567 et 1934, ont cependant constitué une bonne base de travail.

Du point de vue de l'analyse urbaine et architecturale, nous avions à notre disposition le rapport de présentation du Secteur sauvegardé, à seul usage interne malheureusement[23], ainsi qu'un article de Josiane Teyssot sur la comparaison des villes de Montferrand et Riom parue dans *Village et ville au Moyen Age : les dynamiques morphologiques* (2003). Du point de vue architectural, nous avons utilisé les ouvrages de Pascal Piéra, son mémoire de maîtrise publié par l'Inventaire *Claude-François-Marie Attiret (1750-1823), architecte de Riom*[24], et sa thèse, soutenue en 2001[25], non publiée à ce jour.

Concernant les données historiques majeures, nous nous sommes reportée à l'ouvrage récent de Josiane Teyssot *Riom : capitale et bonne ville d'Auvergne, 1212-1557*. La période moderne a moins été étudiée : les ouvrages d'Emile Clouard *Les gens d'autrefois. Riom aux XV$^{e}$ et XVI$^{e}$ siècles*, paru en 1910, et celui d'Edouard Everat *Histoire abrégée de la ville de Riom depuis les origines jusqu'à nos jours racontée à mes petits-enfants*, paru en 1923, restent les ouvrages de référence, à utiliser avec précaution.

## Constat cartographique et dynamique territoriale.

Cette opération à plusieurs volets a permis d'établir différentes cartes liées à des bases de données, sous la forme d'un Système d'information géographique, en particulier la carte du substrat médiéval (en élévation et en sous-sol), carte à laquelle sont accrochées des notices descriptives de chacun des vestiges recensés, la carte des unités distributives, avec un renvoi à la dénomination et aux types de distribution et de façade qu'elles représentent, et la carte des unités chronologiques (l'unité chronologique est un bâtiment ou un corps de bâtiment qui a fait l'objet d'une campagne de construction, elle ne se confond donc pas forcément avec l'unité distributive). L'établissement de ces cartes et la construction de ces bases de données sont fondés sur l'observation de la réalité actuelle du bâti riomois, mais nous avons pu en tirer quelques enseignements d'ordre historique. Par exemple, la cartographie des vestiges les plus anciens de la ville a fourni la matière à un questionnement précis touchant au statut des espaces semi-enterrés à l'époque médiévale[26].

Bases de données et cartes restent ouvertes : un affinement en matière de datation, des découvertes de vestiges ou d'archives sont toujours possibles. La recherche, comme le patrimoine, sont en effet des matières vivantes. C'est ainsi également que la mise au point de méthodes nouvelles ou, plus simplement, l'adoption de partis d'analyse différents, permettront d'avancer dans notre connaissance des villes, et de Riom en particulier.

## En complément : des points de vue variés sur un même patrimoine.

Le projet de la Commission d'histoire municipale devrait aboutir prochainement qui livrera une introduction historique générale, une visite de la ville rue par rue, étendue à l'ensemble de la commune pour les édifices principaux, et un dictionnaire biographique des personnalités riomoises. Par ailleurs, l'association des propriétaires des belles demeures de Riom devrait publier avant la fin de l'année 2007 une collection de monographies, qui complètera, elle aussi, la présente étude.

**5- Atlas des routes de France, dit atlas de Trudaine : « Généralité de Riom I : route de Parie en Languedoc depuis Aubiat (Puy de Dôme) jusqu'au-delà de Fix-Villeneuve (Haute-Loire) par Riom, Clermont, Brioude ».**
Dessin, env. 85 x 58,8 cm, éch. 1/8660e, 1745-1780, archives nationales, F 14 / 10 156, cliché Centre historique des Archives nationales.
L'objectif ici est de cartographier le réseau des routes royales : la route qui vient de Paris (à gauche sur l'extrait) se distingue nettement par son tracé rectiligne et la rangée d'arbres qui la souligne régulièrement.

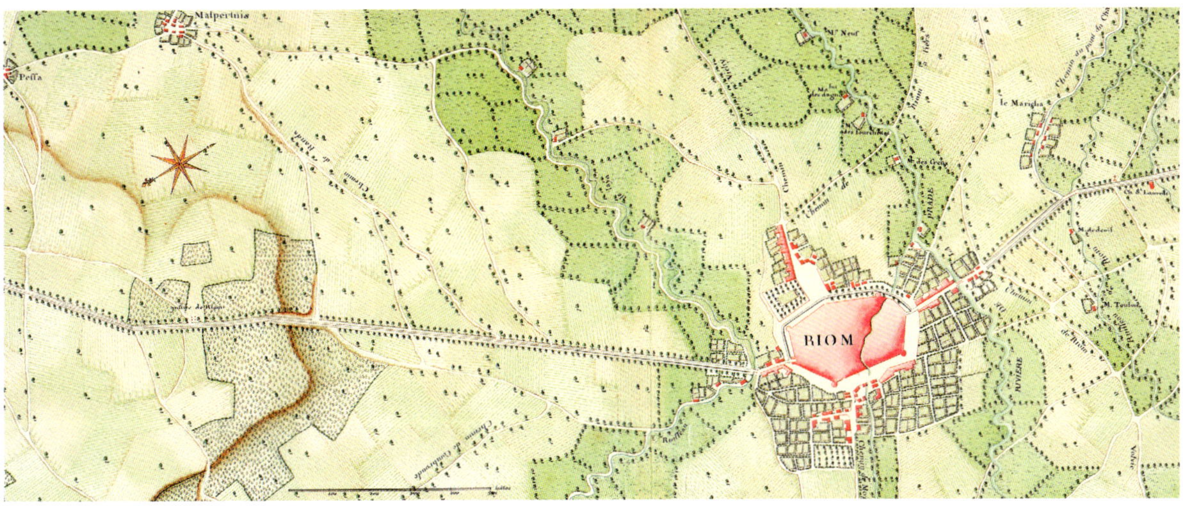

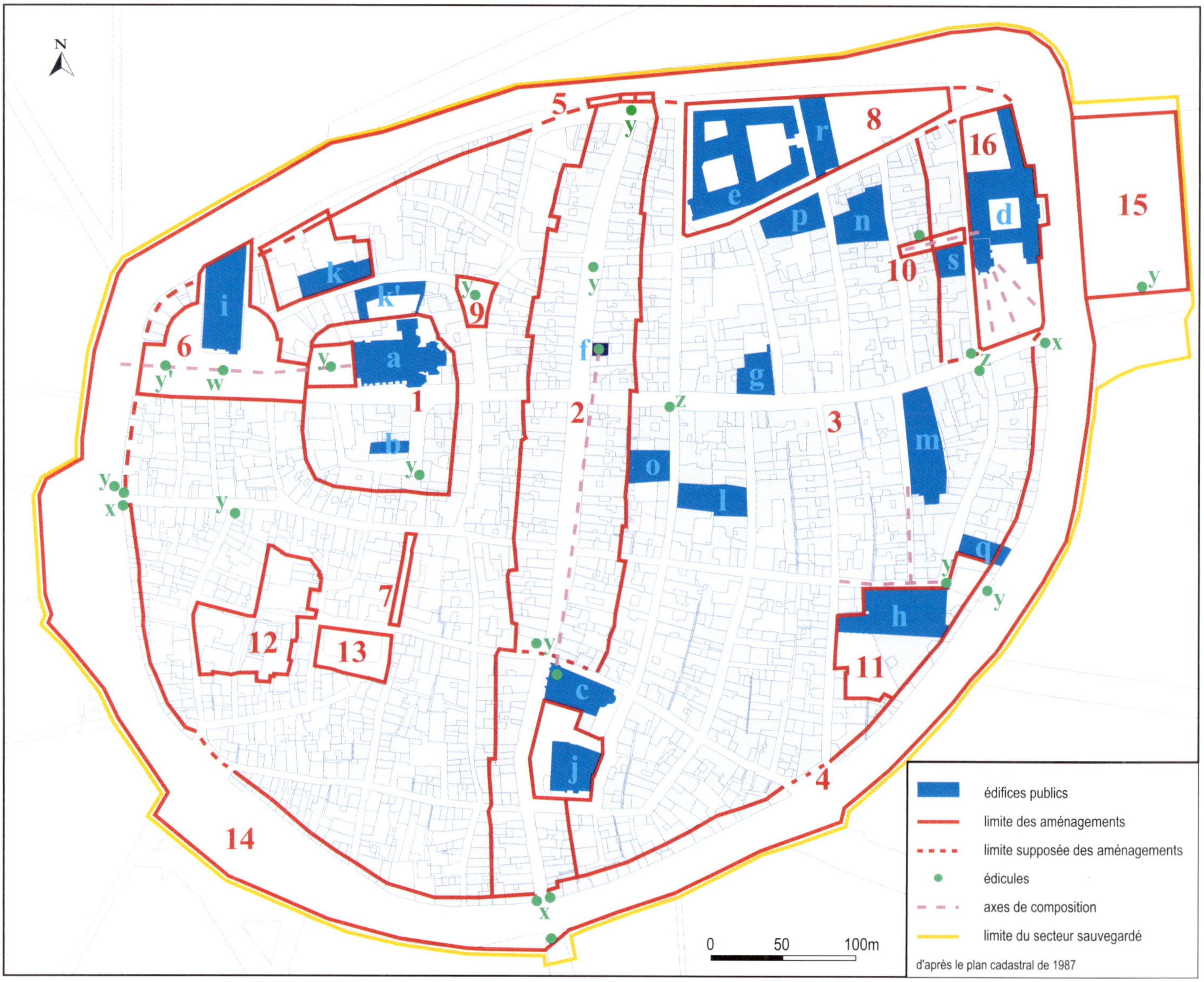


1. Enclos ecclésial primitif
2. Premier lotissement (axe nord-sud)
3. Second lotissement (extension vers l'est)
4. Enceinte
5. Porte de Layat (rampe et fontaine)
6. Place de la halle aux blés
7. Percement d'époque moderne
8. Ilôt muré (maison de détention)
9. Place Malouet
10. Percement d'époque moderne
11. Collège Michel de l'Hospital (ancien collège de l'Oratoire)
12. Îlots opérationnels du secteur sauvegardé (réaménagement et construction de l'OPAC)
13. Place Félix Pérol
14. Tour de ville (boulevards)
15. Place du Pré–Madame
16. Enceinte castrale

a- Eglise Saint-Amable
b- Eglise Saint-Jean (désaffectée)
c- Eglise Notre-Dame du Marthuret
d- Palais de justice (ancien château) et Sainte-Chapelle
e- Maison de détention (ancien cloître des cordeliers)
f- Beffroi
g- Hôtel de ville (ancien hôtel de Cériers)
h- Collège Michel de l'Hospital (ancienne maison de l'Oratoire)
i- Marché et maison des associations (ancienne halle aux blés)
j- Poste (emplacement de l'ancien Hôtel-Dieu devenu caserne)
k- k'- Groupe scolaire (k : ancien bureau de bienfaisance)
l- Sous-préfecture (ancien hôtel)
m- Musée Mandet (regroupement de deux anciens hôtels)
n- Musée des ATP (ancien hôtel et ancienne chapelle de Saint-Joseph)
o- Bibliothèque municipale (ancienne poste et ancien hôtel)
p- Annexe municipale (ancien hôtel des monnaies)
q- Salle de cinéma (ancien théâtre)
r- Maison de l'administration
s- Tribunal d'instance

Edicules :
w- obélisque
x- anciennes portes de villes
y- fontaines
y'- fontaine et château d'eau
z- tourelles d'angle
en f et c- dômes du beffroi et de Notre Dame du Marthuret

# AMÉNAGEMENTS URBAINS ET ÉLÉMENTS DE CHRONOLOGIE MONUMENTALE

« La mémoire est flottante, l'architecture la retient. » Alain Charre, 2003

« Même sans constructions très somptueuses, les villes peuvent avoir une belle apparence et plaire au sentiment. » Francesco Milizia, 1832

Nous nous efforcerons dans ce chapitre de tisser les liens les plus serrés entre données historiques, morphologie urbaine actuelle et édifices. Les monuments de la ville ne seront évoqués que pour le sens qu'ils donnent à la lecture urbaine globale. Par ce changement d'échelle constant il nous semble possible de faire émerger des éléments de compréhension du phénomène riomois. Croiser les sources les plus variées s'inscrit dans la même démarche.
Il s'agit aussi de montrer comment la fonction résidentielle, à Riom, a fini par progressivement s'imposer dans le paysage et dans les faits.

Les historiens s'accordent pour donner à la Basse-Auvergne, du XIII$^{e}$ au XVI$^{e}$ voire au XVIII$^{e}$ siècle, une capitale « à trois têtes ». Clermont, Montferrand et Riom la constituent. Montferrand est englobée dans Clermont en deux temps (1630 et 1731), Riom est écartée en 1557 puis déclassée en 1790. Sur la carte « de la Limagne d'Auvergne » publiée par Roville en 1561 (FIG. 3), Clermont s'affirme d'ailleurs déjà par sa taille comme la plus importante des trois villes.

6- Carte des aménagements urbains et des édifices publics.

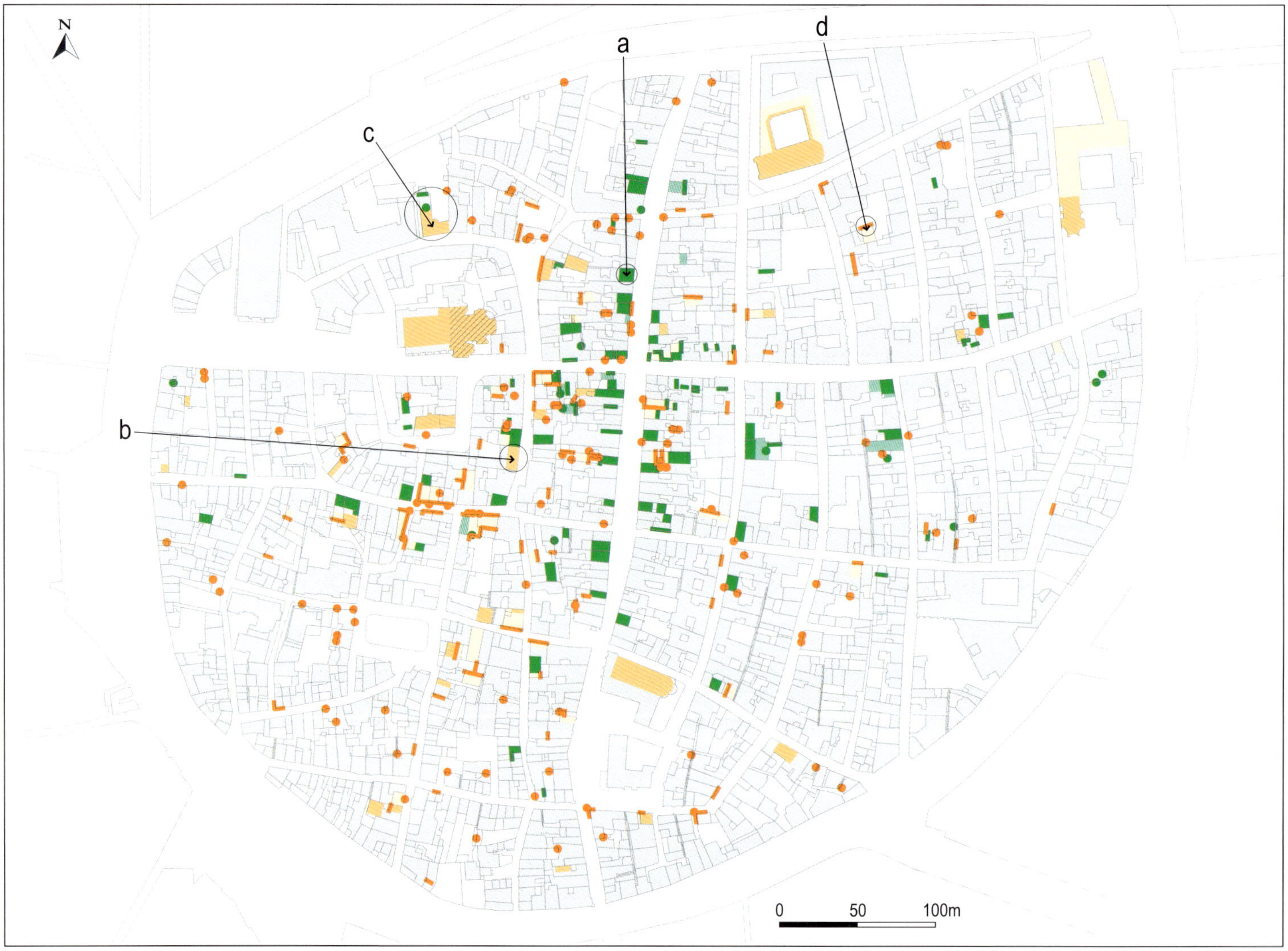


| | | | |
|---|---|---|---|
| | emprise au sol des bâtiments | | structure verticale au dessus du sol actuel |
| | emprise hypothétique au sol des bâtiments | | structure verticale en sous-sol |
| | emprise en sous-sol des bâtiments | | a. assise pour une maison-tour du 12e siècle. |
| | emprise hypothétique en sous-sol des bâtiments | | b. maison du deuxième quart du 13e siècle. |
| | remaniement postérieur | | c. maison du premier quart du 15e siècle. |
| | élément isolé au dessus du sol actuel | | d. vestiges d'une maison du 14e siècle. |
| | élément isolé en sous-sol | | |

d'après le plan cadastral de 1987

# Du lieu de pèlerinage aux lotissements emblématiques d'un pouvoir politique fort.

Quelles fonctions la ville de Riom remplissait-elle pour lui avoir valu un temps ce statut de capitale ? Dans quelle dynamique morphologique ces fonctions se sont-elles inscrites ? Sans tomber dans un « fonctionnalisme naïf » - l'expression est d'Aldo Rossi[27]- nous retenons que les villes ont des histoires complexes « faites de phases successives ayant chacune des conséquences morphologiques particulières »[28] et le plan cadastral, même le plus récent, est un outil de choix pour reconnaître ces différentes phases, que Josiane Teyssot, au sein de l'unité de recherche « Villes et territoires », a déjà été amenée à utiliser pour lire les formes de Riom (et de Montferrand)[29]. Il est paradoxal mais significatif du contexte archivistique dans lequel il faut travailler sur Riom que l'outil de lecture des phases les plus anciennes de la ville passe essentiellement par le cadastre récent, le plus ancien document figuré étant daté du milieu du XV$^{e}$ siècle, et encore ne s'agit-il pas d'un plan[30].

En effet, l'étude croisée des textes et du cadastre permet de lire l'aménagement le plus ancien de la ville dans la forme ovoïde qui se dessine en son point le plus « élevé ». La forme rémanente que constitue l'agencement des parcelles rayonnantes autour de l'église[31] indique les limites de l'ancien enclos dans lequel s'élevaient depuis la fin du XI$^{e}$ siècle l'église dédiée à saint Amable - basilique depuis 1912 - et le baptistère (désaffecté aujourd'hui)[32]. L'église paroissiale existait depuis le V$^{e}$ siècle au moins, avec son baptistère, alors dédiée à saint Bénigne. D'après Grégoire de Tours, les reliques de saint Amable, ancien prêtre du *vicus Ricomagensis*, attiraient les pèlerins depuis le VI$^{e}$ siècle[33]. Par ailleurs, il semblerait qu'un marché se soit développé entre l'enclos de Saint-Amable et la grande route nord-sud qui traverse la ville actuellement, en perpétuant un tracé en place à cette époque (route de liaison entre le nord de la France et le Languedoc). La nef de l'église actuelle garde le témoignage d'une réfection à la fin du XII$^{e}$ siècle, au moment où un chapitre de chanoines réguliers de l'ordre de Saint Augustin est créé. Ses dimensions (32 m par 12 m) attestent du succès du pèlerinage.

Du XII$^{e}$ siècle ne subsisteraient d'autre dans l'architecture civile de la ville qu'une baie géminée d'un premier étage, une porte couverte d'un linteau en bâtière située en sous-sol (FIG. 50,a) ainsi qu'une cave dont le gabarit (9 m par 9 m) laisserait supposer qu'elle formait l'assise d'une maison-tour (FIG. 7,a). Ces trois éléments se trouvent à l'extérieur de l'enclos mais dans cette partie intermédiaire entre enclos ecclésial et grand axe routier, là où le marché aurait pris place. La question d'un château construit à Riom par les comtes d'Auvergne reste posée : Guy II d'Auvergne aurait été délogé du site en 1212 par le roi Philippe Auguste à la demande de l'évêque Robert d'Auvergne afin de protéger « l'oppidum de Saint-Amable » du comte. Mais aucun indice parcellaire fiable, aucune trace archéologique ne permet de situer le château comtal.

**7- Carte des vestiges médiévaux recensés au cours de l'enquête, conservés en élévation et en niveau de cave.**
D'autres moyens d'investigation permettraient probablement de compléter à l'avenir cette carte mais il apparaît d'ores et déjà que le patrimoine médiéval religieux (les deux églises paroissiales, la Sainte-Chapelle et le couvent des cordeliers) se trouve mieux conservé que le bâti civil. On note une plus forte concentration des vestiges sur le sommet de la butte et entre les églises Saint-Amable et Notre-Dame du Marhuret. La carte du substrat médiéval en sous-sol (ici en vert) montre en revanche l'attraction exercée par l'axe commercial nord-sud. A l'extrême sud, les vestiges en sous-sol sont absents tandis que des structures significatives ont été repérées en élévation : la proximité du cours d'eau peut être invoquée pour expliquer l'absence de structures enterrées dans cette zone éloignée de la place-marché mais indirectement, la fonction commerciale des caves à cette époque peut aussi y être décelée.

Un second aménagement urbain important est lisible sur le cadastre, localisé le long de l'axe nord-sud : le parcellaire en lanière est typique des lotissements médiévaux, fréquents d'une manière générale aux XI$^{e}$, XII$^{e}$ et XIII$^{e}$ siècles et tout particulièrement en Auvergne[34]. Ce lotissement axial évoque celui de Montferrand mais aussi ceux d'Ardes ou d'Aigueperse par exemple, réalisés à l'initiative de seigneurs auvergnats, situés eux aussi dans l'actuel département du Puy-de-Dôme[35]. Récemment Bernard Gauthiez et Josiane Teyssot ont attribué le lotissement de Riom à un comte d'Auvergne alors que jusque-là l'hypothèse prévalait de le considérer comme émanant du pouvoir royal. Cette dernière hypothèse se justifie puisque c'est à partir de 1212, date à laquelle le roi avait eu l'opportunité de se faire entendre à Riom, qu'il aurait fait le choix d'y installer l'administration et la justice de ses terres royales d'Auvergne, pendant que l'évêque dominait Clermont et le comte Montferrand. N'aurait-il pas assis son pouvoir en lotissant une terre qui lui revenait ? A ce jour aucun critère formel ne permet de dater précisément un tel type de lotissement : « qu'ils soient clercs ou laïcs, les promoteurs appliquent certains principes de base identiques tout au long du Moyen Âge »[36]. En fait, le seul document dans lequel le lotissement est évoqué date de 1249. Il s'agit d'un projet de charte de franchises destinée aux Riomois, où des dimensions de parcelles sont données qui attesteraient d'un alotissement en cours[37], et donc peut-être antérieur à la présence royale. Ces dimensions sont données en brasses, les deux types de terrains en question auraient mesuré 26,84 m par 13,42 m ou 20,13 m par 10,06 m, si l'on choisit de convertir en mètres « la brasse dite de Tauves », c'est-à-dire de la faire correspondre à 1,6778 m[38]. Ces mêmes mesures étaient données dans une charte accordée par la comtesse « G. » à la ville de Montferrand dès 1196 – 1199, ce qui incite en particulier Josiane Teyssot à imputer le lotissement riomois à un comte d'Auvergne et de le dater de la seconde moitié du XII$^{e}$ siècle. Mais à Montferrand, les dimensions données dans la charte sont vérifiées dans la réalité tandis qu'à Riom elles ne le sont pas : les parcelles actuelles mesurent de 5 à 7 m de large et leur profondeur avoisine en moyenne les 30 m. Quant aux caves situées sous les maisons (ces dernières reconstruites à l'époque moderne), si leur largeur correspond à celle des élévations, leur profondeur est moindre, de l'ordre de 7 à 17 m, et elles présentent des caractères stylistiques (arcs brisés et arcs segmentaires, impostes chanfreinées, chanfreins à congés) ne permettant que de les situer chronologiquement entre la fin du XII$^{e}$ siècle et le milieu du XV$^{e}$[39] (FIG. 48, FIG. 54, FIG. 57).

Quoi qu'il en soit de l'identité du concepteur, son intention est manifeste : en offrant des terrains - en échange d'une promesse de construire dans l'année -, le long d'un grand axe de circulation, à proximité d'un lieu de pèlerinage, il attirait en priorité des commerçants. La fonction économique du quartier neuf était affirmée. Rien ne permet d'imaginer qu'on ait là une volonté délibérée de donner corps à un ambitieux projet de ville mais une telle hauteur de vues au Moyen Âge n'aurait touché, semble-t-il, que certains promoteurs normands[40].

Une enceinte aurait-elle été dressée sur les limites de ce quartier neuf ? L'axe sur lequel il s'est structuré est indubitable, en revanche ses limites sont discutables. Correspondent-elles au tracé des rues actuelles ou à celui qui se dessine au sein des îlots ? Au sud, l'église du Marthuret, fondée en 1263 grâce à une remise de cens d'Alphonse de Poitiers, serait incluse dans l'emprise du lotissement, d'après Josiane Teyssot, en même temps que l'hôtel-Dieu fondé en 1196 qui se trouve lui-même au sud de l'église.

La lecture des textes ne permet pas de déterminer l'ordre chronologique dans lequel ont été conçus d'une part, la seconde grande opération de lotissement, d'autre part, l'enceinte « définitive » - dont le tracé a été perpétué, comme maintes fois, par celui du boulevard extérieur de la ville - et le château d'Alphonse de Poitiers, aujourd'hui remplacé par le palais de justice (FIG. 35).

Riom, de ce point de vue, est exemplaire d'une ville dont l'urbanisme volontariste concerne plus des deux tiers des 30 hectares alors qu'une seule mention en 1249 en fait état, sans qu'on puisse dire en outre si cette mention isolée consacre un état de fait ou augure d'un programme[41]. Cependant, les traces d'une extension organisée vers l'est du lotissement fondateur sont bien lisibles : les rues actuelles, disposées de manière approximativement orthogonales en témoignent, de même que les venelles internes qui traversent les îlots.

Dans ce second temps, la seule fonction économique ne pouvait plus prévaloir. Il s'agissait plutôt de la nécessité d'accueillir une nouvelle population dans un cadre neuf où le représentant du roi installait un château. Celui-ci, situé à l'extrême est, a-t-il été contraint par une enceinte d'un côté et l'emprise d'un lotissement de l'autre ? C'est l'opinion de Gilles Séraphin, mais Bernard Gauthiez et Josiane Teyssot émettent l'hypothèse inverse : pour eux, l'enceinte englobe les différents ensembles urbains déjà présents « en s'appuyant sur le château-fort princier à l'est »[42]. Quoi qu'il en soit, le rempart qui a donné à la ville sa physionomie actuelle est antérieur à 1357 puisqu'à cette date les cordeliers obtiennent de s'installer *intra-muros* dans le secteur nord. L'enceinte englobait par ailleurs un quartier « résiduel », au sud et en contrebas du site, où des tanneries avaient été aménagées aux abords du ruisseau : les vestiges architecturaux subsistants dans ce secteur ne sont pas antérieurs à la fin du XII$^{e}$ siècle et la structure en bois d'une cuve a été datée récemment entre 1025 et 1245 par la méthode du Carbone 14[43]. Malgré la présence de ces ateliers, Josiane Teyssot conclut à l'aspect incomplet de la ville au Moyen Âge « avec quelque chose d'inachevé, en particulier pour l'économie ».

Et ce sont donc les symboles d'un pouvoir politique fort : enceinte, château, lotissements, qui s'imposent à Riom, à côté de l'abbaye de Saint-Amable.

8- Vue depuis la tour sud de l'église Notre-Dame du Marthuret.

# La ville et palays de Riom

## La régularité comme « avantage bien préférable à la vaine gloire d'une antique origine »

A ce stade de lecture de la ville, la plus ancienne vue de Riom (FIG. 9) constitue un document de choix pour retrouver de manière régressive les principales étapes que connaît la vie urbaine au XIVe siècle, essentiellement marquée du point de vue événementiel par la remise de la terre d'Auvergne au duc Jean de Berry en 1360. Les repères paysagers représentés sur la vue contribuent en effet à révéler les institutions structurantes de la ville. Loin d'avoir la fiabilité des documents fiscaux que sont les plans cadastraux ni celle des documents d'urbanisme anciens que produisent les géomètres ou les architectes, les représentations urbaines anciennes « ne sont ni de purs reflets ni des vitres opaques » (et nous permettent de surcroît de « mettre en regard nos conceptions urbaines et celles du passé »)[44]. En l'occurrence, la représentation de Riom de l'armorial de Guillaume Revel, ouvrage daté entre environ 1450 et 1463 par E. de Boos[45], livre l'image d'une ville certes close mais sans alignement particulier : la régularité du plan qui pour nous, aujourd'hui, et ce, depuis le XVIIe siècle, est une caractéristique de la ville, n'est absolument pas suggérée[46]. Ce qui est d'autant plus étonnant que d'autres villes figurant dans cet armorial, comme Thiers, par exemple, présentent des tronçons de rues alignés de façon bien nette[47], et que nous aurions tendance à penser que cette régularité pouvait constituer l'attribut d'un centre de pouvoir auquel le héraut d'armes Guillaume Revel ainsi que les peintres qui travaillaient pour lui ne devaient pas être insensibles[48]. Voici donc une ville pleine d'un amas désordonné de maisons : l'impression d'une forte densité est, elle, bien rendue et donne de l'importance à cette agglomération que l'on découvre depuis, approximativement, la route venant d'Ile-de-France. Emergeant distinctement de cet amas, par ordre de hauteur de clocher, la silhouette de l'église abbatiale de Saint-Amable, la Sainte-Chapelle du palais de Jean de Berry, ce dernier construit à l'emplacement du château d'Alphonse de Poitiers entre 1380 et 1400 environ et dont la restitution a été donnée par Mary Whiteley[49], le beffroi communal[50] et enfin l'église du couvent des cordeliers. Beaucoup moins distinctement apparaît, à droite de l'église Saint-Amable, un petit clocheton qui pourrait avoir été celui de l'église du Marthuret[51]. L'église Notre-Dame du Marthuret avait à l'origine ce statut particulier d'église fondée par une *universitas* (clercs séculiers organisés en communauté depuis 1240). Le pape avait autorisé sa construction en 1262. L'emplacement, concédé par Alphonse de Poitiers en 1263, permettait à l'église de dresser sa façade occidentale à l'alignement, sur la grande route nord-sud qui traverse la ville[52]. Le beffroi ne pouvait pas être détecté sur le cadastre puisqu'il n'occupe qu'une petite parcelle intégrée au tissu régulier qui borde le grand axe nord-sud (FIG. 13). Ici, la vue ancienne tient le rôle qu'André Chastel donne aux façades, celui d'être « le complément vertical » de la parcelle. Le beffroi est bien sûr le symbole du pouvoir local, constitué de consuls et de conseillers, et cela bien avant l'octroi de la charte de franchises (la version définitive date de 1270) et en 1391, grâce à Jean de Berry, une tour symbolique avait été érigée. Une des tâches principales du consulat consistait à fournir de l'eau potable à la ville ; un premier fontainier communal est signalé en 1370. Notons que l'institution municipale, à la date où le peintre travaille pour Guillaume Revel, est alors aux mains des hommes de loi qui viennent d'écarter « les vieilles élites d'origine marchande et financière qui tenaient le haut du pavé depuis le XIIIe siècle »[53].

9- « **La ville et le palais de Riom** ». Dessin, 29 x 35 cm, tiré de : Armorial de Guillaume Revel, milieu XVe siècle.BnF., ms FR. 22 297

Par ailleurs, Bruno Phalip a été le premier à noter la présence de quatre maisons-tours sur cette même vue de l'armorial[54], là où, pour l'une d'entre elles, P. Fournier proposait de voir une tour de la basse-cour du château comtal dont l'emplacement n'a jamais été retrouvé[55]. Notre recensement systématique nous permet de conforter, au moins en partie, Bruno Phalip dans son analyse puisque la cave déjà évoquée du XII$^e$-XIII$^e$ siècle, de 9 m par 9 m, constituerait une assise possible pour une maison-tour, et son emplacement[56] pourrait correspondre à celui de la tour située sur la vue de Revel entre le beffroi et l'église Saint-Amable (FIG. 7,a).

Notre carte de recensement de l'état patrimonial actuel semblerait indiquer que les belles demeures de Riom des XIII$^e$, XIV$^e$ et XV$^e$ siècles « subissaient » l'attraction de l'abbaye de Saint-Amable plutôt que celle du château-palais. Parmi celles-ci, il faut citer la très belle maison datée 1239-1240 par dendrochronologie dont le gros-œuvre est en place, accolé à l'ancien enclos ecclésial[57] : dans le décor, des armoiries, étrangères à la province d'après M. Popoff, non identifiées, et associées à la présence de tours (de Castille ?), laisseraient supposer que le premier connétable royal se serait installé là[58] (FIG. 7,b et FIG. 10). La maison de Giac, dont Pierre était un proche de Jean de Berry, se situe à quinze mètres au sud. Elle peut être datée de la fin du XIV$^e$ siècle. En face, une grande demeure de la même époque, dont l'ampleur se mesure aux vestiges de corniche encore en place sur 20 mètres, s'ajoute pour qualifier le quartier situé directement au sud de l'abbaye. En remontant vers le nord, côté est, les vestiges de deux belles maisons en cœur d'îlot ont été repérés datant des XIII$^e$ et XIV$^e$ siècles[59]. Au nord de Saint-Amable, une sixième habitation importante a été datée par analyse dendrochronologique des bois de charpente des années 1410[60] (FIG. 7,c). On peut en ajouter une autre, disposée sur le parcellaire en lanière du grand axe nord-sud, mais dans le même îlot que deux des maisons évoquées ci-dessus, dont on a pensé longtemps qu'elle était composée d'éléments remployés du palais ducal[61]. Cependant, la partie intermédiaire entre le palais et l'ensemble abbaye-carrefour commercial n'apparaît pas comme un désert sur la vue de Revel, une maison-tour y est peinte, et s'ils sont en quantité moins significative, des vestiges du XIV$^e$ siècle sont bien présents aussi dans cette partie de la ville. La tour située dans l'armorial entre la Sainte-Chapelle et l'église des cordeliers pourrait correspondre aux vestiges d'une maison médiévale que nous avons recensée en cœur d'îlot (FIG. 7,d). Actuellement, il s'agit d'une remise portant sur son mur nord les montants d'une grande cheminée du XIV$^e$ siècle[62]. Par ailleurs, des regroupements parcellaires plus nombreux datant essentiellement du XVIII$^e$ siècle, suivis de reconstructions dans ce secteur proche du palais et de l'hôtel de ville pourraient avoir effacé des vestiges conséquents de cette période.

Josiane Teyssot émet l'hypothèse que seule la construction du palais de Jean de Berry avait constitué, pour Riom, « un palliatif à la récession » économique qu'aurait connue l'Auvergne à cette période, en liaison avec les épisodes de la guerre de Cent Ans et de la peste : la construction des belles maisons du tournant des XIV$^e$-XV$^e$ siècles que nous venons de signaler pourrait se comprendre comme un effet indirect de la présence ducale, mais il conviendrait aussi de prendre en considération ce qu'écrit Jean-Luc Fray : « en rupture avec une historiographie misérabiliste, il faut souligner que le bouleversement des équilibres économiques par la crise n'est pas univoque : la baisse de la population fait monter les salaires et l'activité commerciale s'en ressent [...] ne faut-il pas voir dans les nombreuses créations de foires à la fin du XIV$^e$ siècle le signe d'une reprise économique ? »[63]. Histoire économique dont J. Teyssot a dit qu'elle est mal cernée « par manque d'archives »[64].

Quelques années après que Revel ait livré son « portrait » de Riom, la ville subissait coup sur coup deux tremblements de terre suivis d'incendies (en 1477 et en 1490). Il se pourrait d'ailleurs qu'elle en ait connu d'autres précédemment mais sans laisser de trace dans les archives. L'impact de ces catastrophes est difficile à mesurer[65] puisque si l'absence de paysage urbain médiéval dans le Puy-de-Dôme constatée par Pierre Garrigou Grandchamp peut leur être en partie attribuée, la découverte, au cours de cette étude, de travaux de charpente antérieurs à ces dates permet d'en circonscrire plus précisément les effets à la baisse[66].

En 1488, Anne et Pierre de France reprennent le duché d'Auvergne. Mais malgré des dépenses conséquentes affectées à certains chantiers d'architecture

(jardin pour le château et « boucheries »[67]), rien ne reste aujourd'hui dans le paysage de leur passage à Riom, alors qu'on aurait pu penser trouver des éléments bâtis dus au couple ducal qui a montré par ailleurs un goût prononcé pour l'avant-garde architecturale ; le jardin du palais, hors enceinte, et les deux marchés aux viandes de la ville qu'on leur doit ne peuvent même pas être exactement situés. En revanche, parmi leurs favoris présents à Riom, certains, comme les Cériers[68], font construire un hôtel, dans les années 1520 probablement, sur la rue menant du palais à l'abbaye (FIG. 97). L'opération commence par un regroupement parcellaire et fait table rase des constructions médiévales. Un nouveau système de circulation et de distribution inspiré des modèles prestigieux du Val-de-Loire est alors introduit à Riom[69].
Quant au palais, après le retour de la province à la Couronne en 1531, il héberge avant tout l'administration et la justice royales[70]. De résidence princière, il devient bâtiment administratif, sans transformation architecturale notable. Le changement de fonction n'était pas radical car l'administration et la justice étaient liées au prince mais l'édifice ou son emplacement s'affirme d'ores et déjà comme le lieu permanent d'exercice du pouvoir. Monuments et parcellaire agissent bien comme les vecteurs de la mémoire de la ville.

De 1531 à 1557, Riom connaît une période particulièrement faste : elle est choisie comme siège d'une sénéchaussée devenue royale en 1551, siège d'une des seize généralités du royaume en 1551 et obtient un présidial en 1552. Il faut noter ici que l'Auvergne ne dispose pas de parlement et ressortit directement du Parlement de Paris, de sorte que les deux présidiaux auvergnats (Aurillac et Riom) en tirent un rôle considérable. Ajoutons à ces bureaux et tribunaux qui cohabitent dans le vaste ensemble laissé par les ducs de Bourbon un symbole du pouvoir s'il en est : la prison, logée dans une tour philippine de l'ancien château d'Alphonse de Poitiers. Aucun autre édifice ne peut être lié de façon certaine à l'une ou l'autre de ces institutions. Notre étude de la maison « des consuls »[71] amène à retirer l'appellation « des consuls » mais ne permet malheureusement pas de restituer la destination initiale de l'édifice, et pourtant, après qu'une analyse dendrochronologique l'a enfin datée précisément des années 1539-1540, il aurait été tentant d'en faire le siège d'une des administrations ou juridictions royales (les armes de François Ier sont représentées sur un tympan de lucarne, ainsi que les armes des anciens ducs de Bourbon)[72] (FIG. 101). Sous François Ier est reconstruit le beffroi communal sur son emplacement médiéval (FIG. 13).

En 1557, par l'intérêt que porte la reine Catherine de Médicis à Clermont sur laquelle elle recouvre des droits, des « juridictions » sont redistribuées créant entre Riom et Clermont un enchevêtrement de prérogatives, qui finalement desservira Riom. Toutes deux ont une sénéchaussée[73] mais Clermont, par exemple, a les Etats provinciaux, tandis que Riom se trouve « décorée »[74] d'un hôtel des monnaies (1557), d'une juridiction consulaire (1568) et d'un Bureau des finances (1577). Elle conserve en outre le siège de la généralité et son présidial. L'enchevêtrement des juridictions ne va d'ailleurs qu'en se compliquant jusqu'en 1790. Les trésoriers de France ayant la voirie parmi leurs attributions[75], l'observation formulée au sujet de la ville d'Aurillac : « Les fonctions de la voyerie avaient été quelque peu négligées dans la ville d'Aurillac, à cause de l'éloignement [du Bureau des finances] de cette ville [...] »[76], laisse présager de ce qu'il pourra en être, à l'inverse, pour Riom, et en effet, Jean-Louis Harouel observe que « d'une façon générale, les trésoriers de France exercent de réels pouvoirs de voirie au chef-lieu de la généralité [...] », délaissant cette partie de l'administration aux officiers de police municipaux dans les villes où ils ne font que passer en chevauchées[77]. Il faut à ce sujet citer l'observation de Legrand d'Aussy : « Aussi les Clermontois prétendent-ils que c'était une malice du Bureau des finances qui, étant établi à Riom, petite ville très bien percée et bâtie agréablement, voulait, par jalousie, conserver à son chef-lieu une prééminence sur Clermont et, dans ce dessein, non seulement laissait prendre ici, pour les bâtiments, tous les arrangements biscornus que pouvait dicter le caprice, mais quelquefois, dit-on, en ordonnait lui-même de plus bizarres encore»[78].
Les fonctions de justice se sont alors multipliées à Riom : assesseurs, conseillers, procureurs, greffiers, huissiers, clercs, avocats, ... Cet ensemble forme un groupe social malheureusement encore peu étudié[79]. Franck Delmiot assure que « certains grands officiers logent dans le château, comme le trésorier général des finances ou le

## Une maison médiévale

**Le gros-œuvre du corps de logis** principal de cet hôtel a été daté stylistiquement du 2e quart du XIIIe siècle (forme, modénature et décor sculpté de la baie de pignon, décor peint de la charpente), ce qu'ont confirmé les analyses dendrochronologiques de la charpente de comble en sapin qui est constituée de quatre fermes triangulées à pannes intermédiaires et à arbalétriers croisés (sans poinçon ni panne faîtière). L'escalier d'origine de la demeure a été remplacé par un escalier en vis plus tardif, au moment probablement où l'on divisait dans la hauteur une salle haute. A la fin du XVIIe siècle ou au début du XVIIIe siècle, une reprise de l'édifice a compris notamment la reconstruction de la façade et l'élévation d'un portique sur la cour, de telle sorte que la partie comprise entre le débouché du couloir (ancien passage) et l'accès à l'escalier a été couvert. La façade, avec son unique étage carré, ses cinq travées et ses éléments de décor (ici, les encadrements de bossage en chaînes harpées et les garde-corps en ferronnerie), est représentative du type de façade le plus raffiné de la ville.

**10- Maison médiévale, 9 rue de la Caisse d'épargne, façade (1982).**
Inscription du corps de logis sur rue au titre des monuments historiques le 6 mai 2003 ; charpente, façades et toitures classés au titre des monuments historiques le 27 mars 2006.

Une aile en rez-de-chaussée comprenant la cuisine et la salle à manger a été greffée au XVIIIe siècle.
L'édifice médiéval, composé d'un rez-de-chaussée surmonté d'une salle haute à charpente apparente, a ainsi été complètement escamoté au profit de l'hôtel. A l'origine, la salle haute était décorée de 224 panneaux (de 45 cm par 20). Il ne subsiste plus de ce riche décor que 67 panneaux peints directement sur le bois (du sapin) et deux cours de pannes marouflées de toile peinte. La fermeté du dessin rappelle le soin avec lequel la grisaille était appliquée sur le verre. Des traces de feuilles d'argent ont été retrouvées sur certains motifs comme les étoiles qui ornaient les planches faîtières. Des motifs héraldiques et des « drôleries » peuplent les panneaux mais la représentation de bombyx s'en détache, qui constituerait un unicum dans la peinture du XIIIe siècle.

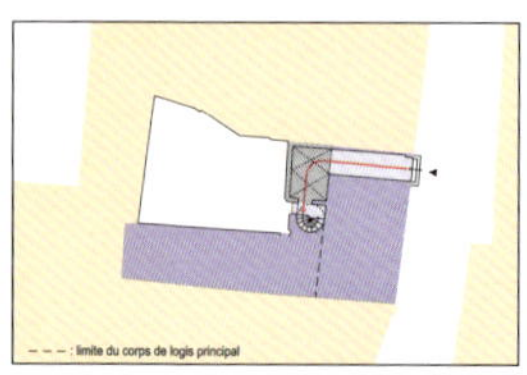

**10- Maison médiévale, 9 rue de la Caisse d'épargne.**
En haut : baie géminée du pignon sud ; relevé par Isabelle Fontugne.
Les grands traits obliques figurent le toit de la maison voisine qui est venue s'appuyer sur le pignon.
En bas : coupe transversale sur la charpente ; relevé par Isabelle Fontugne et Olivier Chognard.
L'emplacement des panneaux peints est indiqué en couleur.
A droite : détails du décor peint.

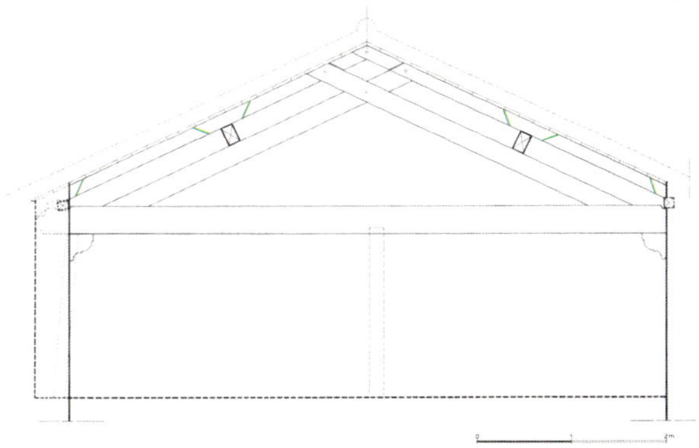

lieutenant général » et que « les représentants importants du roi, comme le gouverneur ou l'intendant, peuvent y séjourner exceptionnellement et pour de courts séjours »[80]. Mais la cohorte que représente l'ensemble des officiers, y compris ceux de rangs inférieurs, habite-t-elle à Riom ? Les officiers investissent-ils dans la construction ? Quel peut être l'impact sur la forme urbaine de leur présence en nombre : densification du tissu, surélévation systématique des maisons en place, reconstructions ? Un pic significatif d'habitations construites ou réaménagées peut être situé entre 1560 et 1615 (90 unités distributives[81] contre 40 entre 1510 et 1560 et 49 entre 1615 et 1710[82]) mais les archives notariales ne sont malheureusement pas assez riches ni explicites pour envisager qu'un dépouillement nous renseigne sur la qualité de leurs commanditaires (FIG. 11). Leur répartition dans la ville, d'après le recensement de l'état actuel, est uniforme. En revanche la présence d'un édifice singulier peut à elle seule inciter à reconnaître dans la place-carrefour médiévale sur laquelle le beffroi avait été érigé la place « où il faut se montrer ». En effet, à l'angle nord-est dudit carrefour s'élève une maison dont la surface au sol est de 40 m² et dont le contraste entre la modestie du système distributif et la richesse du traitement décoratif des façades agit pour nous comme un indicateur urbain (FIG. 12,13). Cette maison, datée grâce à son décor, à sa charpente et à ses planchers, de 1569[83], ne possède pas d'espace libre et n'est desservie que par un minuscule escalier en vis situé au fond de la parcelle. Mais l'aspect général de la maison emprunte énormément à l'édifice précédemment évoqué, la maison dite des consuls : toiture à pentes raides dans une ville où les pentes de

11- Carte des habitations (« unités distributives ») construites ou réaménagées entre 1560 et 1615.

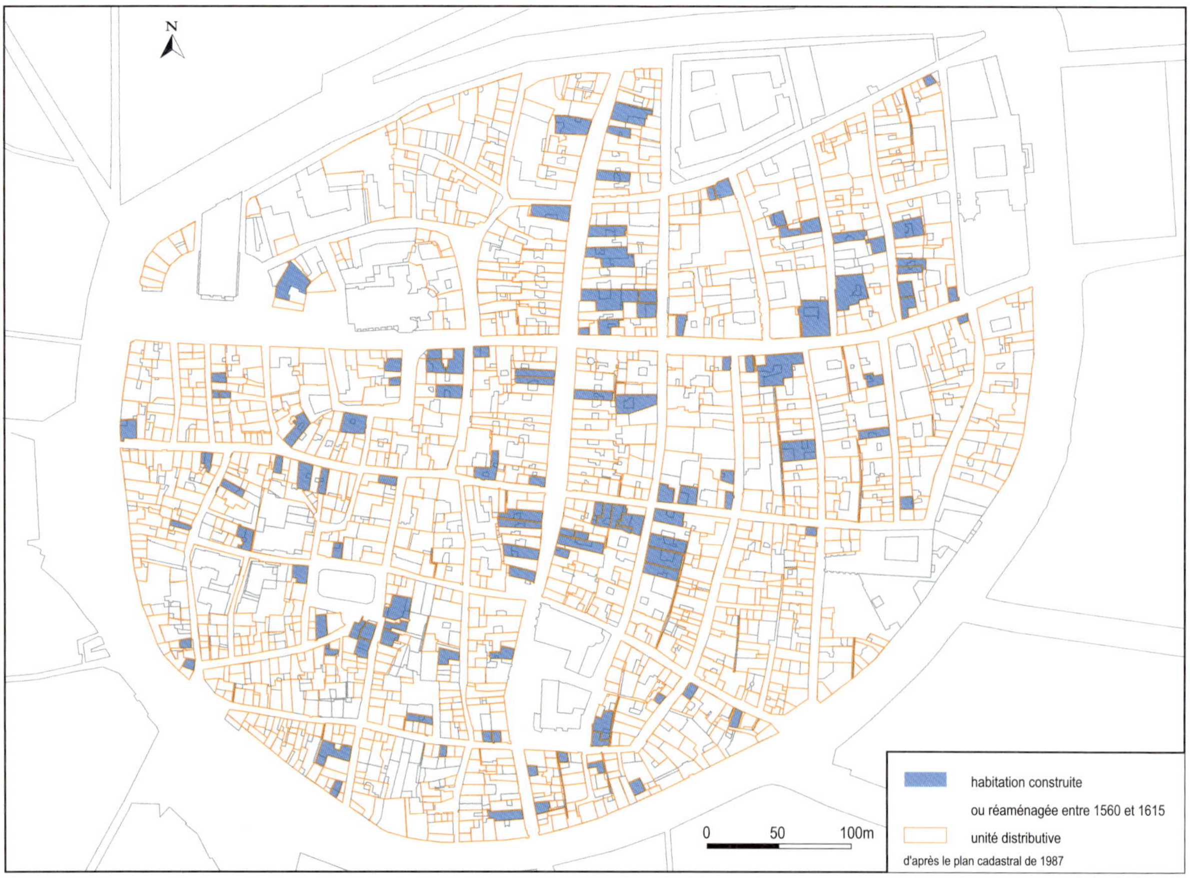

toiture ne dépassent pas 25%, et surtout riche décor sculpté et armorié[84] (FIG. 101). Certes les façades des autres maisons de la rue construites au XVIe siècle ont disparu, remplacées par des façades du XVIIIe siècle mais un tel contraste - une coquille vide et dorée - ne peut se comprendre que par la situation qu'occupe la maison : sur la seule « place publique » que compte la ville à ce moment[85].

Si un pic dans la construction privée peut être noté à cette période, il n'en est pas de même dans le domaine public : ni réaménagement urbain ni programme d'édifices publics ne sont à signaler. Au XVIIe siècle pourtant, dans d'autres villes de France, les officiers royaux commencent à s'organiser pour signaler leur présence en ville en commanditant des édifices spécifiques : un présidial est construit à La Flèche en 1606, à Quimperlé en 1683, un palais des finances à Montpellier en 1676, mais rien de tel n'est envisagé à Riom, où l'ancien palais ducal semble suffire, malgré « un délabrement progressif des bâtiments, l'entretien étant assuré par les finances royales »[86]. L'intendant est logé par les consuls dans un hôtel qu'ils louent ; l'intendant finira d'ailleurs par s'installer à Clermont alors que le siège de la généralité reste à Riom. D'après R. Sève, le transfert de la résidence de l'intendant de Riom à Clermont a lieu sans doute sous M. de Bérulle (1685-1686)[87].

En 1644, probablement à la suite de la grande peste de 1631, le réseau qui alimente les fontaines est réaménagé[88] mais en 1656, les fontaines de la ville restent au nombre de quatre, comme pour la période médiévale[89]. La « reconstruction catholique » semble constituer le principal ferment constructif de la ville *intra-muros*,

**13- Place-carrefour centrale, autrement dit place « des Taules ».**
« Le dedans de la ville est d'une mesme cymetrie, les maisons sont bien bâties, la plus part de pierre grise taillée, et toutes cintrées de mesme par le bas, les rues sont toutes tirées à la ligne, et en croix, dont les quatre principales partent des quatre portes tirant en montant à une grande place quarrée dite des Taules située dans le milieu de la ville au plus haut, c'est où se tient le marché. » [Pierre de la Planche], [entre 1658 et 1681]. Cité par SEVE, Roger, « Une description de Riom au XVIIe siècle », dans B. H. S. A., t. LXXXIV, 1970, p. 351-357.

Le photographe est installé « au plus haut de la ville » : de la place-carrefour, les échappées bien cadrées par les alignements de façades offrent le contraste de la nature au bout de la rue.

**12- Maison Soubrany, 41 rue de l'Hôtel-de-Ville.**
Classée partiellement au titre des monuments historiques le 29 avril 1963, intérieurs inscrits le 25 juin 1925. La charpente du comble (en chêne, à chevrons porteurs sur blochets) et le plafond du quatrième niveau ont été datés par analyse dendrochronologique de 1569. La maison est située à l'angle de la place-carrefour. Sa surface modeste et sa distribution particulièrement sommaire contrastent avec le décor des croisées, très inspiré de celui de la maison « des consuls » (construite trente ans auparavant).

**14- Vue de Riom, [1740].**
Gravure coloriée, 32 x 22 cm, éditée par Chéreau, BnF, Est. Va 154 top.

sans d'ailleurs qu'il en reste aujourd'hui des traces visibles. Autant la vue gravée de Riom par Chéreau au XVIII$^e$ siècle restitue un paysage hérissé de clochers - ceux, en particulier, des chapelles des couvents construits au siècle précédent (FIG. 14)-, autant, aujourd'hui, les repères manquent - même sur le cadastre - pour décrire précisément la « ville de couvents » évoquée par J. Labbaye[90]. Comment les Riomois ont-ils abordé du point de vue urbain la question de la Contre-Réforme triomphante ?

D'après Bertrand Gille, « il semble que les autorités municipales riomoises soient encore plus hostiles que celles de Clermont à cette invasion conventuelle même si certains couvents, comme à Clermont, s'installent en bordure de ville »[91]. Pour commencer, en 1601, les capucins sont réclamés par la ville ; ils s'installent hors les murs. En 1618, oratoriens et carmélites s'installent *intra-muros*. En revanche, en 1622, il est alors clairement déclaré que les sollicitations des différents ordres posent un problème d'espace urbain, et les appuis haut placés ne suffisent pas toujours à faire fléchir les consuls[92]. En 1623[93], les religieuses de Notre-Dame se seraient vu offrir des terrains dépendant de l'abbaye de Saint-Amable, et les visitandines, installées dans un premier temps *intra-muros* (entre 1623 et 1644), revendent leurs bâtiments à des particuliers afin de se faire construire un couvent hors les murs.

La municipalité profitera de la confiscation des biens religieux à la Révolution pour percer des rues au sein du couvent des carmélites et de l'hôpital du Refuge (ouvert en 1687 et tenu par des religieuses de la Charité de Nevers à partir de 1692) ; le couvent des religieuses de Notre-Dame sera en partie démoli et réintégré dans un projet de halle en 1793. C'est ainsi que dès la fin du XVIII$^e$ siècle, les couvents ont disparu du paysage urbain *intra-muros*.

Les oratoriens avaient bénéficié d'un statut particulier grâce à leur mission d'enseignement[94]. En retour, ce sont eux qui, en 1665, font édifier un portail au collège qui, qualifié « d'ornement et embellissement » par les consuls, leur vaudra d'être aidés financièrement dans l'achèvement du projet.
Les consuls sont plutôt préoccupés d'aménagements pratiques et l'établissement d'une « allée en forme de jeu de mail pour la promenade des habitants » en 1646 ne s'intègre pas dans un grand dessein : il s'agit « d'éviter le dépôt d'immondices sur le grand chemin menant à Clermont »[95]. Quand le conseil de ville prend l'initiative en 1676 de faire appel à Daniel Gittard, « ingénieur et architecte du roi », il s'agit de vérifier l'état de l'église Saint-Amable dont une partie de voûte s'est effondrée[96]. Gittard promet d'envoyer « un plan d'une nouvelle église, à la construction de laquelle il a jugé que la ville devoit penser incessamment »[97]. Ne l'a-t-il jamais envoyé ? A-t-on reculé devant l'ampleur du projet ? En tous les cas, il n'est donné aucune suite à cet épisode où un représentant de l'Académie royale d'architecture nouvellement créée se déplaçait à Riom.
Le dépouillement des registres des délibérations municipales nous apprend que les embellissements dont les consuls s'occupent sont à ranger parmi les décors éphémères. La décision est prise par eux d'élever des « arcs triomphaux » pour les entrées de ville des grands personnages. Dans ces occasions, les habitants, comme ailleurs, sont priés de décorer de tapisseries les rues où passeront, par exemple, le duc de Nemours en 1591, le duc de Chaulnes en 1646, le duc de Bouillon en 1663, ... Des tableaux peints figurant saint Amable avaient été portés en procession en 1631 pour conjurer la peste : les consuls décident de les exposer « à toujours » aux portes de la ville, et ce dispositif est maintenu en 1675 car il est prévu de les remplacer[98]. Lorsqu'il s'agit de fêter la paix de Dunkerque en 1646 ou la paix d'Espagne en 1660, les cloches de Saint-Amable doivent sonner et des hautbois disposés sur la tour principale de l'ancien palais ducal doivent retentir[99]. Pour fêter le ralliement de la ville à Henri IV en 1594, les consuls avaient prévu un feu de joie « au devant de Saint-Amable ».
Ainsi, église paroissiale, palais, portes de ville - et rues - se distinguent comme les endroits par lesquels la ville s'exprime. Dans ces festivités, le beffroi n'est pas évoqué et la maison de ville, qu'en 1667 l'intendant estime « indigne de la ville »[100], n'est mentionnée dans les délibérations municipales que lorsqu'il s'agit de la sauver de la ruine[101]. D'ores et déjà, Riom s'affirme comme une ville n'éprouvant que peu « le besoin de recourir aux symboles urbains »[102].

Du XVII^e^ siècle datent les premières descriptions de Riom qui, immanquablement, font référence aux rues « fort larges » (Fléchier, 1665) ou « belles et larges, tirées en droite ligne » (Jacques Audigier, fin du XVII^e^ siècle), ce qui représente un léger écart par rapport aux poncifs utilisés habituellement dans ce genre de littérature. Bernard Lepetit notait en effet que, jusqu'à la fin du XVIII^e^ siècle, les villes étaient décrites uniment « grandes, belles et bien bâties » et qu'il était rare d'en apprendre plus[103]. Le principe du lotissement médiéval, à Riom, est décrit indirectement, sans être désigné comme tel. Ce trait est même pris pour une réalisation récente par Jacques-Antoine Dulaure dans son ouvrage paru en 1789 : « Riom [...] peut être citée comme une des plus jolies [villes] qu'il y ait en France. Elle est la mieux percée de toutes celles de l'Auvergne. Les maisons sont généralement bien bâties, les rues sont larges et plusieurs se coupent à angle droit. Cette construction régulière atteste, encore mieux que ne feroient les titres, le peu d'ancienneté de cette ville, et les habitants raisonnables doivent s'applaudir d'un avantage bien préférable à la vaine gloire d'une antique origine »[104]. Ainsi une continuité est-elle assurée entre une conception médiévale de l'urbanisme et les idéaux en vigueur depuis la Renaissance, tels qu'ils prévaudront jusqu'à la fin du XVIII^e^ siècle, soit une ville aux rues larges, rectilignes et se coupant à angle droit[105]. Il est intéressant de mettre en regard de ces descriptions, qui sont reprises presque mot pour mot au XVIII^e^ siècle, les deux vues gravées de Riom de 1740 et 1745 (?). Car les rues si particulières de la ville ne sont finalement pas représentées (ce que nous avions déjà observé pour la vue de l'armorial de Revel). Il n'est fait allusion à la beauté des rues larges et bien bâties que dans les légendes qui accompagnent les gravures. A propos des vues gravées de Paris, Bernard Lepetit observait que les pleins étaient valorisés au détriment des vides « comme le manifeste l'absence de perspective de rues [...], le relatif oubli aussi des places royales dont on sait le rôle dans l'idéologie monarchique »[106]. L'oubli des places royales ne peut valoir ici que pour Paris mais il est symptomatique d'un trait plus général quant à la représentation des vides... Chéreau adoptait le principe de la vue panoramique qui se prête mal à la figuration des espaces vides mais Legay avait l'opportunité de les figurer dans sa vue cavalière et pourtant il ne l'a pas fait[107] (FIG. 15). Ainsi les gravures de Riom s'attachent principalement à représenter une ville avec ses clochers[108], dans ses remparts, et surtout densément peuplée. Il convient d'interpréter ces caractéristiques comme celles destinées à symboliser un foyer de civilisation[109], une ville à la riche armature administrative[110]. Pour Chéreau comme pour Legay, il était plus important de représenter l'idée qu'on se faisait d'une « capitale du duché d'Auvergne, chef-lieu de la province pour l'administration et la justice » qu'une ville répondant à certains critères d'un urbanisme idéal.

L'effet rendu d'un bâti dense suggérant un fourmillement de population est d'autant plus étonnant qu'en 1697, dans un *Mémoire sur l'état de la généralité de Riom*, la ville est décrite comme « si peu peuplée qu'elle paroist déserte »[111]. L'auteur (il pourrait s'agir de l'intendant Lefebvre d'Ormesson) ajoute : « elle le seroit entièrement sans le concours des plaideurs qui sont obligez d'y aller ». Dans cette « obligation » pointe manifestement une réputation défavorable à la ville. L'intendant, à cette date, dispose d'un logement loué par les consuls, et s'il était vérifié que l'auteur du mémoire est bien l'intendant lui-même, il montrerait par là son désagrément à venir y séjourner, encore ajoute-t-il que l'on y trouve des « marchands de toutes sortes comme à Clermont mais moins bien fournis »[112].

Les « plaideurs » logent-ils à Riom ou ne se contentent-ils que de s'y rendre pour leurs affaires ? Une liève[113] royale des années 1650 nous donne un aperçu sur l'ensemble des « tenanciers » de la ville[114]. Certes, les déclarants ou leurs représentants n'occupent pas forcément les logements qu'ils possèdent et 80 % d'entre eux ne font état que d'une seule maison ou que d'une partie de maison, ce qui laisse supposer, par rapport à ceux qui en possèdent au moins deux, qu'ils y habitent. Mais nous n'utiliserons ce document qu'à titre de sondage. D'autant plus que pour 33 % des tenanciers, les métiers ou charges qu'ils occupent ne sont pas mentionnés, aussi nos résultats ne peuvent-ils porter que sur le corpus restant. Ainsi, 20 % des déclarants appartiennent au monde de la justice (14%) ou de l'administration (6%). Parmi ceux-ci (ils sont cent-huit), il y a huit « officiers de premier rang », qui sont receveur général des finances, conseiller du roi en sa cour de Parlement à Paris, conseiller général des finances de la généralité d'Auvergne et contrôleur général du domaine d'Auvergne, on dénombre trente « officiers du second rang » (où l'on trouve les trésoriers de France), soixante-deux officiers ministériels (avocat, procureur, notaire, huissier, ...) et quatre représentants de la basoche (commis greffier, clerc des tailles)[115]. Riom était divisé en quatre quartiers fiscaux et les métiers de justice étaient seulement un peu plus représentés dans le quartier nord-est, autrement dit à proximité du palais. Globalement, on pouvait attendre des pourcentages plus importants pour les métiers de l'administration et de la justice mais la possibilité de louer un logement pour nombre d'entre eux, destinés à occuper des postes différents dans leur carrière, n'est certainement pas marginale, nous l'évoquerons dans la troisième partie sur les manières d'habiter.

L'analyse de la même liève amène à enrichir notre connaissance du fonctionnement de la ville à cette période : les tenanciers laboureurs totalisent en effet à eux seuls un pourcentage presque aussi élevé que celui des gens de justice, 12 %[116]. On peut étayer cette vision d'une ville au fort accent rural avec un extrait de règlement municipal (non daté mais édicté entre 1546 et 1686)[117] : « n'y aura étables à pourceaux le long des grandes rues ». Les fossés de la ville tiennent d'ailleurs lieu de pacages[118]. Et l'on apprend par une délibération municipale de 1653, qu'afin « d'éviter que les fumiers, porcs et bétail ne sortent par les quatre grandes portes de la ville » – monuments par trop emblématiques, nous l'avons vu –, une poterne sera ouverte qui leur sera affectée. Ainsi ce trait rural domine-t-il bien la ville[119], et la fonction résidentielle s'étend-elle en ce milieu du XVII$^{e}$ siècle aux plus humbles catégories sociales encore habituées à se loger derrière les remparts[120].

La régularité comme « avantage bien préférable à la vaine gloire d'une antique origine ».

**15- « Vue et perspective à l'aspect méridional de la ville de Riom dédiée à Monsieur le Sénéchal et à Mrs les Officiers de la Sénéchaussée d'Auvergne par leur très humble serviteur Le Gay ».**
Gravure coloriée, 71 x 49 cm, par Cosmant, d'après un dessin de Legay. Ajout manuscrit : « 1745 ».
Riom, musée Mandet.
Sur l'une comme sur l'autre vue (celle de Chéreau), une relative importance est donnée à l'environnement dans lequel se situe la ville : la plaine fertile est figurée sous forme de champs, prés, jardins et vergers, bien délimités et ordonnés autour de l'enceinte.
Sur la vue de Le Gay, certains détails laisseraient supposer que la vue est plus tardive que ne l'indique la date « 1745 », ajoutée à la main sur l'exemplaire gravé conservé au musée Mandet de Riom. D'ailleurs, Ambroise Tardieu, historien auvergnat de la seconde moitié du XIXe siècle, datait la vue de 1770. Et en effet, par exemple, la porte de Clermont est figurée sous forme de deux piliers, soit comme elle avait été reconstruite en 1747 ; la représentation bien distincte de la nouvelle façade de l'église Saint-Amable, achevée seulement en 1756, en serait un témoignage supplémentaire.

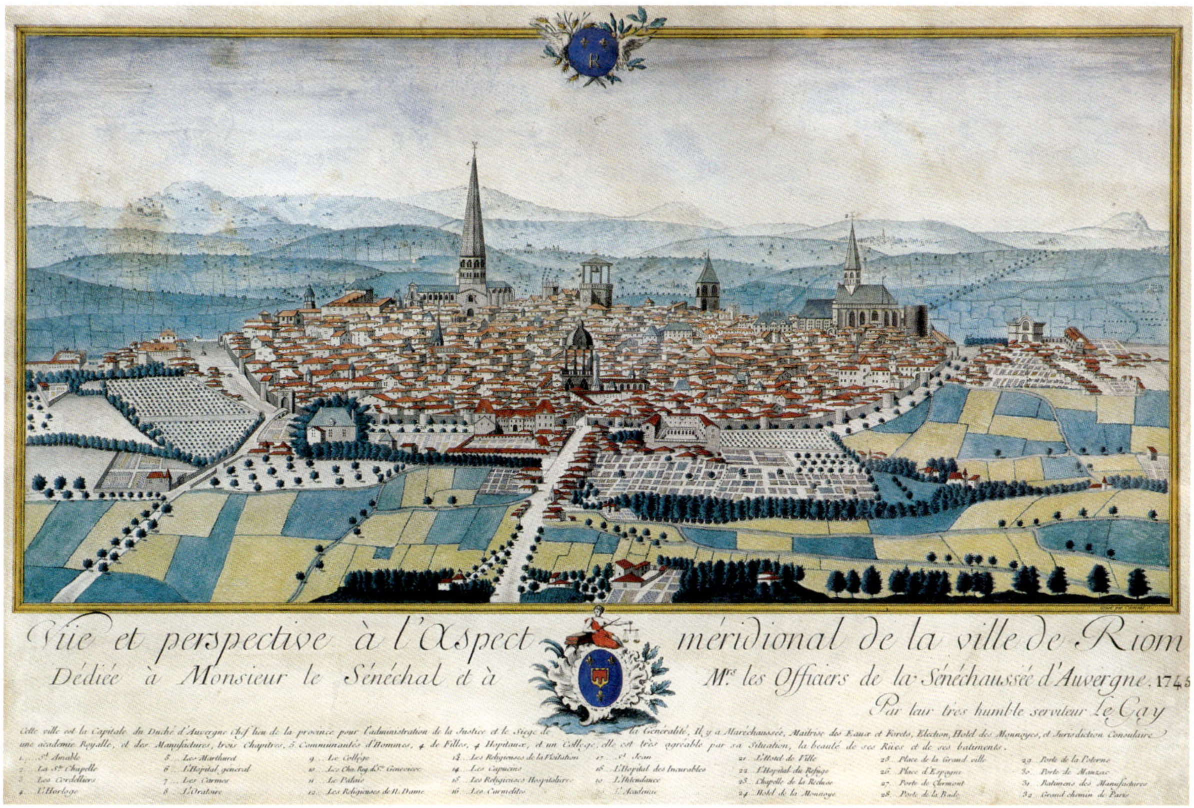

# Ville Et Généralité De Riom

## Plan de la ville de Riom dont la Ceinture forme des grandes routes ornées de chaque coté dans toute la Circonvallation d'une belle contre-allée en Ormeaux



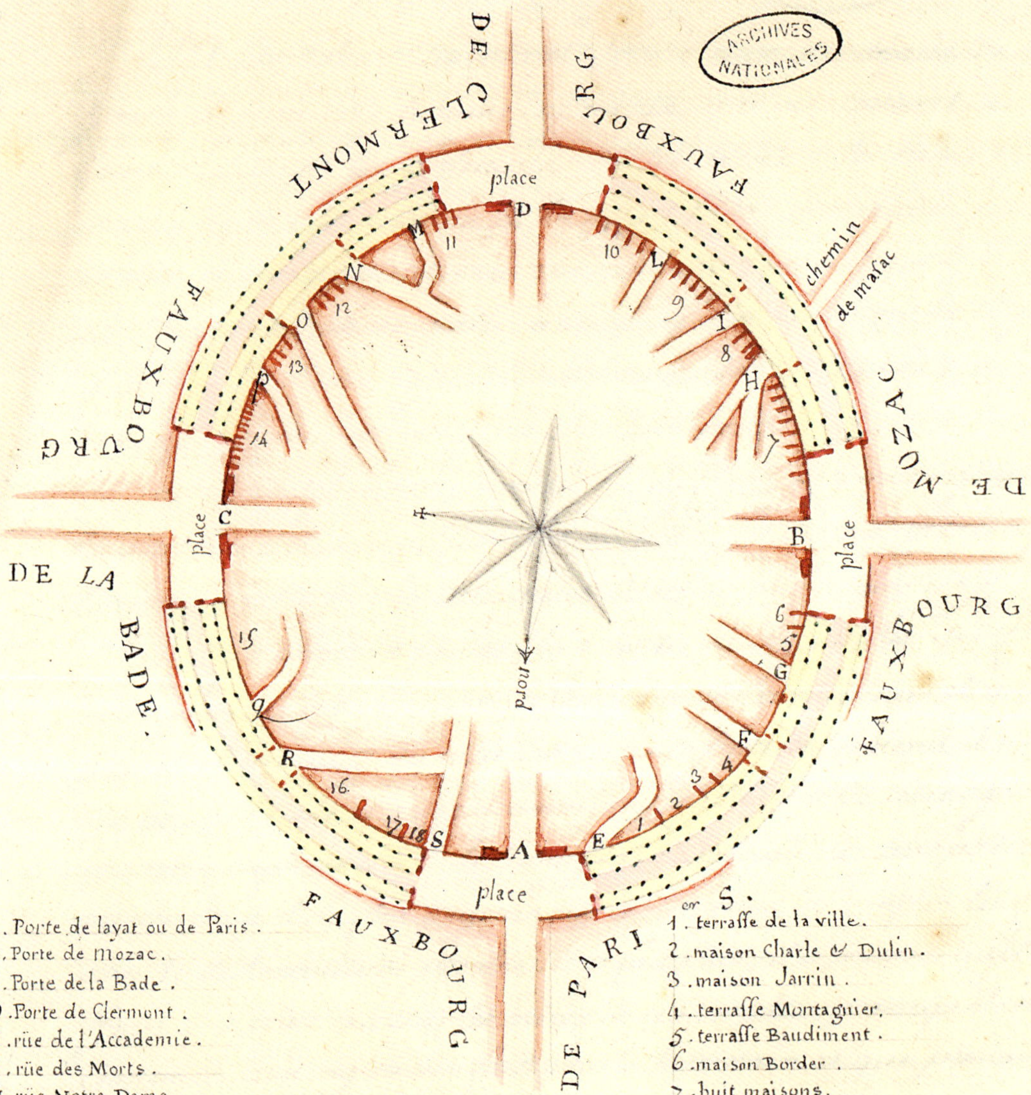


A. Porte de layat ou de Paris.
B. Porte de mozac.
C. Porte de la Bade.
D. Porte de Clermont.
E. rüe de l'Accademie.
F. rüe des Morts.
G. rüe Notre Dame.
H. rüe Soubre et rüe tannerie
I. rüe poterne.
L. rüe Buxerol ou Ameil.
M. passage Poulon.
N. rüe du Cante.
O. rue de l'etuve.
P. cul de sac derriere l'Oratoire.
Q. rüe S$^{t}$. Loüis.
R. rüe de la monnoye
S. rüe des Cordeliers.

17. Entrees des Boulevarts dans la ville y compris 4 principales portes A, B, C, D.

1. terrasse de la ville.
2. maison Charle & Dulin.
3. maison Jarrin.
4. terrasse Montagnier.
5. terrasse Baudiment.
6. maison Border.
7. huit maisons.
8. trois maisons.
9. Six maisons.
10. quatre maisons.
11. trois maisons.
12. trois maisons.
13. trois maisons.
14. treize maisons.
15. le palais et les prisons.
16. terrasse de la ville.
17. terrasse Cathol.
18. terrasse des Cordeliers.

53. maisons ou terrasses qui des boulevarts communiqent dans la ville.

Delineavit et Scripsit F$^{us}$. Bernard Geometres et Administrationis generalis Coactor anno salutis 1787.

# La rue comme monument

A partir d'un édit du Conseil d'Etat de 1738, le Bureau des finances de Riom est autorisé à faire démolir les remparts de la ville[121]. Ce qui ne va pas sans offusquer le corps de ville, astreint pendant les siècles précédents à en assurer l'entretien[122]. Tous les remparts ne tombent pas d'un coup, les vues de Chéreau (1740) et de Legay (après 1747) en témoignent. Il est difficile de dater l'ultime campagne de démolition[123], mais en 1788 encore, une délibération municipale porte sur la décision d'aliéner les rues des remparts à différents particuliers « à l'effet d'y faire des constructions qui décoreront la ville dans la partie des boulevards »[124]. Les travaux consistant à équiper la ville de vrais boulevards de contournement sont programmés en plusieurs tranches et selon le système des « corvées », mais leur financement pose des problèmes au subdélégué de Riom (il s'agit de l'adjoint de l'intendant) chargé du « rôle des contribuables » qui s'inquiète en 1774 de l'inflation des demandes d'exemption (que faire, écrit-il, avec les officiers du Bureau des finances, du présidial, de l'élection, des Eaux et Forêts, de la Monnaie, du dépôt de sel, les avocats, les procureurs, les notaires, les chirurgiens, les administrateurs des hôpitaux et les sergents de quartiers dont les demandes d'exemption lui parviennent[125] ? ). De la même façon, les plantations d'arbres autour de la ville font l'objet de plusieurs campagnes. Elles sont destinées à créer de nouvelles « promenades » pour les Riomois. Ceux-ci s'y adonnaient auparavant sur le mail situé à la porte de Clermont, comme nous l'avons vu, mais aussi dans le jardin du couvent des cordeliers, comme nous l'apprend une requête de 1709[126], ainsi que sur un terrain situé aux abords du palais, à l'extérieur de l'enceinte et en contre-haut du palais, qui aurait servi au XVII<sup>e</sup> siècle à l'entrepôt de bois coupés appartenant à la duchesse de Lauzun[127]. Cette dernière en aurait fait cadeau à la ville vers 1710[128]. Il avait alors été décidé de le transformer en promenade et elle apparaît déjà plantée sur la vue de Legay, avec cette dénomination « place de la grand ville »[129]. Les plantations du tour de ville figurent clairement sur un plan de 1787, suivant un tracé particulier, dégageant les portes de ville en formant « place », comme l'indique le dessinateur[130] (FIG. 16). Comme si ces espaces, simplement libérés des contre-allées d'ormeaux, acquerraient un statut de place publique grâce à la présence des symboles monumentaux que sont les portes de ville. En fait, ces places ne sont que des carrefours, au même titre que la place centrale de la ville.

Cependant une place d'un autre genre avait pu voir le jour à Riom dans les années 1760 : suivant un processus déjà observé à la même époque dans plusieurs villes françaises, le cimetière de l'église Saint-Amable avait été transféré hors les murs[131], libérant un parvis devant la façade occidentale, elle-même reconstruite entre 1750 et 1756 sur un dessin donné par l'ingénieur des Ponts et Chaussées[132] (FIG. 18). Ainsi, grâce à ce dégagement en façade, l'église s'exposait, répondant en

**16- « Plan de la ville de Riom dont la ceinture forme des grandes routes ornées de chaque côté dans toute la circonvallation (sic) d'une belle contre-allée en ormeaux ».**
Gravure, s. éch., par François BERNARD, géomètre, 1787.
Archives nationales, G2 32 dossier n°10.
La ville est représentée comme un cercle presque parfait, avec des portes aux quatre points cardinaux (le nord est en bas du dessin) qui, dégagées des arbres qui ornent le tour de ville, sont désignées comme des places.

**17- Elévation de la porte de Layat.**
Dessin avec lavis, 17 x 103 cm, éch. 1,4 cm / toise, projet de C.-F.-M. Attiret, 1781, A. C. Riom, CC166.
Les quatre portes de ville sont reconstruites à partir de 1747 sous la forme simple de deux piliers. La porte nord, celle qui accueille les voyageurs arrivant de Paris, reprise en 1781, fait l'objet d'un programme plus ambitieux, avec rampes d'accès et fontaine.

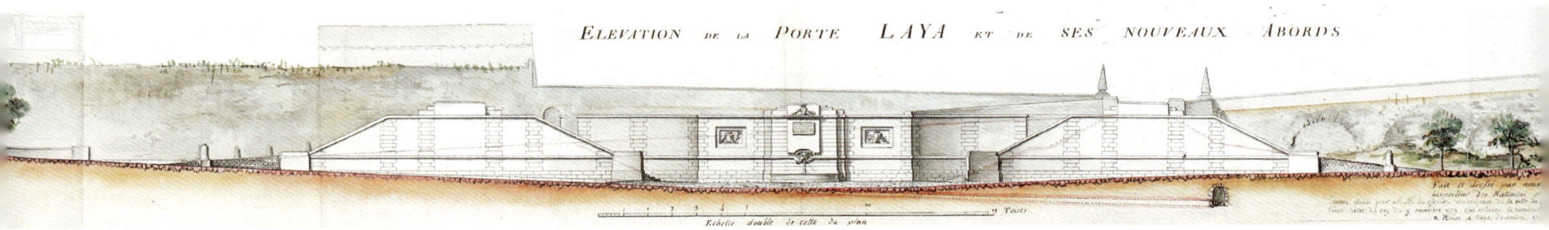

cela aux préceptes à la mode à partir du milieu du siècle. En outre, la grande traverse est-ouest de la ville qui menait du palais à l'église principale ne butait plus sur le cloître, démoli trois ans auparavant[133], et aboutissait au parvis. Dans un traité passé entre les consuls, les marguilliers et les religieuses de Notre-Dame datant du 27 décembre 1748, on pouvait lire que « les habitants ont reconnu l'utilité et l'agrément trouvé [...] dans la continuation et dans l'agrandissement d'une de ses principales rues, laquelle procure une communication immédiate à deux quartiers de la ville qui n'en avait reçu jusqu'à présent qu'une indirecte et incommode »[134]. L'intendant avait approuvé le percement et, en 1764, commandé une fontaine destinée à agrémenter le parvis dégagé. De son côté, le Bureau des finances parfaisait en 1768 la nouvelle configuration en imposant l'alignement sur la traverse est-ouest[135]. Toutes les instances compétentes en matière de voirie et d'embellissement avaient ainsi apporté leur concours dans cette réalisation[136], sorte de respiration architecturale offerte à la ville.

Il est admis par les historiens que Riom « a connu un grand XVIII<sup>e</sup> siècle », avec cette particularité qu'il n'est jamais clairement énoncé à quoi attribuer le renouveau urbain. D'autre part, d'un point de vue strictement morphologique, Rémy Allain écrit : « la relation entre économie et activité immobilière n'est jamais simple »[137]. Mais comment définir le processus socio-économique à l'œuvre à Riom au XVIII<sup>e</sup> siècle qui va susciter une remarquable vague de construction tant publique que privée ?

Du côté des édifices publics, la ville, soutenue par l'intendant, avait fait reconstruire un hôtel des monnaies en 1718-1719 (FIG. 19), un hôpital général à partir de 1725 (hors les murs, en bordure d'enceinte, sur la route de Clermont) (FIG. 132), un hôtel pour l'écuyer de l'académie royale (1758-1762)[138] (FIG. 111), un théâtre (inauguré en 1773) (FIG. 20). La municipalité, de son côté, avait acquis en

**18- Vue du parvis de l'église Saint-Amable depuis la place de la halle au blé.**
Cliché par Jules Manias, 1ère moitié du XXe siècle, Inventaire Auvergne.

Après que le cimetière ait été déplacé et aménagé à l'extérieur de la ville, la façade et la tribune d'orgue de l'église firent l'objet d'une reconstruction. Elles furent exécutées, non sans mal, entre 1750 et 1756, sur des dessins de l'ingénieur des ponts-et-chaussées François-Charles Dijon. Les travaux furent réceptionnés tardivement car les consuls marguilliers, mécontents de l'ouvrage « ridicule et mal appareillé », montrèrent quelques difficultés à payer l'entrepreneur.
La fontaine, au centre du parvis, fut offerte à la ville en 1764 par l'intendant Balainvilliers (inscrite au titre des monuments historiques le 9 février 1927).

**19- Elévation et coupes sur l'hôtel des Monnaies.**
Dessin, 54 x 38 cm, éch. : 1, 3 cm / toise, [par Louis Saladin, architecte], porte la mention « arrêté par Boucher [intendant] 6 mai 1719 ».
A.D. Puy-de-Dôme, C 1793. Bâtiments. Riom, hôtel de la Monnaie (1706-1720).
On remarquera sur ce projet :
-la cour antérieure (l'hôtel des monnaies est l'un des quatre édifices avec cour antérieure construits au XVIIIe siècle),
-la porte cochère sur la rue : un avatar de la porte de l'hôtel Dufraisse,
-les encadrements de baies spécialement « indatables » : leur simplicité ne permettrait pas de les situer dans le temps,
-les génoises.

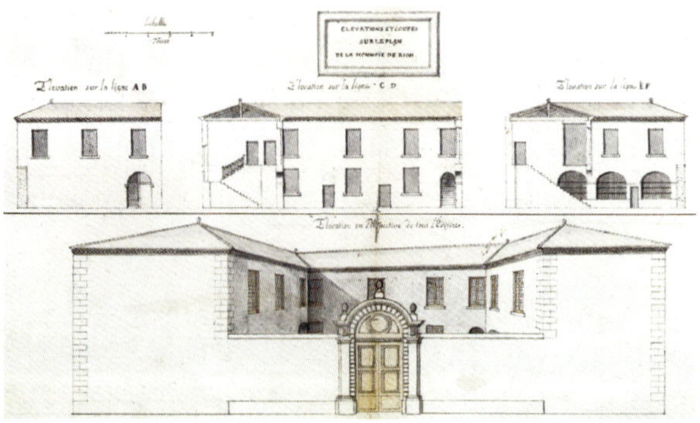

**20- Vue en perspective du théâtre dans l'alignement des maisons de la rue Hellénie.**
Le théâtre est inauguré à la fin de l'année 1773 bien que les travaux ne semblent pas avoir été terminés avant 1780. En 1779, une terrasse, aujourd'hui détruite, avait été aménagée sur le boulevard. L'édifice présente sur la rue un gabarit ordinaire aligné et s'insère dans le tissu existant. La façade se démarque cependant par la présence d'un balcon. Le cartouche qui surmonte la baie centrale porte les armoiries de la ville.

1721 l'ancien hôtel de Cériers afin d'y loger l'intendant et sa maison de ville (FIG. 31, FIG. 97). Par ailleurs, un hôpital des incurables avait été édifié à l'initiative de quelques personnalités riomoises (1736-1743).
Du côté des particuliers, l'activité immobilière de 1710 à 1780 environ est surtout caractérisée par des regroupements parcellaires d'envergure qui précèdent la mise en œuvre de quelques vastes demeures (l'ouverture de la ville sur ses faubourgs peut avoir favorisé ce mouvement). A partir des années 1780 d'ailleurs, jusque dans les années 1830-1840, l'activité est telle qu'un nouveau pic peut être décelé dans notre recensement[139] – après celui des années 1560-1615 –, mais sans nécessairement, cette fois-ci, que des regroupements parcellaires y soient liés comme dans la première partie du siècle (FIG. 23).
Ce qui frappe dans cet ensemble d'édifices, c'est que « la pompe et la magnificence » dignes d'un édifice public, pour utiliser l'expression du roi Stanislas Leczinsky[140], soient réservées à ... un hôtel particulier. En l'occurrence, il s'agit de l'hôtel Dufraisse (en construction en 1707[141]), dont la cour d'honneur close d'un corps de portique met en scène depuis la rue un corps de bâtiment principal

**22- Hôtel Dufraisse, actuel musée Mandet (1983).**
14 rue de l'Hôtel-de-Ville.
Cet hôtel donne tout son sens à l'observation de J. Lavallée : « [Riom], une de ces villes où l'on veut être Paris ».
Le refus de s'intégrer dans son environnement s'exprime dans la position de l'espace libre antérieur qui, d'une part, place la façade principale au second plan, d'autre part, introduit le désagrément d'un mur mitoyen aveugle, celui de la maison située au n° 12 de la rue.

**21- L'élévation de la Juridiction consulaire.**
Dessin, 43 x 27 cm, s. éch., [par Simon Saladin, architecte, 1752], A.D. Puy-de-Dôme, C 1797. Bâtiments. Riom, juridiction consulaire (1732-1752).
L'édifice n'a pas été réalisé, il reste néanmoins représentatif d'une architecture publique qui puise aux modèles de l'architecture privée.

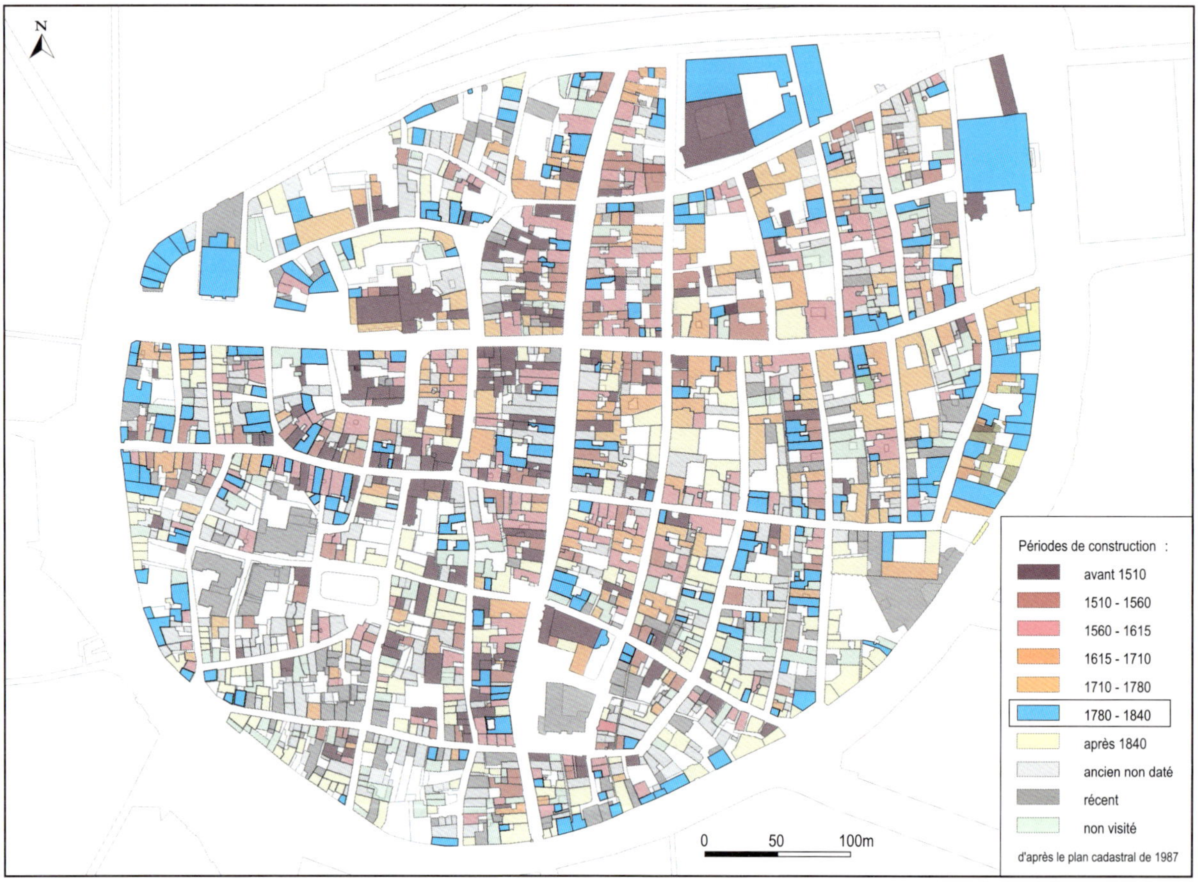


**23- Carte des corps de bâtiments construits entre 1780 et 1840.**
Sur ce type de carte on ne distingue pas la construction privée de la construction publique.
Les façades reconstruites au-devant d'un bâti plus ancien ne sont pas indiquées ici.

dont le volume déclasse toutes les maisons environnantes (FIG. 22 et 91). Aucun gabarit de cette nature ni une telle mise en scène ne sont adoptés par aucun des édifices publics cités précédemment. De plus, le théâtre, l'hôtel de l'académie, l'hôpital des incurables, et *a fortiori* l'hôtel de ville-intendance (FIG. 31), respectent scrupuleusement l'habituel alignement sur rue. Certes, la discrétion des bâtiments publics sous l'Ancien Régime n'est pas une exclusivité riomoise, mais ici, dans de telles proportions, conjuguée à une voirie régulière, elle contribue à créer un contexte urbain dans lequel l'hôtel Dufraisse ne se distingue que plus aisément. Trois autres hôtels du XVIII^e^ siècle sont du type « entre cour et jardin » à Riom, et l'hôtel Chabrol et l'hôtel des monnaies sont « à cour antérieure ». Ils introduisent donc également dans les rues de la ville un « second plan » (ce qui est à voir se situe en arrière du front de rue), contrairement aux hôtels sur rue qui se fondent dans le paysage[142] ; mais seul l'hôtel Dufraisse, par le gabarit de son corps principal, introduit en outre un changement d'échelle, qui reste, encore aujourd'hui, isolé[143].

Annet Dufraisse, le commanditaire présumé de l'hôtel[144], était avocat puis conseiller au présidial de Riom, issu d'une famille originaire de Basse-Auvergne installée à Riom depuis le début du XVII^e^ siècle. Les commanditaires présumés des deux autres hôtels de la ville entre cour et jardin (Jouhannel de Jenzat (FIG. 128 et 138) et Rollet d'Avaux (FIG. 92 et 143)) appartenaient également au monde des robins et avaient acquis des charges au présidial de Riom.

En 1790, la rupture historique ne semble pas avoir eu de répercussion immédiate dans le secteur du bâtiment. En effet, Clermont est alors choisie comme chef-lieu du département, Riom se trouvant alors définitivement déclassée malgré sa Cour d'appel.

Pourtant, dès 1793 la municipalité se lance dans un projet d'aménagement urbain d'envergure inconnue à ce jour à Riom : la construction d'une halle au blé et de ses abords. Pour Pascal Piéra, « l'intention d'aménager une halle peut sembler paradoxale au moment où Riom s'efface devant Clermont » mais d'après l'auteur « la municipalité de Riom espère surtout redonner de l'éclat à la ville »[145].

Dès 1788, le projet d'installer une nouvelle halle au blé en bordure extérieure des boulevards avait pris corps, et l'intendant l'avait approuvé. Mais quand on ressort le projet en 1791, les habitants usent d'un droit nouveau, celui de pétition, afin de faire valoir leur point de vue sur l'emplacement prévu. La majorité d'entre eux s'expriment pour une installation *intra-muros* et à proximité de l'église Saint-Amable, soit proche de son emplacement initial (c'est-à-dire dans l'angle d'une petite rue coudée portant le nom de « place Saint-Jean »). Il faut alors tailler dans un tissu bâti serré pour obtenir une place en hémicycle qui « malgré la valeur de son ordonnance architecturale, se ressent de sa création fortuite et n'est pas intégrée dans la trame urbaine »[146]. Et en effet, la volonté populaire de « rapprocher le boulevard par une sortie vaste et commode »[147] s'est trouvée pleinement satisfaite : le parti a été pris par l'architecte de la ville de ne borner d'aucune manière le vaste carreau situé au-devant de la halle (FIG.24,25), permettant en cela un accès facile aux abords de la halle. Mais, du point de vue strict de la forme urbaine, à l'est, la place se dilue dans l'espace du boulevard ; à l'ouest, elle se perd dans le parvis de Saint-Amable. Et malgré l'érection de deux édicules au faible pouvoir structurant (un château d'eau en 1829 côté boulevard, un obélisque devant la halle en 1930), l'observation de C. Sitte, prend ici tout son sens : « à l'intérieur d'une

**24- « Plan général et détaillé de la place du marché neuf et des bâtiments qui l'environnent pour servir d'explication aux différents actes qui fixent les constructions alignemens façades et concessions des propriétaires riverains ».**
Dessin avec lavis, sans échelle, [1793]. Par Claude-François-Marie Attiret.
A. C. Riom : M I. Edifices publics, Halle au blé.
Le projet d'Attiret est resté inachevé : en particulier, la partie d'hémicycle à l'est de la halle n'est que partiellement élevée ; de plus, l'immeuble désigné par les lettres AA n'a pas été démoli, ce qui permet de circonscrire a minima le parvis de Saint-Amable.
Plusieurs campagnes de transformation ont affecté la halle dès le début du XIXe siècle, à partir du moment où le tribunal de commerce y est installé. La surélévation de la nef centrale (1880) et l'élévation d'un nouveau portique (1925) sont les plus frappantes.

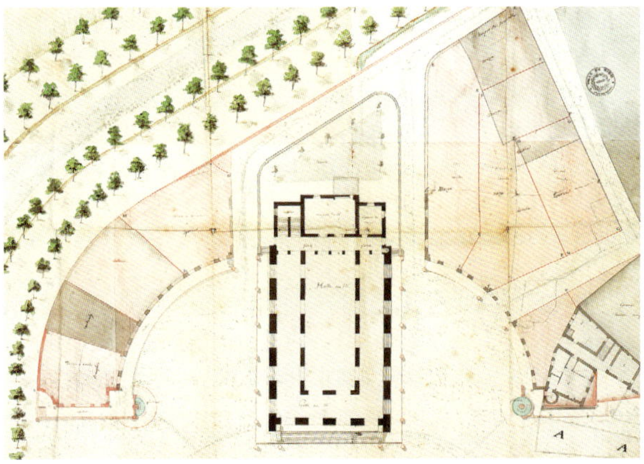

**25- Vue aérienne depuis l'ouest.**
Photographie, 1970, par Roger Henrard, Centre régional de documentation pédagogique d'Auvergne.
A partir du boulevard, un grand « couloir » a été ouvert, formé par la place de la halle au blé et par le parvis de l'église Saint-Amable. Il a été progressivement ponctué de différents édicules (fontaine-château d'eau, obélisque, fontaine).

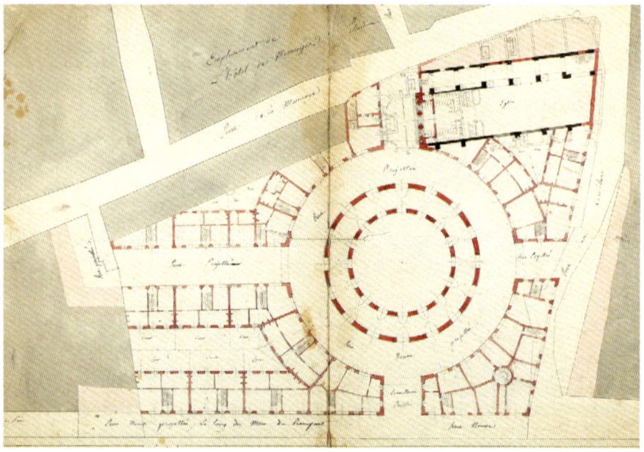

**26- Projet pour un nouveau quartier comprenant des rues, une halle circulaire, des immeubles d'habitation et une église.**
Dessin avec lavis, 78 x 48 cm, éch. 1,9 cm pour 2 toises [Richier, Amable, vers 1791-1792].
Bibliothèque communautaire et inter-universitaire de Clermont-Ferrand, CA 5089.
Projet non retenu pour un quartier comprenant une halle aux blés, probablement concurrent de celui de l'architecte de la ville Claude-François-Marie Attiret qui a été réalisé. L'îlot concerné ici est celui du couvent des cordeliers, et non celui du couvent des religieuses de Notre-Dame. Le projet de Richier reprend le parti circulaire de la halle parisienne de Nicolas Le Camus de Mézières dont la construction date de 1763-1765.
En adoptant ce projet, en le comparant à celui d'Attiret, la ville aurait gagné en cohésion ce qu'elle perdait en espace libre. Le parti pris par Richier de densifier l'îlot, de le centrer sur une halle circulaire à partir de laquelle naissait un réseau de rues était probablement plus adapté à une ville qui cultivait l'art d'aménager la voirie.
Dans l'angle nord-ouest (en bas, à droite), Richier a figuré un escalier en vis suspendu qui dessert plusieurs immeubles. Peut-être s'est-il inspiré des mises en commun d'espaces de circulation, et d'escalier en particulier, que l'on trouve à Riom.

ville, un espace libre ne devient une place que s'il est effectivement fermé »[148]. Ce précepte prend d'autant plus de valeur dans une ville où les expériences spatiales, nous l'avons vu jusqu'à présent, s'accommodaient d'un tissu dense. Faut-il regretter le rejet du projet d'un autre architecte, Amable Richier, dont la halle circulaire, prévue à l'emplacement du couvent des cordeliers, était ceinte d'une rue-place, autour de laquelle s'organisaient des immeubles et le percement de trois nouvelles rues[149] (FIG. 26) ?
De fait, la forme urbaine dans laquelle Riom excelle est la rue. Les alignements de façades élevées en particulier durant le XVIIIe siècle – imposées très probablement par le Bureau des finances[150] – en témoignent et le grand axe nord-sud reste le monument emblématique de la ville (FIG. 27). Si l'on compare le destin connu des villes d'Ardes et d'Aigueperse, proches de Riom et construites elles aussi à partir d'un lotissement médiéval axial[151], on voit bien que le site sur lequel l'axe s'ancre contribue à son succès esthétique. Car la grande attention dont cette rue est l'objet au XVIIe siècle et surtout au XVIIIe est à chercher aussi probablement dans la déclivité de ses deux segments, orientés vers le nord (rue de l'Horloge) et vers le sud (rue du Commerce), qui valorise la profondeur des perspectives sur le lointain. La place-carrefour est en quelque sorte close visuellement par des images lointaines et comme redressées[152]. Un effet paysager, une façon de faire entrer la nature en ville que les amateurs du XVIIIe siècle ont eu à cœur de cultiver (FIG. 13 et 28).

Le façonnage des fronts de rues ne connaît pas de rupture avec la Révolution. Dans la première partie du siècle en tous les cas, les conditions sévères auxquelles sont astreints les particuliers désireux de modifier leur façade ont été conservées dans les archives, qui montrent que pour l'architecte de la ville chargé de les faire respecter, la rue reste une matière vivante à modeler au coup par coup dans un projet d'unité générale inchangé.

**27- Carte des façades reconstruites entre 1710 et 1780 au-devant de bâtiments plus anciens.**
Fond : plan cadastral, 1987.
On voit que le grand axe nord-sud (rue de l'Horloge pour la partie nord, rue du Commerce au sud) est particulièrement touché.

**28- A gauche : rue du Commerce depuis la place-carrefour centrale (1983).**
Le grand axe nord-sud est celui du premier lotissement médiéval (XII^e^ ou XIII^e^ siècle). Sa largeur oscille entre 13 et 15 m. Il a été l'objet de toutes les attentions : les façades reconstruites au XVIII^e^ siècle et dans le premier tiers du XIX^e^ siècle comme des écrans devant des pignons plus anciens respectent un alignement strict et dirigent le regard vers l'extérieur de la ville. Les deux pignons à droite ont été autorisés après 1840.
Le dôme de la tour nord de la façade de l'église du Marthuret répond au dôme de couronnement du beffroi (qui se trouve derrière le photographe).

**29- A droite : perspective sur la rue de l'Hôtel-de-Ville, depuis l'ouest vers l'est.**
A droite de la photo, on peut voir la saillie du portique de la maison « des consuls » qui est tolérée en 1853 « pour une question d'art qui doit dominer la question de viabilité ».

En revanche, à partir des années 1840, un état d'esprit différent anime les édiles qui s'accordent avec l'architecte du palais de justice pour faire aligner la rue à l'arrière dudit palais afin de « démasquer la Sainte-Chapelle »[153], permettant au monument de produire plus « d'effet », et ils affirment en 1853 vouloir conserver la saillie du portique de la maison des consuls pour « une question d'art qui doit dominer la question de viabilité », cet édifice n'étant pas « une de ces maisons ordinaires, insignifiantes et qui n'ajoutent rien à l'histoire des arts ni à l'instruction des artistes »[154] (FIG. 29). A ce moment résonnaient à Riom les termes du décret du 16 septembre 1792 dans lequel il était considéré « qu'en livrant à la destruction les monuments propres à rappeler les souvenirs du despotisme, il importe de préserver et de conserver honorablement les chefs-d'œuvre des arts si dignes d'occuper les loisirs et d'embellir le territoire d'un peuple libre ». Dans un ordre d'idée apparenté, clocher, transept et chœur de l'église Saint-Amable sont reconstruits en style roman et gothique entre 1841 et 1865[155]. Des accents pittoresques étaient ainsi délibérément donnés à la ville, qu'on retrouve à une moindre échelle dans les deux pignons – l'un cintré, l'autre festonné[156] – qui animent alors une partie de la rue principale, après que des mesures draconiennes aient été prises pour les faire disparaître du paysage urbain (FIG. 28,41). Puis les décisions de ce type s'enchaînent : en 1876 par exemple, la municipalité lance un emprunt pour acquérir des immeubles afin de pouvoir procéder au « dégagement des deux églises »[157].
En revanche, à une époque où les édifices publics bénéficient généralement d'aménagements ostentatoires, ceux du centre de Riom restent fidèles à la discrétion traditionnelle d'Ancien Régime : comme au XVIII^e^ siècle

**30- La sous-préfecture, 10 rue Croisier (1984).**
Elle est installée en 1848 dans un ancien hôtel particulier construit à l'alignement au XVIIIe siècle. Auparavant, la sous-préfecture avait d'abord occupé l'hôtel des monnaies puis, en attendant qu'une décision soit prise concernant l'achat d'un immeuble existant ou la construction d'un édifice spécifique, elle avait été logée dans une maison en location.

**31- L'Hôtel de ville, 23 rue de l'Hôtel-de-Ville.**
Vue de la façade en 1983 (depuis 1990, la pierre de taille est masquée par un enduit blanc). L'hôtel de ville occupe l'ancien hôtel de Cériers (FIG.97).

**32- Ecole communale, rue Victor-Basch (1982).**
L'école, sur la gauche de l'image, construite en 1868 par l'architecte Agis Ledru, agrandie notamment en 1881 et en 1904, est disposée à l'alignement, et intégrée à son environnement, composé, en face, d'un ancien hôtel devenu école privée, au fond, à droite, de l'ancien hôpital des incurables (bénédiction de la chapelle en 1736), transformé en bureau de bienfaisance au XIXe siècle, aujourd'hui partie de l'école communale.

pour l'hôtel de ville, la sous-préfecture est finalement installée en 1848 dans un ancien hôtel particulier (FIG. 30), et le musée l'est aussi en 1865[158] (FIG. 22 et 91). Dans ce dernier cas, on assiste à un juste retournement des choses puisque c'est l'hôtel Dufraisse, le plus monumental des hôtels particuliers de la ville, qui accueille l'institution. Comme au XVIIIe siècle encore, où le théâtre était disposé à l'alignement et dans un gabarit anodin intégré au tissu environnant, une bibliothèque est aménagée en 1794 sur les mêmes principes[159], de même qu'une boucherie (marché aux viandes) élevée en 1852[160] et une école en 1868[161] (FIG. 32), …

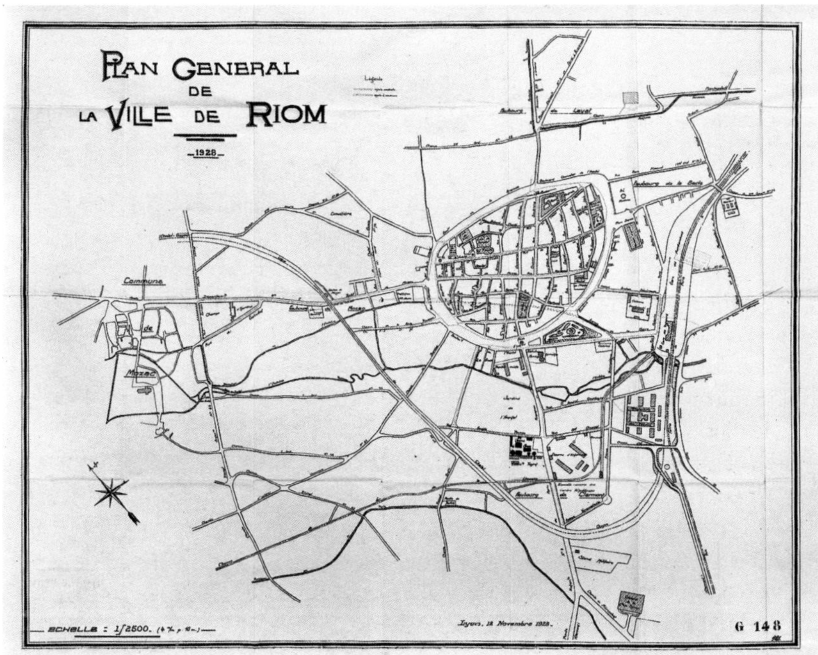


**33- Place du Pré-Madame, autrefois « place de la grand ville ».**
Carte postale, avant 1910, coll. Particulière.
Ce terrain hors les murs, située en bordure du boulevard et en contre-haut du palais de justice, offert à la ville vers 1710 par la duchesse de Lauzun (d'après l'historien Jean-Baptiste Bouillet), devient lieu de promenade, puis lieu de célébration des fêtes patronales et républicaines. Le kiosque est érigé en 1893 (Riom est ville de garnison au XIXe siècle).

**34- Plan général de Riom.**
Dessin, éch. : 1 / 2500e, « M. G. », Lyon, 1928, A.D. Puy-de-Dôme : 202 Fi.
A l'est, au-delà du centre ancien, bien circonscrit dans ces boulevards, figurent essentiellement :
-la maison d'arrêt construite au sud du Pré-Madame en 1859,
-un ensemble de casernes,
-la voie de chemin de fer Paris-Marseille le long de laquelle sont construites la gare en 1853, puis la Manufacture des tabacs en 1878.

**35- Vue d'avion de Riom depuis le nord-est.**
1998, cliché Centre régional de documentation pédagogique.
Un ensemble de jardins potagers forment le premier plan de la vue. Une petite rue les sépare de la place du pré-madame. La façade du palais de justice apparaît en face, alignée sur le tour de ville. A droite, l'îlot dévolu à l'établissement pénitencier est cerné par son mur de clôture.

**36- Vue sur le jardin du palais de justice.**
Ce jardin forme un bel avant-plan pour la Sainte-Chapelle mais ne compose pas vraiment avec le palais.

Le centre est aussi amputé d'un îlot contenant l'ancien couvent des cordeliers que l'Etat acquiert pour y aménager une maison centrale de détention (1808-1821)[162] destinée à servir à huit départements (FIG. 35). Cependant plusieurs équipements sont installés « hors les murs » : un abattoir en 1832-1835[163], la gare des chemins de fer – située sur la ligne Paris-Marseille – en 1853[164], une maison d'arrêt en 1858-1859[165], une série de casernes à partir de 1858[166], une manufacture des tabacs – grâce à l'entremise du ministre d'Etat riomois Eugène Rouher – en 1869[167] (FIG. 34), ... Le palais de justice, monument phare de la ville, est reconstruit entre 1829 et 1841 à l'emplacement de l'ancien palais ducal[168], soit *intra-muros*, mais avec l'idée acquise dès 1799 d'ouvrir le palais sur le boulevard, et même d'y élever sa façade principale (FIG.35). Cependant, le projet de l'architecte Degeorge, très amendé par le Conseil des bâtiments civils, se ressent des modèles invoqués qui appartiennent à l'architecture civile domestique, tandis que, par exemple, le projet transmis par Amable Richier au sous-préfet et à la ville en 1803[169] – le même architecte qui avait proposé une halle circulaire à l'emplacement du couvent des cordeliers et avait déjà échoué –, s'inspirait, lui, de l'architecture d'un temple antique qu'il couronnait d'un dôme majestueux[170]. Ainsi, cet édifice, capital pour la ville, reste-t-il discret et aligné, en outre, sur le boulevard. En 1869-1870, un espace libre aménagé en jardin lui est affecté[171], sur son flanc sud... qui sert essentiellement la Sainte-Chapelle (FIG. 36).

La population riomoise avait chuté entre 1811 et 1861 : de 13 074 habitants, on passait à 8 206. Riom s'inscrit dans un mouvement de recul de la population urbaine plus général qui touche aussi Clermont-Ferrand et Thiers. Malgré les casernes et la manufacture des tabacs, la décroissance s'accentue puisqu'en 1901, Riom ne compte plus que 7 841 habitants. En outre, l'historien de Riom, Edouard Everat, lorsqu'il publie son ouvrage en 1923, se plaint : « Riom a toujours valu par son caractère de cité judiciaire. Or, jadis l'affluence des justiciables et des curieux était entretenue souvent par des sessions d'assises longues et chargées. La correctionnalisation d'un grand nombre de crimes, assimilés à de simples délits, a réduit de beaucoup la durée de ces sessions. De là, une diminution sensible du mouvement qui se créait, quatre fois par an, autour du palais.

L'implantation d'usines et d'industries modernes amènera-t-elle une heureuse compensation pour l'avenir de la Cité ? »[172]. Le recensement de la population est remonté jusqu'à atteindre 16 000 habitants en 1962 puis 18 548 en 1999. Mais elle se détourne du centre ancien pour se concentrer dans les quartiers périphériques : quand, entre 1962 et 1990, la population globale augmente de plus de 3 000 personnes, la perte pour le centre est évaluée à 2 510 habitants[173].

Dans ce contexte de dépeuplement accéléré du centre, certains secteurs tombent en ruine, en commençant par celui où prospéraient au XVe siècle les tanneries[174]. La libération de deux espaces au XXe siècle est ainsi allée de pair avec des mesures de résorption de quartiers insalubres et de phénomènes de dépeuplement, creuset assez éloigné d'une politique urbaine d'envergure. Par ailleurs, la loi Cornudet du 14 mars 1919 avait conduit le Conseil général à désigner Riom parmi les villes tenues de dresser « un plan d'aménagement et d'embellissement »[175]. La municipalité acquiert donc entre 1921 et 1939 un lot d'immeubles qui sont démolis : une première place est ainsi dégagée… qui sera transformée en aire de stationnement[176]. En 1963, une grande opération de démolition affecte l'îlot dans lequel s'insérait l'église Notre-Dame du Marthuret : un établissement des Postes est construit sur la moitié de la surface libérée… édifice autour duquel des voitures peuvent venir stationner[177]. Aujourd'hui, la vaste place de la halle au blé est également vouée à accueillir les voitures stationnées, dévoilant un potentiel d'adaptation plutôt destructeur, dans un contexte où il demeure indispensable de prendre des mesures d'ordre pratique. Certes, la ville connaît un coefficient moyen d'emprise du bâti au sol de 75 % – donnant encore un sens aux gravures anciennes où la densité de l'agglomération était mise en avant –, mais ces espaces libérés sont comme irrémédiablement dévolus aux voitures. La ville a obtenu le statut de Secteur sauvegardé en 1967, auquel un règlement est affecté. La place des voitures dans l'espace urbain représente un enjeu important auquel élus et gardiens du Secteur sauvegardé continuent de se heurter.

Riom apparaît donc comme une ville de maisons ayant fait, depuis la fin du Moyen Âge, l'économie de monuments et d'aménagements urbains d'envergure. Riom apparaît architecturalement comme un quartier résidentiel à grande échelle… Image que vient conforter la réalité socio-économique actuelle de la région : en 1999, presque la moitié des actifs résidant dans l'agglomération riomoise (47%) occupe un emploi dans l'agglomération clermontoise. Certes le palais de justice se distingue par un jardin ouvert au public depuis 1993[178]. Ce luxe notable, un espace libre – de 27 ares – consacré à l'agrément, peut se lire comme le signe extérieur principal d'une fonction judiciaire encore importante.

Le seul espace libre susceptible de lui faire écho est le parvis de l'église Saint-Amable, débarrassé des voitures stationnées depuis 1995 : l'axe palais/église continue donc de bien fonctionner.

J. Heers écrit, mais c'est une antienne reprise par plusieurs historiens, toutes périodes d'étude confondues : « Si l'on s'emploie à bien préserver, à uniformiser le décor de la place publique, c'est aussi, surtout peut-être, parce que cette place, essentiellement politique, affirme un pouvoir ; elle rehausse le prestige de la Commune et est comme la vitrine offerte à l'admiration des citoyens et des voyageurs »[179]. A Riom, le monument symbolique du pouvoir c'est l'ordre des fronts de rue[180]. Ou plutôt le monument symbolique des pouvoirs à l'œuvre sur la longue durée : depuis l'établissement des lotissements médiévaux, en passant par les exigences du Bureau des finances attaché à ordonner (à aligner) sa ville, jusqu'aux prescriptions municipales de la première moitié du XIXe siècle qui tendent à surenchérir sur les alignements en accentuant le rôle de lien horizontal dévolu principalement aux façades-écrans couronnées de corniches. Les institutions compétentes se sont donc comme accordées – et ce, sur plusieurs générations, avec une alternance, voire une conjonction entre pouvoir local et pouvoir central – pour produire une ville dont le point d'orgue reste la place-carrefour centrale. Grâce à la déclivité des deux segments de rue orientés vers le nord (rue de l'Horloge) et vers le sud (rue du Commerce), grâce aux collines environnantes et grâce aux deux fronts de façades aux horizontales accentuées, la place-carrefour bénéficie d'un effet de parois qui découpent à leurs extrémités deux fenêtres sur un paysage dressé frontalement. Elle est donc close par des images lointaines, aujourd'hui encore verdoyantes. Cette valorisation de la profondeur des perspectives continue de faire de cette place-carrefour un remarquable espace urbain.

## Les « granges » : une structure architecturale polyvalente au service de la ville.

**Si Riom apparaît comme une ville de maisons**, ce n'est pas seulement parce qu'une « économie » d'édifices publics a été faite en logeant les institutions dans d'anciennes demeures ou parce que certains d'entre eux, construits *a novo*, en ont adopté les signes extérieurs (gabarit et alignement principalement), mais aussi parce qu'à l'autre extrémité de l'échelle des genres architecturaux, il en est un, qui sous le nom de « grange » (terme local trouvé dans les archives), se prête à des fonctions aussi variées que possible en adoptant une forme discrète, assimilable...à celle d'une maison.

Ce qui nous permet d'avancer que l'architecture des édifices publics et l'architecture des « granges » se rejoignent, dans le paysage riomois, sur la forme de la maison. On assiste ainsi à un mélange des genres au profit de l'homogénéité des fronts de rues[181].

Tentons de définir plus précisément ce qu'est une « grange » riomoise[182]. C'est d'abord un édifice qui s'intègre parfaitement au tissu urbain car il est installé sur le même type de parcelle que les maisons et il présente une façade de dimensions comparables, mais cette dernière est percée d'une porte charretière. D'autre part, la « grange » s'oppose à la conception idéaliste qui veut que la forme soit issue de la fonction, et nourrit la thèse de « l'universalité des formes architecturales » développée par Bruno Phalip pour l'époque médiévale[183], car derrière les façades, des volumes et des structures simples se développent, qui en font des édifices polyvalents. La consultation des archives nous a permis de confirmer ce dernier point.

**37a- « Grange », seconde moitié du XIXe siècle (1984).**
Rue de la Harpe, façade.
La partie écurie est encore en place ; la cave, probablement creusée en sous-œuvre, est accessible par une grande trappe ménagée dans le sol, et comporte des « sièges à tonneaux » (petits massifs allongés destinés à recevoir des tonneaux que l'on descend grâce à une corde passée dans un anneau au sommet du degré d'accès à la cave). On remarque la présence de corbeaux dans les murs et celle du sommier mouluré d'une cheminée médiévale en partie haute d'un mur (coupe transversale, à droite). On peut y ajouter les portes murées couvertes d'arcs brisés segmentaires qui figurent comme autant de vestiges d'une maison médiévale désaffectée.
La façade est alignée avec celle d'une « grange » contiguë surmontée d'un séchoir. Le séchoir et la toiture de cette seconde « grange » ont disparu depuis 1984, date de la prise de vue.

Dans un document datant du troisième quart du XIVe siècle, il est fait référence aux « granges » « où les habitants notables [...] rangent leurs grains et leur vin »[184]. D'autres documents des XVIIe et XVIIIe siècles montrent que les « granges » tiennent lieu de remises de carrosses, d'écuries et de greniers[185]. Une seule « grange » a aujourd'hui gardé son aménagement d'écurie[186] : un espace séparé du volume principal par un mur de refend dont un côté est occupé par une mangeoire surmontée d'un râtelier (Fig. 37,b). Des « étables à pourceaux » sont encore mentionnées dans une grange en 1835[187], alors que dès 1546, le règlement municipal interdisait « aux bouchers de tenir leur bétail en leurs granches ne maisons [...] »[188].

Par ailleurs, les vendanges étaient rentrées dans plusieurs granges situées à l'intérieur de la ville car d'importants vignobles avaient été développés aux alentours[189]. Abel Poitrineau note même, sur la foi du journal tenu par deux

habitants de Riom, « l'intérêt passionné que portent aux vignes les citadins, qui possèdent souvent quelques ceps sur un lopin dans la banlieue vignoble de leur ville ou de leur bourgade »[190]. Ainsi les « granges » servaient-elles de « cuvages », c'est-à-dire de lieu où l'on entreposait les cuves dans lesquelles fermentait le raisin. Les pressoirs étaient, semble-t-il, ambulants. Néanmoins deux d'entre eux ont été repérés, encore en place dans des « granges »[191].
En outre, d'autres fonctions peuvent leur être assignées qui les font apparaître comme des structures architecturales simples particulièrement malléables, destinées à rendre de grands services à la municipalité, qui en loue. Par exemple, en 1504, deux « granges » devront être louées[192] en attendant que les travaux des grande et petite boucheries soient terminés, travaux que l'on doit au gouvernement d'Anne et Pierre de France, et dont il ne reste rien. En 1546, les consuls, après avoir interdit aux bouchers d'abattre les animaux chez eux, s'engagent à trouver une maison ou une « grange » « pour en faire une tuerie » (un abattoir). En 1808 encore, les abattoirs de la ville sont installés dans la « grange » de l'hôpital général (le premier édifice construit pour servir d'abattoir date de 1832-1835)[193].
Dans un tout autre registre, en 1547, les consuls se proposaient de faire nettoyer une « grange » « pour y prêcher la Passion »[194].
En 1587, des granges sont louées pour les pauvres sans abri[195]. En 1722, les consuls en louent une pour servir de manège à l'académie[196]. On apprend que « Messieurs les officiers municipaux ont acheté la grange ou ancien jeu de paulme appartenant au sieur Jurien » pour en faire une « salle de comédie »[197]. On sait par un document de 1791 que le « dépôt des sels » était situé dans une « vaste grange »[198]. En 1819, le bureau de l'octroi de la porte de Clermont est transféré dans une « grange »[199]. Enfin, en 1861, une « grange » est louée pour loger des chevaux supplémentaires du premier régiment de hussards[200].

Aujourd'hui, 48 « granges » ont été recensées dans le centre de Riom, sur 1046 unités architecturales (soit 4,6 % du total). Au XVII^e siècle, d'après la *Liève du domaine du roi*, 142 « granges » étaient dénombrées, sur 861 unités (soit 16,6 % du total). Actuellement, elles sont regroupées surtout dans le quartier des anciennes tanneries, c'est-à-dire au sud de la ville, où les séchoirs qui les surmontent montrent l'utilisation qu'on en faisait (cependant qu'en 1721, les édiles observent qu'« il y a des peaux de veaux entreposés dans les granges alors que c'est interdit »), mais certaines d'entre elles sont également disséminées dans le reste de la ville ; elles sont en revanche absentes du grand axe nord-sud.

**37b- Coupes transversale et longitudinale,** par Isabelle Fontugne

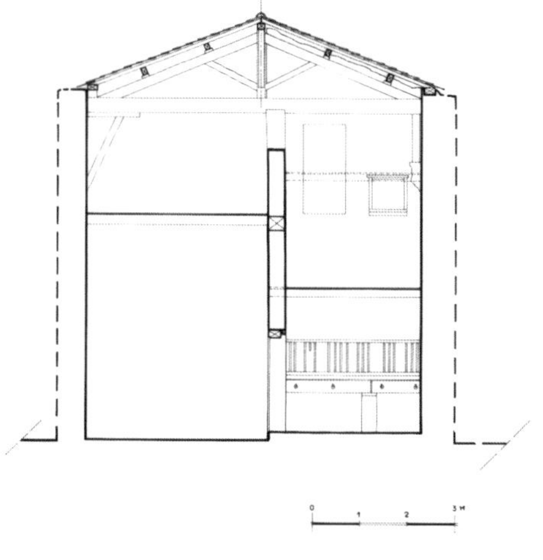


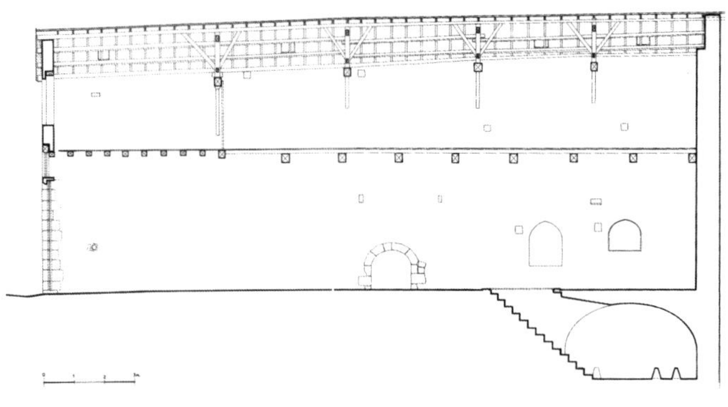

Il arrive qu'elles se succèdent dans une même rue, rappelant en cela les différentes « rues des granges » de certains bourgs d'Auvergne (Saint-Hyppolite, par exemple, peu éloigné de Riom)[201]. Il semblerait que les « granges » aient été nombreuses le long des boulevards en 1803, lorsqu'un document oblige leurs propriétaires à « construire des ponts au-dessus des fossés de ces boulevards, et des tourne-roues »[202].

Leur adaptabilité au tissu urbain leur a été fatale pour cause d'augmentation de population et de densification du centre. Elles constituent comme un vivier où l'on puise à moindre coût (et au profit de l'unité urbaine) quand un besoin en matière d'architecture, privée ou publique, se fait sentir. Elles sont alignées au même titre que les maisons et d'un gabarit équivalent, assujetties parfois même à la règle de la façade-écran[203] (FIG. 38). La simplicité de la structure leur confère un potentiel de transformation dont la *Liève* du XVII^e^ siècle porte déjà la trace : la mention « maison qui souloit être grange » se rencontre à diverses reprises. La transformation inverse reste possible puisqu'il est aussi question, à l'article 736 de la *Liève*, de « deux maisons à présent réduites en grange »[204]. Le phénomène a perduré dans les deux sens, mais au bout du compte la transformation en habitation l'a emporté qui voit les « granges » disparaître progressivement.

**38- « Grange », première moitié du XIXe siècle.**
Rue Fleurus.
La façade de la « grange », élevée dans le même alignement que celle d'une maison, fait écran devant un pignon (voir les deux cuvettes de descente en saillie sur le mur). Leurs corniches forment une ligne continue.
La structure de la charpente qui couvre la « grange » évoque la technique du lamellé-collé : des cours de planches de sapin, débitées mécaniquement, ont été assemblés par boulonnage. C'est un procédé économique, assez précocement utilisé ici, si l'on identifie cette « grange » avec celle qui fait l'objet d'une demande d'autorisation « de percer cinq ouvertures » du 10 février 1822 (A.C. Riom, O I). A Paris, la mise en œuvre de cette technique pour couvrir des combles d'immeuble devient régulière à partir des années 1830. Une charpente semblable a été repérée également à Montferrand (bâtiment nord du 2 place Poly, non daté).

Sur la rue, et donc pour ce qui concerne les autorités municipales, le changement consistait en un percement de baies. En 1822 et en 1824, des autorisations sont obtenues pour « faire cinq ouvertures à une grange », ou pour « y faire trois fenêtres » et des réparations « pour y loger »[205].

Fonction d'habitation et fonction de stockage peuvent coexister dans le type particulier que nous avons nommé la « maison-grange ». Car s'il arrive, nous le lisons dans les archives et nous l'observons sur le terrain, qu'une « chambre » soit installée au-dessus du volume principal du rez-de-chaussée, l'accès à l'escalier nécessite alors de traverser cet espace : « la maison n'a point d'escalier commode, il faut traverser la grange pour y arriver »[206]. Quatre « maisons-granges » de ce type sont encore conservées à Riom[207] (Fig.39). Pour remédier à cette incommodité, et si la largeur de la façade le permet, une porte piétonne est percée derrière laquelle un escalier droit donne accès directement à l'appartement. Les « chambres » dont elles disposent à l'étage ne semblent pas avoir été de simples logis de domestiques puisqu'on y trouve, dans un cas au moins, une cheminée moulurée[208] (Fig. 40) et dans un autre une petite cheminée revêtue d'un placage de marbre[209].

**39- « Maison-grange », XVIII<sup>e</sup> siècle (1984).**
5 rue Massillon. Façade et schéma de distribution.
La dénomination est due au fait qu'à l'origine le volume de la « grange » formait l'entrée de la maison puisqu'il fallait traverser l'espace du rez-de-chaussée pour atteindre un escalier droit menant à l'appartement du premier étage. Le volume du rez-de-chaussée est par ailleurs aménagé pour recevoir des chevaux (râteliers) et pour recevoir les vendanges (pressoir).

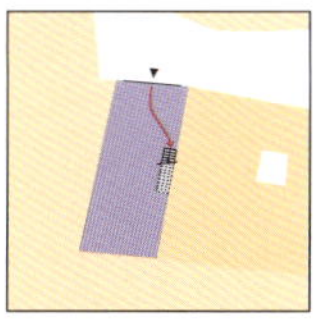

**40- « Maison-grange » et maison à tour d'escalier en saillie sur la rue.**
15, 17 rue Sirmond.
La « maison-grange » d'une travée, à gauche, date de la seconde moitié du XVIII<sup>e</sup> siècle : le délardement des linteaux qui couvrent les baies des deuxième et troisième niveaux le suggèrent, mais aussi le décor sculpté de la cheminée qui chauffait le premier étage.

**41- Vue depuis le sommet du beffroi vers le sud.**
Au loin, derrière la tour nord de l'église Notre-Dame du Marthuret, on aperçoit l'ancien hôpital général (Fig. 132).

# DE L'ESPACE PUBLIC AU SEUIL DE LA MAISON

« Tout est dans le passage d'un point à l'autre et dans la manière dont, progressivement, le paysage se modifie. »
Bernard Lepetit, 1988

Après avoir essayé de rendre compte de l'évolution morphologique globale de la ville, autrement dit de sa plasticité, nous allons tenter de saisir plus précisément la capacité de transformation des rues, qui nous sont apparues en quelque sorte comme des monuments monolithiques.
Certes, la première impression est que toutes les maisons de Riom sont disposées en front de rue. Il s'agira d'examiner en quoi le culte de la rue et de l'uniformité du paysage urbain, que nous avons cru déceler dans l'histoire des aménagements et des édifices publics, a suscité une dynamique de renouvellement urbain dépassant le cadre strict de la façade, atteint les circulations et donc la manière d'habiter. Françoise Boudon lie en ces termes l'étude du décor de la rue à celle de l'agencement des parcelles en cœur d'îlot : « l'architecture de la ville est dans le rapport entre ces deux complexités »[210] .
Cette assertion nous a guidée dans notre travail. Cependant c'est l'étude rapprochée des fronts de rue (les élévations des maisons) qui nous amènera paradoxalement à envisager les questions concomitantes de l'évolution du réseau viaire et de l'implantation des maisons par rapport à la rue (le plan de la ville). Les manœuvres d'approche prendront leur source dans les prescriptions du XIX^e siècle, imposées lors des demandes d'autorisation de construire ou de modifier un bâtiment, qui touchent à l'aspect de la façade et à l'alignement[211] . Il y a bien une sorte de paradoxe à évoluer de cette façon car habituellement les études urbaines prennent appui sur les questions de parcellaire et d'implantation des maisons pour en arriver aux considérations sur les façades et sur le paysage urbain. Mais travailler sur une ville qui connaît la malédiction de n'avoir conservé quasiment aucun plan ancien, aucun document du Bureau des finances et aucun devis particulier oblige à inventer d'autres logiques d'étude et de présentation des faits.
La lecture des registres des délibérations municipales ne nous permet pas non plus de rapprocher Riom du cas de Rouen où, d'après Bernard Gauthiez « l'harmonie est une préoccupation constante des autorités communales » du XVI^e au XVIII^e siècle[212]. Mais de toutes façons, il faut aussi compter avec une pratique plus « naturelle » décrite dans le quatrième tome du *Traité de la police* [213] dit de Nicolas de La Mare paru en 1738 : les maçons parisiens auraient pris modèle sur les façades voisines des maisons qu'ils étaient chargés de construire. Il arrive aussi qu'une initiative de cette sorte soit prise par le commanditaire (elle a pu être inspirée par un règlement mais nous n'en avons pas la preuve). Un des rares contrats de construction retrouvé – il ne concerne pas le centre de Riom – en atteste : en 1760, Gilbert Dousse, « maître maréchal », demande que les murs de la maison qu'il fait construire soient de « la hauteur de la maison voizinne »[214].
Pour la période antérieure au XIX^e siècle, il faudra nous résigner à conjecturer. Par la force des choses, l'analyse du terrain prendra une place prépondérante. Il s'agira ainsi de tenter de faire l'histoire des fronts de rue si particuliers de Riom, en croisant des informations, assez récentes finalement, avec les données cadastrales actuelles, jusqu'à mettre en évidence une politique de réduction et d'escamotage du réseau viaire secondaire, autrement dit du réseau des vides, et en dernier lieu de faire ressortir ce que cela implique éventuellement du point de vue de la distribution particulière à chaque maison.

Elevation sur la Rüe des maisons
noualhat et bournazet
VILLE DE RIOM
(PUY-DE
maison lageneste
partie de l'eglise
maison noualhat
maison Bournazet
Echelle DE 10 toises
fait ce 10 vendemaire an

# Les prescriptions municipales (1809-1872)[215]

## De l'escamotage des pignons au blanchiment des façades, en passant par l'affaire des balcons.

De rares vestiges de prescriptions municipales datant de la fin de l'Ancien Régime nous sont parvenus qui laissent penser que le projet d'unité paysagère des rues, s'il avait été tenu fermement par les trésoriers du Bureau des finances[216], est repris avec vigueur par la municipalité quand le Bureau est dissous par édit royal du 8 mai 1788.

« Les lois survenues dans le cours de la révolution n'ont rien changé aux anciens règlemens de la voirie ; elles en ont au contraire ordonné l'exécution ; seulement elles en ont attribué la police aux administrations municipales, qui remplacent, en cette partie, les bureaux des finances qui ont été supprimés »[217]. En effet, en 1788, à l'occasion de la vente par la ville d'un emplacement sur le boulevard, il est demandé à l'acquéreur de construire dans l'année et « de faire la construction conforme à la maison du sieur Faure, c'est-à-dire que les portes et les fenêtres seront de la même hauteur et largeur que celles du sieur Faure et sur le même cordon »[218] . Un premier document est un mémoire datant de 1796 autorisant le propriétaire d'une maison adossée au chevet de l'église Saint-Amable à surélever d'un étage sa maison, à condition de « placer trois croizées sur la nouvelle élévation du côté de la rue et d'y placer un entablement, le tout uniforme et de même niveau que ce qui existe pour la maison de la veuve Bournazet [sa mitoyenne] »[219]. L'architecte auquel on doit cette prescription, C.-F.-M. Attiret, était aussi l'auteur du programme bien circonscrit de la place de la halle au blé, pour laquelle un règlement rédigé en 1795 stipulait de la même façon que les « ouvertures des immeubles devront être sur une même ligne » et que « l'entablement couronnant les façades devait avoir partout le même profil ».

En 1826, un certain Gacon avait eu à construire une maison sur la place conformément aux façades déjà existantes[220], suivi en 1862 par un individu qui avait alors dû prendre modèle sur la maison Gacon[221]. Dans un second temps, le même individu avait obtenu de pouvoir décorer sa façade d'un balcon (le seul de la place)[222]. Entre 1809 et 1863, les prescriptions concernant certains aspects du décor urbain sont claires et leurs infléchissements aussi. Le respect du système des travées, comme nous l'avons vu prescrit en 1788, demeure une condition à l'autorisation de construire en 1822, et encore en 1839 - et ceci quel que soit le quartier concerné. Trois fenêtres pourront être percées dans une maison située au quartier Saint-Jean (le quartier sud-ouest de la ville, celui où la concentration de tanneries est la plus forte), pourvu « que les milieux des croisées se trouvent correspondre aux croisées ou ouvertures inférieures, et pourvu enfin que la façade soit couronnée d'un entablement »[223] ; de la même façon, sur le boulevard, une porte et deux fenêtres seront ouvertes, à condition, en particulier, « que les portes et les croisées seront à distances égales entre elles pour que les trumeaux soient réguliers, [...] ». Et l'on impose la même année un trompe-l'œil de fenêtre afin de préserver « la régularité sur le boulevard » : le demandeur souhaite ouvrir une fenêtre sur la façade au second étage de sa maison, ce à quoi il lui est répondu que cela constituerait une irrégularité choquante par rapport à la porte et au petit œil-de-bœuf situé au-dessus. On ne lui donnera donc l'autorisation qu'à condition de percer « une croisée régulière » au premier étage, au-dessus de sa porte et dans le même aplomb que celle du second et « à charge de peindre de l'autre côté de ses croisées actuelles des ouvertures semblables afin que règne la régularité sur le boulevard »[224]. Le système de la travée finira par entrer dans les mœurs puisque la condition n'est bientôt plus évoquée.

**42- Transformation des parties hautes d'une maison : « Elévation sur la rue des maisons Bournazet et Noalhat ».**
Dessin avec lavis, par C. F. M. Attiret, 10 vendémiaire an V (1er octobre 1796).
A.C. Riom : M II. Edifices publics. Saint-Amable.

**43- Photographie de l'état actuel : n° 15, rue Saint-Amable.**
La façade de la maison dite « maison Lageneste » sur le relevé d'Attiret a subi plusieurs transformations entre 1796 et 2002 qui sont, pour la partie basse, le changement d'ouverture de la boutique, et pour la partie haute, l'élévation d'un mur gouttereau couronné d'une corniche qui fait disparaître le mur pignon avec avant-toit ; de plus, de nouvelles baies sont percées afin d'éclairer les pièces des troisième et quatrième niveaux, en mettant en place un système de travées à partir des deux baies du premier étage.

44- Vue d'un refaçadage avec mur-écran, 23 rue Delille (1983).

45- Vue prise depuis le sommet du beffroi sur la rue de l'Horloge : suite de façades-écrans.

A cette injonction s'en ajoutent d'autres qui ont trait, en tout premier lieu, au couronnement de la façade : où l'on comprend qu'au début du XIXe siècle encore, les avant-toits (parfois très débordants, de l'ordre de 40 cm à un mètre, et donc, dans ce dernier cas, soutenus par des aisseliers) étaient nombreux en ville. De même, les gargouilles - ou « lancières », terme local assez parlant - sont interdites : le règlement de police de 1832 le stipule et un arrêté de 1838 renchérit, mais des dispositions étaient déjà prises en ce sens et au cas par cas auparavant[225]. Quand un propriétaire demande l'autorisation de percer de nouvelles ouvertures dans sa façade, cela lui est accordé à condition que la saillie de sa toiture de 40 centimètres soit supprimée car « c'est une chose qui ne peut subsister », de même que ses gargouilles, et il devra couronner sa façade d'un entablement et prévoir des tuyaux de fer blanc pour l'écoulement des eaux[226]. Les génoises, elles, sont refusées, et sont à remplacer par ces entablements « formant ranchaud [terme local pour chéneau] »[227]. Le projet pour l'hôtel des monnaies, signé de l'architecte de la ville Louis Saladin et daté de 1719, présente des génoises : il faut en conclure qu'à cette date, elles étaient encore autorisées (FIG. 19). Les pignons et les toitures – qui à Riom sont en tuiles – font l'objet de mesures disciplinaires fortes. Quelle que soit la nature de la demande exposée (percement, changement de couvrement de baie de boutique, ...), il faut monter le mur de façade « de niveau pour cacher la pente du toit » (1821)[228], « bâtir les deux côtés du pignon de manière à former une ligne horizontale » (1825), « cacher la vue de la tuile » (1833)[229]. Par exemple, une demande concerne la réouverture d'un « arceau de boutique » mais « attendu que la toiture de [la] maison est en saillie sur la rue d'environ un mètre », l'architecte-voyer oblige le pétitionnaire « à bâtir les deux côtés du pignon », à supprimer les « lancières » et à placer des tuyaux de descente[230]. Le programme visant à faire disparaître les toitures du paysage était rendu réalisable par le fait que les pentes, à Riom, sont douces[231]. Ensuite de quoi, les sommets des façades (vrais murs gouttereaux ou écrans) doivent être systématiquement couronnés d'un entablement ou, plus précisément, d'un « talon renversé avec filet ». Il est avéré que l'on doit l'idée de remplacer les avant-toits par les entablements aux trésoriers de France. Un mémoire en témoigne indirectement qui a pour titre *Réponse des trésoriers de France à la généralité de Riom au mémoire des échevins de Clermont*[232].

Dans ce document les trésoriers exposent leurs arguments : d'abord, les incendies se propageaient de maison à maison « par les bois de ces avant toîts », ensuite, les tuiles couvrant l'avant-toit, par grand vent, tombaient sur les passants et enfin « cette sorte d'avance ôte aux maisons et aux rues une partie du jour, au lieu que l'entablement de pierre de taille remédie à tous ces inconvéniens, n'excédant le nud et corps du mur que de six pouces (16,2 cm) [contre 18 à 20 pouces pour les avant-toits, c'est-à-dire entre 48 et 54 cm] ».
L'unité des fronts de rue est aussi obtenue en interdisant la construction en bois et en torchis, et les encorbellements qui souvent l'accompagnent[233].
Plus étonnant, au milieu du XIXe siècle, le projet avait été formulé par la ville d'étendre l'interdiction des saillies aux balcons, qui nuiraient, d'après le rédacteur municipal, « à la circulation et à la régularité »[234]. Les quelques rares « balcons » qui permettaient aux XVIIe et XVIIIe siècles d'assister au spectacle qui se déroulait dans la rue (entrées de personnages, processions, ...) se présentaient la plupart du temps sous la forme de terrasses étroites surmontant le portail et ne s'avançaient donc pas sur la rue[235] (FIG. 22, 66). En 1824 encore avait été accordée la construction d'une maison (« sur les plans et dessins d'un artiste connu ») – située sur la grande traverse est-ouest, en face de l'église Saint-Amable – comportant un balcon, à condition qu'il ait une saillie inférieure ou égale à 43 cm (30 pouces)[236]. Ce qu'on pourrait désigner comme l'affaire des balcons de Riom se tient en 1851 : un projet d'arrêté municipal interdisant les balcons, soumis comme il se doit au préfet, finit par être rejeté, sollicité sur ce point par le sous-préfet. Ce dernier avait exprimé son incompréhension au préfet par deux fois. Une première fois, il lui semblait que « s'ils altèrent un peu l'uniformité des maisons, ils contribuent à l'embellissement d'une ville »[237], mais le préfet n'avait pas réagi. Un mois plus tard, il insiste et demande de manière plus pressante au préfet d'intervenir, sinon l'arrêté municipal serait exécutoire, ce qui lui semble fâcheux « car les balcons seraient désormais prohibés dans l'intérieur de la ville de Riom, quelle que soit la largeur des rues, contrairement à ce qui est autorisé à Clermont comme à Paris, et dans toutes les villes de France »[238] . La suspension de l'arrêté municipal suit.

On pourrait alors procéder à une sorte de premier bilan sur ce thème de l'efficience des mesures imposées par la ville. Les pignons sur rue sont minoritaires : nous n'en avons recensé que 145 contre 864 murs gouttereaux et écrans[239] ; sur le grand axe nord-sud – la « place » principale –, certains pignons du XVIIe siècle ont été épargnés, quand deux autres élevés après les années 1840 font figure de dissidents : dans quelles circonstances ont-ils pu être acceptés (FIG. 28 et 41) ? Les entablements, sur ces façades en gouttereaux ou en écrans, en particulier ceux dont le profil demandé « en talon renversé avec filet », règnent de manière éclatante, et les avant-toits ont bien disparu du paysage riomois. Les rares génoises subsistantes sont à chercher sur des élévations postérieures ou latérales[240]. Parfois, des alignements de corbeaux désœuvrés en façade témoignent de la disparition d'auvents[241]. Cependant les « lancières » n'ont pas totalement disparu de la ville, ce qui laisse à penser que les Riomois se sont montrés difficiles à convaincre[242]. La mise en œuvre de bois a disparu des fronts de rues et reste confinée aux cours intérieures[243].
D'une manière générale, ce qui fait une des spécificités du paysage riomois aujourd'hui, et de manière spectaculaire de la place principale de la ville, tient en grande partie au fait que les parties hautes des maisons ne sont pas animées (pas – ou peu – de toits visibles, pas – ou peu – de lucarnes[244]). On peut donc noter d'ores et déjà un décalage entre ce caractère de la ville et la forte représentation de bâti daté entre 1560 et 1615 qui renvoie à un idéal esthétique opposé. Philibert Delorme rappelait en effet dans son traité que les parties hautes des bâtiments devaient être les plus décorées car elles étaient les « parties les plus exposées à la vue des hommes »[245] ; dans sa description de la place royale de Paris (actuelle place des Vosges), Sauval insistait surtout sur la concentration d'éléments décoratifs des toitures[246].
Quant aux balcons, la semonce sous-préfectorale aura eu quelques effets puisque dès 1853 un premier balcon est autorisé sur le même grand axe, à proximité du beffroi, avec cette réserve toutefois qu'il ne devra pas saillir de plus de 80 centimètres.
Nous ne sommes pas très loin, avec ce genre de rues, de l'esprit des « paysages monotones » de certains quartiers néoclassiques de Paris, dont François Loyer écrit que « nous [les] admirons tant aujourd'hui, depuis que l'anarchie leur a succédé »[247]. L'élévation, continue-t-il, « est ininterrompue tout au long de la voie [...] sans aucun décrochement : ni avant-corps, ni couronnement en attique et encore moins de balcons. Des ouvertures

de même taille se dispersent régulièrement sur une paroi nue [...]. Sur la façade plate, l'ornementation se réduit au bandeau d'appui, unissant la naissance des fenêtres, et à la corniche du toit [...]. Le résultat est qu'avec leurs murs minces, le rythme monotone de leurs percements et l'absence de tout décor saillant, ces façades sont d'une extraordinaire uniformité ». L'ensemble remarquable de plusieurs rues à Riom où l'harmonie confine à la monotonie, prend certes sa source dans un plan médiéval régulier et des reconstructions surveillées antérieures au XIXe siècle, mais on ne peut s'empêcher de reconnaître à Riom l'application d'un programme néo-classique caractéristique de la Restauration[248]. En même temps, la confrontation entre prescriptions et réalité met en évidence le caractère ductile de la rue : l'enchaînement remarquablement bien orchestré des écrans et des murs gouttereaux, des bandeaux et des corniches, étirant les rues dans leur longueur maximale, contrarie un rythme naturel qui devrait être celui, saccadé, de façades réduites à une, deux ou trois travées : à Riom, sur 1046 façades, 829 sont d'un de ces gabarits.

En 1863, une demande est déposée par un particulier en vue d'obtenir de surélever « sa maison pour y poser un entablement » : il semblerait que la disposition de l'écran soit enfin « naturellement » adoptée. L'autorisation est alors donnée... « à condition de blanchir » la façade. Ainsi les prescriptions changent de cible : après avoir porté l'accent sur les horizontales et le mur de façade plat, elles se tournent vers le blanchiment, au motif, peut-on lire en 1899, que les étrangers demeurent « frappés par l'aspect triste des maisons » : à cette date, il est d'ailleurs proposé de prendre un arrêté obligeant les propriétaires « à blanchir ou badigeonner, tous les dix ans, les façades de leurs maisons donnant sur les rues et places publiques »[249]. On retrouve alors le même extrémisme dans le mode d'application des prescriptions sur ce point que lorsqu'il s'agissait de murs gouttereaux couverts d'un entablement : c'est-à-dire que lorsqu'une demande concerne un changement d'ouverture de magasin, on n'y sera autorisé qu'à condition de couvrir la façade d'un badigeon blanc[250].

Et la ville, en effet, jusqu'à une date récente, tirait aussi sa singularité de la couleur andésite de ses façades à laquelle s'ajoutaient quelques effets d'enduits blancs[251].

**46- Maison à escalier extérieur « en galerie » (1984).**
16 impasse Albert-Evaux ; une date est portée sur le linteau de l'entrée de la cave : 1642.

## Les saillies au sol. Escaliers extérieurs et portiques.

Au niveau du sol, les saillies que représentent les escaliers extérieurs, les portiques et les entrées de caves font l'objet, elles aussi, de restrictions âpres.

Les escaliers extérieurs, dont un exemplaire est décrit en 1831 comme « un escalier formant galerie »[252], ont quasiment disparu de la ville aujourd'hui et les deux seuls rescapés sont confinés dans une impasse (FIG. 46). Il s'agit « d'aîtres » censés caractériser les maisons de vignerons, qui sont en fait les « maisons en hauteur » des géographes[253]. En 1823, un propriétaire se propose de lui-même de faire disparaître son escalier à la suite duquel « se trouve une gallerie en pierre sous laquelle il y a une étable à cochon » (l'ensemble forme « un avancement sur la rue d'un mètre de large sur 6 mètres de long et couvert du prolongement du toit »), et de le remplacer par un escalier dont une partie sera dans sa maison (à cause de la voûte de la cave, il demande l'autorisation de placer trois marches à l'extérieur)[254].

Pour les portiques, on a vu que la « maison des consuls » avait bénéficié d'un statut d'exception, bien exposé en 1853 (« une question d'art qui doit dominer la question de viabilité »), mais déjà évoqué en 1801 dans un mémoire par lequel les propriétaires voisins manifestaient leur incompréhension : leurs portiques en bois (en avant d'une toise environ d'une façade en pierre[255]), construits dans le prolongement du portique en pierre « des consuls », devaient « assurer un couloir aux gens de pied » et « mettre les objets de revente et de friperie à couvert », mais eux n'avaient pas reçu la faveur du Bureau de finances et avaient été contraints de démolir cette avancée sur la rue en 1768. Un habitant de Riom ayant tenu son journal à cette époque nous apprend qu'apparemment toute la traverse est-ouest de la ville avait été concernée vers cette date par une procédure d'alignement. On y lit en effet qu'en 1766, la propriétaire d'une maison qui menaçait de s'écrouler, située entre l'église Saint-Amable et le carrefour central, avait été contrainte « par messieurs des finances, d'abattre le devant de sa maison » et de la reconstruire en reculant de près de quatre pieds [environ 1,30 m]. Les voisins, dans les années qui suivirent, durent prendre leur alignement sur cette première maison[256].

Enfin, les entrées de cave sur la rue font partie de ces aménagements adventices destinés à disparaître… et dont il aura été difficile de venir à bout puisque les premières interdictions conservées remontent aux XVI^e^ siècle (« Et les entrées de caves respondant sur les rues seront closes et basties pour obvier à plusieurs inconveniens qui en pourroit advenir »[257]) et XVII^e^ siècle (par ordonnance du sénéchal d'Auvergne du 6 février 1686, il faudra « faire fermer les avenues et ouvertures de leurs caves qui sont dans les rues »[258]). En 1812, il était encore question dans un bail de location de « convertir [un] cuvage en boutique de tixerand […et] de construire des escaliers en pierre de taille de Volvic pour descendre dans ladite boutique »[259]. Néanmoins, le règlement de police de 1832 reprend l'interdiction des XVI^e^ et XVII^e^ siècles, avec la précision que les « trapes ne pourront, sous aucun prétexte, être laissées ouvertes, même pour ceux qui vendraient du vin »[260]. Les avantages que représentait pour les habitants l'accès aux caves directement depuis la rue devaient se montrer bien supérieurs à leurs yeux aux inconvénients invoqués (risque de chute des passants et réduction indirecte de la largeur des rues)[261]. En 1822, on parle « d'encavages saillants dangereux même pour le public »[262]. On apprend qu'en 1833[263], un encavage est saillant de 1,40 m (maison à l'angle ouest de la rue de l'Hôtel-de-Ville et de la rue Pascal).
A partir de 1872, on ne se contente plus de faire disparaître les « encavages saillants », et une tentative de normalisation des entrées de cave sur la rue fait son apparition dans les autorisations de voirie, autrement dit dans les permis de construire[264] : le linteau de l'entrée de la cave devrait servir d'appui à la fenêtre du rez-de-chaussée, système largement représenté à Saint-Pourçain-sur-Sioule (Allier). A Riom, les cas sont rares : on peut cependant signaler le 10 place Saint-Jean[265] ou le 5 rue Anne-Dubourg[266].
En fait, la question des caves et de leurs accès reste fondamentale pour qui veut comprendre comment se vivait la rue à l'époque médiévale (et plus tard, si l'on en juge par la difficulté à enrayer ce système).

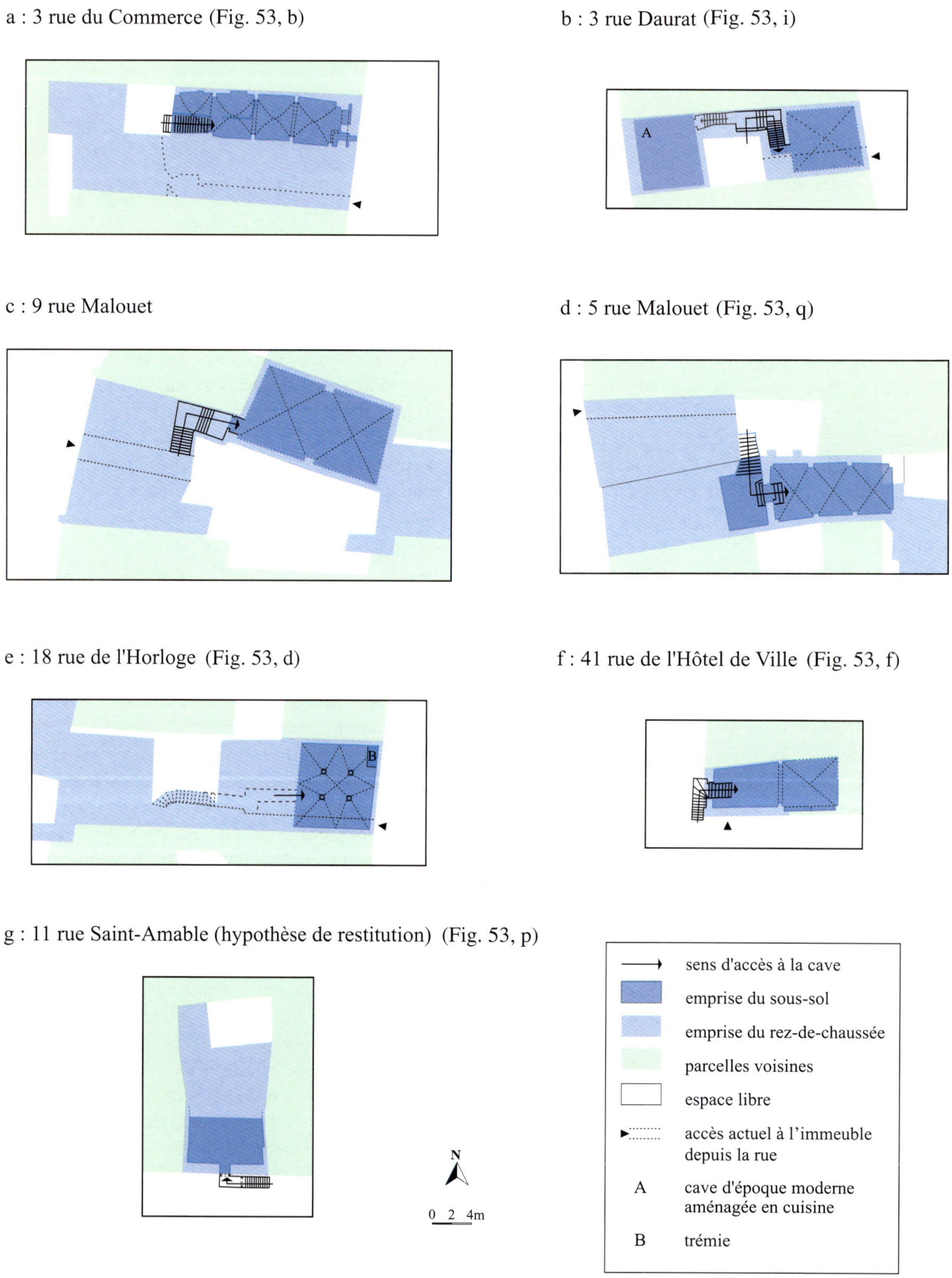


**47- Plans schématiques de quelques uns des types d'accès aux caves : hypothèses.**
Au 3 rue du Commerce, l'accès actuel n'est probablement pas l'accès d'origine. Quant au 18 rue de l'Horloge, la trémie pourrait indiquer l'emplacement initial de l'escalier.

# Les caves et leurs accès.

## Portes orphelines enfouies

Comment se présentaient à Riom ces entrées de caves[267] qui, de fait, ont totalement disparu ? Nous avons tenté de les restituer en nous attachant prioritairement aux caves les plus anciennes (XII^e^, XIII^e^ et XIV^e^ siècles)[268]. La question de la fonction des caves, qui intervient forcément dans la détermination de leur mode d'accès, abordée dans maintes autres villes, reste confuse : à Provins, à Arras et à Visby (Suède)[269], il est certain qu'elles avaient des fonctions commerciales, à Bayonne et à Lille, il semblerait établi que les caves étaient des lieux de stockage et de dégustation (de vin principalement)[270] ; à Vézelay, les caves, « élément fondamental dans les maisons et plus globalement dans la conception de la ville », auraient peut-être fait office de bureaux pour les changeurs[271]. La présence à Riom de quatre cheminées médiévales en niveau de cave ou en niveau semi-enterré ouvre des perspectives intéressantes mais l'absence de documents d'archives ou de véritables fouilles archéologiques ne nous permet pas d'avancer sur ce point (FIG. 59, 60). Nous retiendrons donc la thèse d'Elie Lambert à son étude des caves de Bayonne : « leur accès direct et indépendant sur la rue [...] en fait plutôt des rez-de-chaussée que des caves ». La morphologie comparable entre un niveau de rez-de-chaussée du XIV^e^ siècle exceptionnellement préservé (28 rue Lafayette), situé à proximité du ruisseau, en partie basse de la ville, et certaines caves de la partie haute de la ville accrédite la conclusion d'Elie Lambert. Et conduit à s'interroger : cette similitude va-t-elle dans le sens d'un enfouissement total des rez-de-chaussée dans le centre de la ville, ou bien indique-t-elle que la pression foncière dans cette zone-là obligeait à faire fonctionner les caves comme des rez-de-chaussée ? Malheureusement, l'assertion d'Elie Lambert ne résout rien en soi puisque la fonction du rez-de-chaussée dépend du programme de la maison. Mais dans un premier temps, nous admettrons simplement que lorsque l'accès direct depuis la rue s'impose, la fonction marchande ou publique est la plus probable (il s'agirait des maisons polyvalentes, tandis que les maisons à seule fonction résidentielle s'accommodent d'un accès à la cave depuis la cour ou depuis l'intérieur).
Certains accès cohérents avec les caves qu'ils desservent ont été préservés lorsqu'ils étaient aménagés depuis la cour (FIG. 47,b,c,d), et dans ce cas, la volée d'escalier est souvent entièrement inscrite dans le volume de la cave, seules quelques marches débordant dans la cour (FIG. 47,a). Parfois, ce même type de dispositif avait été manifestement prévu côté rue (une partie de l'escalier en saillie sur l'extérieur, l'autre dans le volume de la cave comme, par exemple, à Saint-Léonard-de-Noblat[272]). Dans ce cas, le respect des règlements et des autorisations afférentes a conduit à condamner la seule partie en saillie sur la rue. Il arrivait que l'architecte-voyer du XIX^e^ siècle demande de couvrir d'une « trappe solide » la descente de cave en saillie sur la rue. La première marche à partir du soupirail est alors située trop bas ; de ce fait, des accès depuis l'intérieur de la maison ont été aménagés. Dans un cas, une trémie en place côté rue, dans la voûte de la cave, laisserait entendre que l'escalier a été démonté (et remployé ailleurs probablement) (FIG. 47,e). Il reste aussi les maisons dont les « escaliers en galerie » (à « aître »), en saillie eux-mêmes sur la rue, abritent la descente d'escalier vers la cave (FIG. 46). Ces dernières dispositions font immanquablement penser à celles que l'on observe dans des villages alentour de Riom où les « aîtres » des maisons de vignerons et de cultivateurs protègent une descente d'escalier vers le cuvage – ou l'accès à un cuvage en rez-de-chaussée[273]. Privée des « aîtres », la saillie sur la rue d'un escalier perpendiculaire à la façade rappelle les aménagements de villes réputées pour leurs caves comme Provins, escaliers encore empruntés pour certains comme accès à des boutiques. Dans d'autres cas, les escaliers peuvent être complètement intégrés au volume de la cave, avec l'inconvénient de la perte de place occasionnée (comme à Provins encore où la maison devenue grange aux dîmes fonctionne de cette façon, ou comme au Puy-en-Velay[274]). Seulement, pour Riom, il faut signaler aussi la conservation d'un escalier, désaffecté aujourd'hui, totalement en saillie sur la rue, mais disposé parallèlement à la façade de la maison (FIG. 47,f). Des accès de ce type fonctionnent encore dans des villes – certes éloignées de notre site – comme Saint-Petersbourg, où des boutiques, des bars et des restaurants restent distribués de cette façon depuis la rue.
Afin d'étayer notre hypothèse d'une restitution d'escaliers enterrés parallèles aux façades, évoquons le cas de certaines caves visitées dont l'accès actuel, chaotique,

48- **Porte de cave attestant d'une relation directe avec la rue.**
12 rue Saint-Amable (FIG 53,o).
La porte est située en sous-sol à l'aplomb de la façade actuelle. Une cavité destinée à faire coulisser une barre de fermeture indique bien qu'il s'agissait d'une porte donnant sur l'extérieur mais elle n'ouvre plus aujourd'hui que sur un petit renfoncement en saillie sous la rue.

situé à l'arrière de la maison, incite à penser que l'accès unique depuis la rue a été condamné. Dans ce groupe de caves, certaines présentent des portes situées à l'aplomb des façades actuelles dont le seuil est au niveau du sol de la cave. Les parements soignés des portes, côté rue, visibles en se plaçant dans les réduits aménagés sous la rue, confirment notre supposition que ces caves ont perdu leur distribution initiale (FIG. 48 et 50,a). En outre, l'emplacement des feuillures et surtout la présence d'un orifice destiné à faire coulisser une barre de fermeture, qui n'ont donc plus lieu d'être, montrent qu'il y a eu un bouleversement des structures d'accès. Mais l'absence totale d'escalier lié à ces portes conduit à proposer deux solutions : soit ces niveaux de caves constituaient primitivement des rez-de-chaussée, soit les niveaux enterrés actuels étaient déjà des caves et les escaliers, parallèles ou perpendiculaires à la façade, ont été démontés. La première hypothèse ne peut pas être complètement abandonnée mais les parois de certains premiers niveaux de caves, taillées dans le substrat naturel (FIG. 53,h), ainsi qu'un niveau de circulation – de datation incertaine,

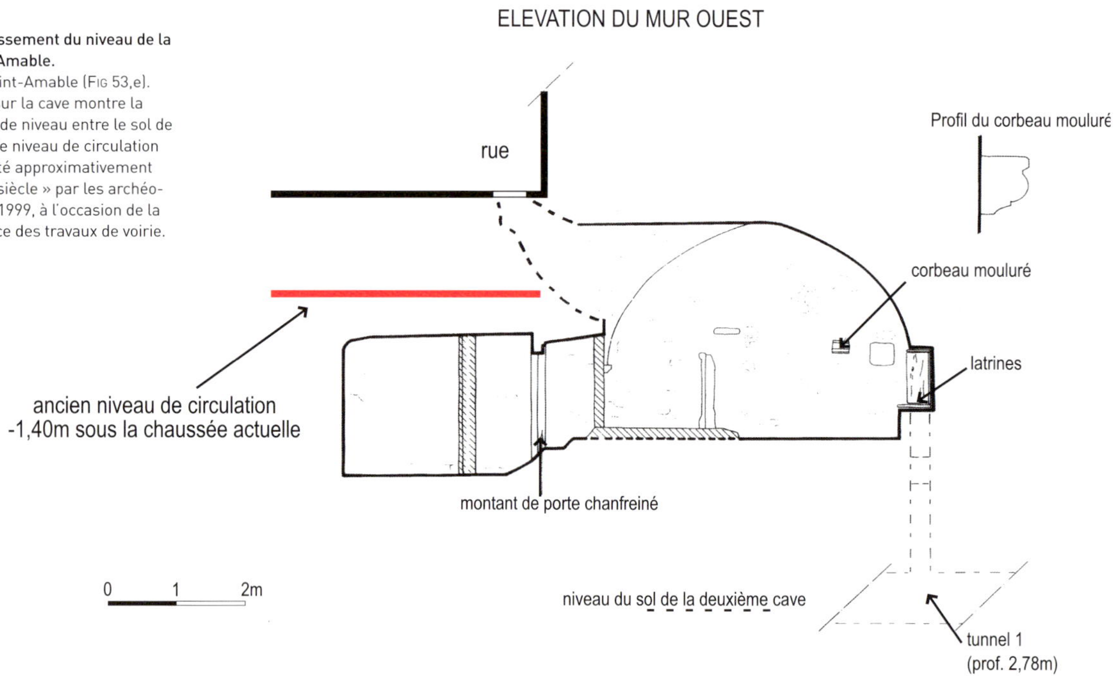


49- **Exhaussement du niveau de la rue saint-Amable.**
1-3 rue Saint-Amable (FIG 53,e).
La coupe sur la cave montre la différence de niveau entre le sol de la cave et le niveau de circulation ancien, daté approximativement « XIVe-XVe siècle » par les archéologues en 1999, à l'occasion de la surveillance des travaux de voirie.

« avec une possibilité pour les XIV$^{e}$-XV$^{e}$ siècles » - ayant été découvert à, en moyenne, 1,30 mètre seulement au-dessous du niveau actuel de la rue sont des données qui ne peuvent que difficilement s'en accommoder[275]. En outre, l'existence de niveaux enterrés médiévaux ne fait pas de doute grâce en particulier à un texte relatif au beffroi, daté de manière très floue « entre 1391 et 1678 », dans lequel est mentionnée la « crote qui est dessous » de ladite tour d'horloge[276]. Cette « crote » rappelle les « croto » dont il est déjà question dans le projet de charte d'Alphonse de Poitiers datant de 1249. Il y est interdit de construire des gradins ou escaliers « vel croto sive estras » (dans les caves ou bien sous les appentis), et de creuser des « guarena » (cavernes ou refuges souterrains)[277]. De ces deux mentions, on peut supposer en effet que des structures souterraines étaient déjà en place au XIII$^{e}$ siècle.

Quant à la seconde hypothèse, celle de niveaux enterrés auxquels on accédait par des escaliers depuis la rue dès l'origine, que nous retenons donc pour l'instant, elle ne permet pas de répondre définitivement à la question de l'escalier disposé perpendiculairement ou parallèlement à la façade. Notons cependant que la saillie d'un escalier parallèle à la façade est bien moindre que celle d'un escalier extérieur perpendiculaire, surtout si l'accès depuis la rue était exclusivement destiné aux personnes et non aux marchandises, auquel cas, un couloir parallèle à la façade, sorte de cour-anglaise, d'une largeur d'un mètre, suffirait pour y placer un escalier. Sur les cinq portes recensées en sous-sol, à l'aplomb des façades des maisons, quatre ont des gabarits de portes piétonnes. Dans ce cas-là, les marchandises ont pu être amenées par l'arrière. C'est une proposition que nous examinerons plus loin dans le cadre d'une tentative de restitution générale d'un système de desserte des cœurs d'îlots. Notons d'ores et déjà l'existence d'un procès-verbal de vérification d'une maison située « grande rue des Taules » (soit sur le grand axe nord-sud) datant du 16 juillet 1710, qui fait état du « degré qui communique par la rue dans ladite cave » mais qui laisse entendre aussi qu'un accès est possible depuis la cour (« et en entrant par la cour dans ladite cave »)[278]. Un mètre, c'est justement l'ordre de grandeur du recul imposé par « ces messieurs des finances » en 1766 à la veuve Sauvageon puis à ses voisins[279]. On a obtenu là un remarquable enchaînement de façades, et c'est à leur aplomb exact que nous avons découvert en sous-sol une porte avec montants et linteau en bâtière en pierre de taille datable du XII$^{e}$ siècle[280] (FIG. 50).

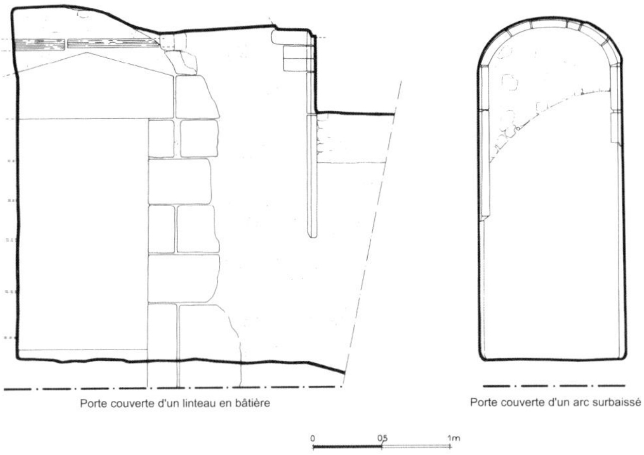


**50- Proposition de restitution d'accès aux caves à l'époque médiévale.**
Relevé en sous-sol d'une porte couverte d'un linteau en bâtière située à l'aplomb de la façade actuelle et tournée vers la rue, et d'une porte couverte d'un arc surbaissé située perpendiculairement à la première, en saillie sous la rue.

L'accès de cette cave à Clermont pourrait être restitué à Riom. Cet aménagement de l'escalier parallèlement à la façade permet une moindre saillie sur la rue et évite d'empiéter sur la salle en sous-sol.

a) 9-11 rue Saint-Amable (FIG. 53, p)
b) Passage 3 rue Barbançon, Clermont-Ferrand

Et c'est dans cette même portion de rue que les archéologues ont découvert un niveau de circulation enfoui à en moyenne 1,30 mètre sous le niveau de rue actuel. Cette différence de hauteur avec le niveau de rue actuel ne faisant pas un étage, les volumes desservis pouvaient s'apparenter à des « caves hautes », c'est-à-dire à des niveaux semi-enterrés plutôt qu'enterrés, au moins aux XIV^e^-XV^e^ siècles, datation approximative donnée à ce niveau de circulation. La porte couverte du linteau en bâtière présente l'intérêt d'être associée à une arcade disposée perpendiculairement à elle, qui offre la possibilité de restituer un escalier parallèle à la façade suivant un schéma repéré à Clermont-Ferrand, dans une impasse[281].
A Riom, la cave du 41 rue de l'Hôtel-de-Ville a conservé un escalier d'accès parallèle à la façade est de la maison, en saillie sur la rue[282] (FIG. 47,f). Il est maintenant couvert d'une trappe métallique condamnée. La maison située presque en face de celle qui nous occupe avec son linteau en bâtière possède elle aussi une porte piétonne en niveau enterré, couverte d'un arc brisé et ouvrant vers la rue. Portes auxquelles on pourrait ajouter les montants chanfreinés d'une troisième porte située à l'aplomb de la façade sud de la maison 2 rue de l'Horloge[283]. Seules des fouilles archéologiques spécifiques ou un relevé en coupe à grande échelle (incluant plusieurs caves et des niveaux de circulation) permettraient de poursuivre l'étude de l'agencement de ces portes par rapport à la voirie. Précisons qu'on ne peut malheureusement associer aucune source d'éclairage naturel à ces deux caves avec portes en façade. Cependant, dans d'autres caves, certaines situées à proximité du site qui nous intéresse (où un niveau de circulation enfoui à 1,30 m a été découvert), des baies, aujourd'hui murées totalement ou partiellement, sont percées en partie haute des murs des caves et présentent des ébrasements talutés assez développés favorisant l'entrée de la lumière : cette disposition irait en faveur de niveaux semi-enterrés à l'origine[284]. Un remblai, de hauteur variable à l'échelle de la ville, a fini par les enterrer tout à fait (FIG. 51).
Le changement du niveau des rues est ainsi susceptible d'interférer sur le fonctionnement de la ville : condamner les accès directs aux caves depuis la rue en surélevant le niveau des circulations prive les maisons d'un espace destiné à être ouvert au public.
De quelle époque doit-on dater le rehaussement de la partie est de la rue Saint-Amable que l'on vient d'analyser (portion de rue comprise entre l'église Saint-Amable et le carrefour central) où l'enfouissement d'un niveau de circulation du XIV^e^-XV^e^ siècle, à 1,30 m en moyenne du niveau actuel est avéré, mais où, en revanche, le remblai, trop perturbé par la succession des travaux de canalisation, n'a pas pu être daté par les archéologues ? Il serait plausible de le dater des campagnes de pavage des XVIII^e^ et XIX^e^ siècles. On sait en effet que quatre « profils de nivellement » correspondant aux quatre voies principales de la cité, puis un état des pavés des mêmes rues, sont demandés par la municipalité à l'architecte-voyer Attiret en 1777 et en 1808. Un plan de pavé de 1843 concerne à nouveau ces rues, les plus fréquentées. Il est possible d'ailleurs qu'il faille lier les décisions municipales concernant les nivellements à celles concernant les alignements, le toilettage (la transformation) des rues se déclinant alors en plan et en élévation[285]. Mais la volonté de réduire des disparités ou des incommodités inhérentes au site peut jouer, comme une trop grande pente sur un côté de la butte, le côté nord, celui du débouché de la route venant de Paris, qui avait amené l'intendant, aidé des élus, à prévoir des rampes d'accès, destinées à constituer la porte de la ville à partir de 1784 (FIG. 17).

**51- Baie d'éclairement d'une cave, aujourd'hui murée.**
10 rue Hippolyte-Gomot (FIG. 53,l).
L'ébrasement taluté de la baie (à gauche de la photo) permettait à la lumière de mieux se répandre dans la salle.
Le sol actuel de la cave a été remonté par rapport au sol d'origine.

Des incommodités moindres avaient été également gommées à coup de décaissements et de remblais, aboutissant paradoxalement à des demandes d'autorisation de construire des perrons en saillie sur la rue[286] ! Ces perrons, dénommés « balets », avaient été préfigurés dans de nombreuses villes de France, observe Yves Esquieu, par les escaliers extérieurs médiévaux... qu'on cherchait, à Riom, à éliminer[287]. Il s'agissait ici comme ailleurs de ramener le niveau des rues à celui des boulevards, une fois les remparts abattus (FIG. 52). Les boulevards prenaient en fait la place des fossés qui avaient été comblés, en partie grâce aux pierres des tronçons de remparts démolis[288]. Une boutique signalée dans un acte de 1850 « en contrebas de la rue et y ayant son entrée » peut devoir sa situation à un remblai intempestif récent, ou bien figurer parmi les derniers exemplaires des niveaux semi-enterrés de l'époque médiévale[289].

Il a cependant été établi dans d'autres villes que le rehaussement du niveau des rues était plus ancien. C'est ce qu'il ressort de l'étude portant sur l'urbanisme en France au XV<sup>e</sup> siècle que l'on doit à Claire Mabille La Caille : « l'exhaussement du sol de la rue est un phénomène fréquent en cette fin du Moyen Âge, soit qu'il y ait eu un remblaiement naturel dû à l'occupation dense de l'endroit, soit qu'il y ait eu volonté de mettre la rue à l'abri d'inondations », avec l'effet secondaire immanquable des enterrements des rez-de-chaussée des maisons riveraines, comme à Tours[290]. En Haute-Normandie, le phénomène est encore plus ancien : il semble établi en effet que les celliers semi-enterrés des maisons romanes, de Rouen en particulier, soient devenus des caves complètement enterrées dès le XIV<sup>e</sup> siècle, sans qu'une explication définitive n'ait été trouvée[291]. A Gand, en revanche, c'est un « exhaussement [volontaire] important que connut la ville au cours du XIII<sup>e</sup> siècle » qui transforma quelques rez-de-chaussée en caves semi-souterraines[292]. Enfin, la tradition orale veut, à Riom, qu'un remblai d'un niveau complet ait conduit à l'enterrement des rez-de-chaussée, à la suite des deux tremblements de terre de 1477 et 1490. Mais les archéologues ont dû revoir à la baisse l'épaisseur de ce remblai légendaire puisqu'il a été évalué à 25 cm lors de la surveillance des travaux de voirie déjà évoqués.

En l'absence de preuves irréfutables, nous sommes condamnés à laisser la question des niveaux enterrés d'époque médiévale ouverte. Par ailleurs, quelques questions concomitantes mériteraient d'être traitées qui sont, entre autres, celle du lien architectural à établir entre avant-toits, escaliers « en galerie » et saillies d'entrées de caves, ou, autrement dit et appréhendé, celle de la conciliation dans le paysage urbain, entre les entrées de caves en saillie, les « escaliers en galerie », les avant-toits et les portiques. Car condamner un système distributif qui place les escaliers dans l'espace public, à l'extérieur de la maison, touche aux usages mais aussi à la topographie et au paysage urbain. Resterait aussi à connaître les intentions premières des officiers municipaux : dans lequel de ces domaines s'agissait-il de s'imposer en priorité ?

**52- Maison de la seconde moitié du XVIII<sup>e</sup> siècle, dans le bas de la rue Danchet, à proximité du boulevard (1984).**
Ici, un perron a été probablement aménagé à la suite d'un décaissement de la rue destiné à rattraper le niveau du boulevard, plus bas que celui des rues intra-muros.
On notera les « lancières » encore en place et « court-circuitées » par les tuyaux de descente qui trahissent la présence d'un pignon, masqué par la façade.

## Les caves vues de l'intérieur : morphologie et datation.

« L'archéologue de la ville a du bâti une vision toute intérieure : il appréhende certes la ville comme tout le monde, par les façades, par l'extérieur, mais ses lieux privilégiés d'observation sont les caves, les cours, les venelles, les combles, et même les fonds de placards et les dessous d'escalier. La ville visible n'est en fin de compte que la résultante d'un travail du dedans, et c'est ce travail qu'il s'agit de décrire et de comprendre ».
Bernard Sournia, 1998[293].

**53- Carte des vestiges médiévaux conservés en sous-sol recensés au cours de l'enquête.**
Ne figurent ici que les caves qui ont pu être visitées et datées d'époque médiévale.
On constate que quelques caves sont mitoyennes sur le grand axe nord-sud. Là, elles n'atteignent jamais le fond de la parcelle et restent pour la plupart en front de rue.

**Les maisons de Riom s'élèvent bien souvent** sur plusieurs niveaux de caves. Seul le niveau situé immédiatement sous le rez-de-chaussée est susceptible d'être daté de l'époque médiévale. Les niveaux les plus profonds ont été creusés *a posteriori* et la présence presque systématique de « sièges à tonneaux » dans ces salles-là indique que le creusement se justifiait par la nécessité qu'il y avait eu à l'époque moderne – les arcs en anse-de-panier en font foi – d'augmenter les capacités de stockage des « poinsons de vin »[294].
Les salles prévues à l'époque médiévale peuvent avoir été bouleversées par des aménagements modernes. Par exemple, au 11 rue Saint-Amable, on ne comprend plus à quel espace donnait accès l'exceptionnelle porte située à l'aplomb de la façade actuelle : couverte d'un linteau en bâtière, elle est l'unique vestige d'une campagne du XIIe ou du XIIIe siècle (Fig. 50,a).
A côté de ces cas de figure, des salles ont été préservées, presque intactes, sans que l'on puisse pourtant restituer leur entrée initiale. On a déjà évoqué les liens qu'entretiennent la plupart de ces espaces enterrés avec la rue, liens que l'on peut probablement supposer très directs et d'un fort impact dans le fonctionnement et le paysage urbains. On ajoutera simplement que sur le grand axe nord-sud, les caves n'occupent précisément que l'espace situé en front de rue et ne s'étendent jamais sur toute la profondeur des parcelles en lanière (Fig. 95,a et Fig. 53, b, c, d, k, j.).
Si la relation avec le bâti en place actuellement constitue manifestement le résultat de transformations, il est malheureusement impossible, dans l'état de nos connaissances, de proposer un schéma clair de restitution des relations entre niveau enfoui et niveau bâti en élévation avant le XVIe siècle et à l'échelle de la ville entière.
Parmi ces salles enterrées, les plus caractéristiques sont celles qui, de plan allongé, disposées en front de rue ou pas, sont couvertes de deux ou trois voûtes d'arêtes reposant sur des piliers engagés par l'intermédiaire d'impostes. Les voûtes sont construites en blocage grossier et enduit, tandis que les piliers sont appareillés en andésite.

**54- Salle semi-enterrée (11, 50 m x 5, 40 m, dans-oeuvre).**
3 rue Malouet (Fig . 53,q).
Cette cave est située en cœur d'îlot. On y accède par deux volées d'escalier disposées en équerre et débouchant dans une cour ; les baies hautes avec ébrasements talutés ont été partiellement murées, ce qui semble indiquer un exhaussement postérieur du niveau de sol.
Elle est constituée de trois travées voûtées d'arêtes. Les deux couples de piliers engagés du premier plan possèdent des arêtes chanfreinées agrémentées de congés haut et bas (indiquant le niveau de sol d'origine). Les deux couples de piliers situés aux extrémités du vaisseau ont des arêtes vives, montrant qu'il peut y avoir coexistence des deux types de traitement d'arêtes.

**55- Salle en niveau de cave.**
3 rue du Commerce (Fig. 53,b).
Vue axonométrique.
La dernière travée vers l'ouest pourrait avoir été ajoutée a posteriori comme le laisse penser le traitement du dernier arc doubleau traité comme un arc de tête.

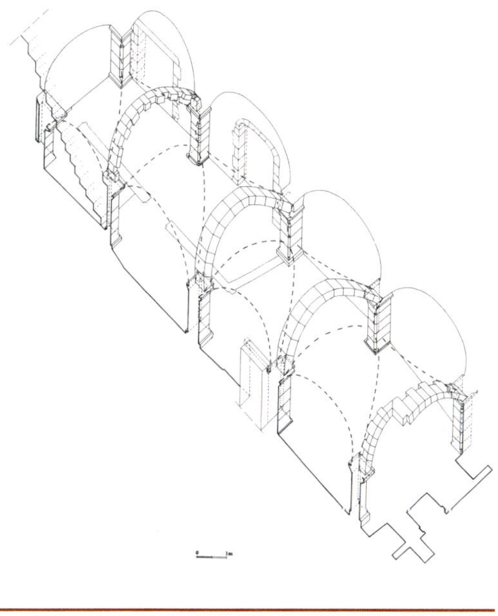

Ces derniers présentent des arêtes vives ou bien chanfreinées et leurs impostes sont chanfreinées. D'autres salles de plan massé sont constituées d'une seule de ces travées, à l'exception de deux d'entre elles, situées à des angles de rues, qui disposent d'un support central (un pilier couronné d'une imposte avec fût à larges chanfreins et à congés, dans les deux cas) (FIG. 53,h,n), et d'une autre d'une taille et d'un plan similaire (un carré d'environ 9 m par 9 m) dont la voûte est soutenue par quatre colonnes circulaires à chapiteaux (des sortes de feuilles d'eau très frustes)[295] (FIG. 56). Dans une minorité de cas, les travées sont séparées par des arcs doubleaux appareillés (des arcs brisés). Quand ils existent, la mise en œuvre des arcs tenant lieu de formerets est originale : ils ne sont appareillés en pierre de taille que sur la hauteur de la première ou des deux premières assises, le reste de l'arc étant monté en moellon.
Les arcs qui couvrent les portes d'accès d'origine sont du type brisé (aplati, surbaissé) (FIG. 48) ou segmentaire, en y ajoutant le cas du linteau en bâtière cité plus haut et celui d'une porte couverte d'un arc à intrados trilobé[296] (FIG. 58). Les baies, et les portes en particulier, sont souvent doublées d'arrière-voussures en arc segmentaire, quelle que soit la forme de l'arc de l'ouverture. En général, les embrasures forment feuillure et trois portes en niveau enterré présentent encore l'orifice destiné à faire coulisser une barre de fermeture[297] (FIG. 48).

**57- Placard mural et puits.**
12 rue Saint-Amable (FIG. 53,o).
La porte donne accès à un espace qui s'ouvrait à l'origine sur la rue.

**56- Salle couverte de voûtes d'arêtes retombant sur quatre colonnes, située en sous-sol.**
18 rue de l'Horloge(FIG. 53,d). Désignée comme « crypte romane » : inscrite au titre des monuments historiques le 20 juin 1925.
Les angles des chapiteaux épannelés portent des traces d'outils formant chevrons : ils évoquent des grandes feuilles.

**58- Décor peint en niveau semi-enterré : un faux-appareil bleu foncé à joint double rouge.**
18 rue Hippolyte-Gomot . (FIG. 53).

Des placards muraux, des puits, et même des cheminées (au nombre de quatre) ont été repérés[298]. Les placards muraux et les puits font partie des équipements habituels des caves médiévales (FIG. 57) . En revanche, il semblerait que les cheminées soient rarement disposées dans les niveaux enterrés ou semi-enterrés à cette époque. Dans les quatre cas riomois, il pourrait s'agir du remploi de cheminées monumentales, démodées au XVI^e^, XVII^e^ ou XVIII^e^ siècle, époque où l'on aménageait des communs en niveau semi-enterré (FIG. 61). En effet, à Paris, entre 1640 et 1670, la formule de la cuisine enterrée connaît un grand succès, mais c'est le moment où l'on construit surtout sur l'île Saint-Louis ; lorsque les faubourgs Saint-Germain et Saint-Honoré sont lotis, les larges parcelles dont disposent les acquéreurs favorisent alors l'emplacement de la cuisine dans une aile[299]. De la même façon, il a été observé qu'à Dijon, tous les hôtels du XVII^e^ siècle adoptent la formule de la cuisine enterrée : on peut supposer qu'il s'agit d'une manière

**59- Détail de cheminée, XIV^e^-XV^e^ siècle.**
9 rue Soubrany (FIG. 53,g).
Ce système de tablette latérale en saillie se retrouve sur deux autres cheminées de la ville qui ne sont pas situées dans des caves (FIG. 122).

**60 a et b- Cheminée, XIII^e^-XIV^e^ siècle. Ci-dessus, four (a). Ci-dessous, vue générale (b).**
21 rue Victor-Basch (FIG. 53,a).
Cette cheminée paraît avoir été remployée au moment où l'on modernisait la demeure (XVIII^e^ siècle), époque à partir de laquelle des cuisines étaient délibérément aménagées dans les sous-sols. Un petit four intégré dans un jambage pourrait dater du remontage.

**61- Salle en niveau semi-enterré, corps de bâtiment ouest, en fond de parcelle, sur la cour. 3 rue Daurat.**
La maison est réputée avoir été celle de Claude-François Legay (1728-1803), nommé le 1er janvier 1762 « ingénieur et architecte de la ville ».
Ce niveau a très probablement été excavé après la reconstruction de la maison (en 1766 ? Date portée sur la façade principale de la maison), après que le corps de bâtiment qui le surmonte ait été élevé (au début du XVIe siècle, avec des reprises au XVIIIe siècle). Les aménagements (cheminée, potager, évier) indiquent qu'il s'agissait d'une cuisine.

de densifier le bâti dans un tissu ancien, manière qui convient bien à Riom, et cela jusqu'au XVIIIe siècle[300]. On fait habituellement remonter « l'invention » du dispositif en milieu urbain au XVIe siècle[301], et le *Livre d'architecture* de Du Cerceau (1559) en assurait la diffusion, mais la présence des cheminées médiévales en sous-sol à Riom, si elle suggère un remploi à l'époque moderne, ne doit pas conduire à évacuer définitivement l'hypothèse d'une mise en œuvre en milieu semi-enterré dès l'époque médiévale. Une analyse fine de bâti devrait permettre de répondre à la question. S'il était montré qu'elles occupent leur emplacement d'origine, il faudrait alors prendre en considération le soin qui a été apporté à la réalisation de trois de ces cheminées. Car cela pourrait également indiquer une destination plus noble qu'une cuisine pour les pièces qu'elles chauffaient : à Vézelay, Magali Porcel évoque la possibilité pour que les salles qui en disposent soient des offices de changeurs.
Globalement, le traitement décoratif de tous les éléments architecturaux décrits reste très limité, même s'il faut signaler les vestiges d'un décor peint dans une cave ; il s'agit d'un faux-appareil à joints doubles, décor sommaire qui semblerait avoir été à la mode pendant tout le Moyen Âge[302] (FIG. 58). Sur ce sujet du décor, les caves de

Riom ne soutiennent pas la comparaison avec celles de Lille, Bayonne, Etampes, Orléans, etc., ni même Clermont où il a été possible de recenser des chapiteaux sculptés.

Toutes ces caractéristiques volumétriques et stylistiques sont comparables à quelques rares structures, salles ou passages, conservées en élévation[303], à cela près qu'aucune cave ne présente de voûtes d'ogives alors que deux salles en rez-de-chaussée témoignent de l'utilisation de cette technique à Riom[304].

Les critères de datation pour les formes simples sont réduits. Les périodes d'utilisation des arcs brisés et segmentaires restent mal cernées. Quant aux maigres effets de modénature que constituent les arêtes chanfreinées avec congé haut et bas, ils ont été datés du XIV^e^ siècle, compte tenu de leur présence sur les montants d'une arcade destinée à soutenir un plafond daté par dendrochronologie de 1326/1327[305], ainsi que sur les arcades des bas-côtés de l'église du Marthuret (reconstruite avant 1416, après un incendie survenu en 1308) et sur les arcades du cloître des cordeliers (construit à partir de 1359)[306].

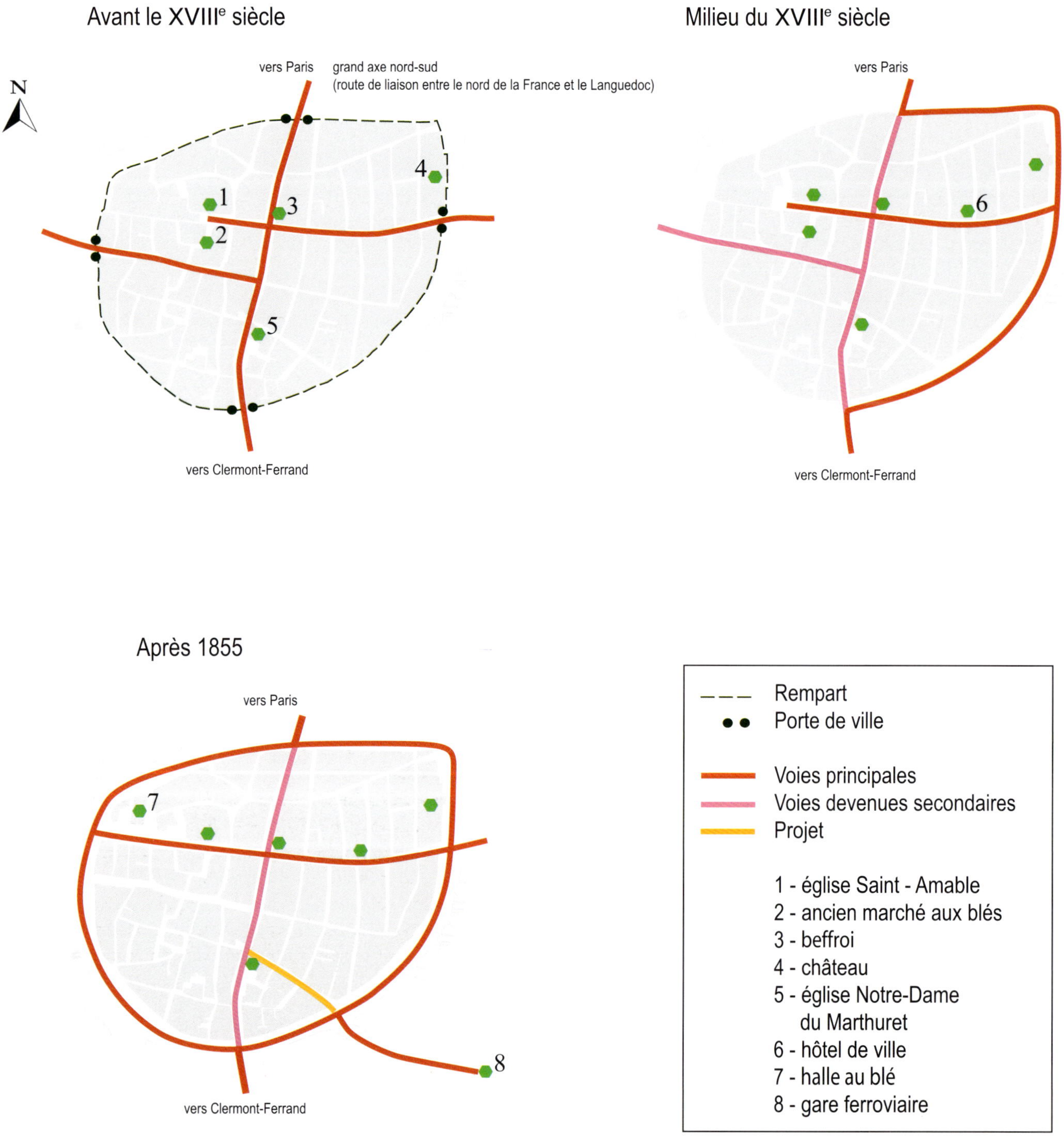


**62- Les principaux axes de circulation de la ville.**
-avant le XVIIIe siècle
-vers le milieu du XVIIIe siècle
-après 1855 (avec mention du projet de monumentalisation de la rue intra-muros située dans le prolongement de l'avenue de la gare, non réalisé).

# Les procédures d'alignement : « revenir aux anciens fondements ».

Il semblerait donc que l'alignement mis en œuvre à l'époque moderne consistait, comme souvent, à revenir à l'alignement initial, c'est-à-dire à celui de l'époque où les lotissements avaient été tracés de manière régulière : c'est ce que laisse entendre la formule « revenir aux anciens fondements »[307] et c'est ce que confirment quelques données de terrain. Si le Bureau des finances puis l'architecte-voyer se satisfaisaient de cet objectif, c'est aussi que les largeurs des rues « retrouvées » étaient d'un ordre de grandeur appréciable. En effet, le positionnement des portes médiévales d'accès aux caves, de part et d'autre d'une même rue, la rue Saint-Amable en l'occurrence, à l'aplomb des façades reculées du XVIII<sup>e</sup> siècle, montre que la largeur actuelle de la rue, soit 7,5 mètres, est bien celle du XIII<sup>e</sup> siècle. Et que, même si les indices sont ténus pour l'affirmer[308], il semblerait qu'il en soit de même pour le grand axe nord-sud, large, au plus fort certes, de 13,5 mètres. Il s'agissait dans ce cas de faciliter le passage d'une grande route à travers la ville mais la largeur de 13,5 m est appréciable quand on la compare aux 10 m exigés pour Paris dans une déclaration royale de 1783. Ailleurs, ce sont les traitements d'angle de deux maisons en vis-à-vis (chanfreins avec congés caractéristiques des XIII<sup>e</sup>-XIV<sup>e</sup> siècles) qui permettent de conclure à une largeur de 7 mètres[309]. Il ne s'agissait donc plus que de gommer les aménagements adventices, dont la mise en œuvre est encore attestée en 1540 avec le portique de la « maison des consuls »[310]. On sait cependant grâce à une délibération communale que la démolition demandée des portiques en bois qui prolongeaient celui « des consuls » avait donné lieu à un dédommagement en 1768, comme s'il y avait eu une mesure d'élargissement extraordinaire, touchant au domaine privé[311]. Alors que les façades en bois étaient démolies, les consuls avaient pu observer « derrière à environ une toize de distance une autre façade du rez-de-chaussée qui est en pierre en sorte qu'il est évident que la façade en bois a été un avancement pratiqué après coup sur la rue, et conséquemment une usurpation », mais le dédommagement semble avoir été imposé par le Bureau des finances.

La rue Saint-Louis, elle, sera élargie en 1843, au motif de lui donner « une largeur en rapport avec l'édifice [la Sainte-Chapelle] »[312].

Sinon, pour le détail, le procédé de la corde se maintenait au XIX<sup>e</sup> siècle : il en subsiste des témoignages en 1824[313], puis régulièrement jusqu'en 1867[314]. C'est le procédé qu'adoptaient les agents des Bureaux des finances, et probablement avant eux déjà, les « courroyers » du Moyen Âge[315], qui consiste à placer le cordeau aux angles des maisons voisines du terrain à construire.

C'est dans ce contexte, celui d'alignements de référence conservés en sous-sol et de la possibilité d'une simple régularisation sur le terrain à la corde, que la municipalité rechignera à produire au préfet le plan d'alignement tel que la loi de 1807 l'y oblige[316]. En 1819, le sous-préfet de Riom transmet au préfet : « jusqu'à présent les fonds ont manqué mais comme la ville est généralement percée à angles droits, qu'elle est enceinte de boulevards qui ne permettent de faire des changements majeurs et que les alignements se borneraient à quelques objets de détails [...] », le conseil municipal demande jusqu'en 1822 un délai pour produire le plan[317].

La ville a-t-elle jamais eu en sa possession un plan d'ensemble de son territoire ?
En 1622, c'est aux consuls de décider s'ils récompensent Gilbert Lamothe, peintre, pour avoir dressé un plan et « pourtraict de ceste ville », destiné à être présenté « en cour »[318]. La trace de ce plan est perdue mais il n'avait apparemment pas vocation à rester à Riom. Quatre ans plus tard, la voirie tombant dans l'escarcelle du Bureau des finances, on peut supposer que pour exercer leur nouvelle compétence, les trésoriers ont fait dresser un plan général de la ville, comme cela était d'usage dans d'autres cités (à Lyon, par exemple), mais s'il a existé, il a pu disparaître avec l'ensemble des archives dudit Bureau. Ensuite, la trace demeure d'une commande en 1775 de l'intendant d'Auvergne d'un « plan d'embellissement » à Mauricet, ingénieur des ponts-et-chaussées de la province[319]. Un tel projet nécessite de disposer d'un état des lieux. Aucun document ne nous est parvenu qui corresponde soit à l'étape préparatoire soit au résultat.
Enfin, pour ce qui concerne le XIX$^{e}$ siècle et en particulier l'établissement d'un plan cadastral et d'un plan d'alignement, imposés l'un et l'autre par les deux textes de loi de 1807[320], il ressort que :
-Riom a bien fait l'objet d'un plan cadastral entre 1810 et 1813[321], l'opération ayant donné lieu à un atlas : il était en effet déclaré dans un document de 1819 que « la ville de Riom avait été cadastrée en l'an 1812, que le plan en avait été levé et se trouvait dans un atlas conservé à la mairie »[322],
-le plan parcellaire n'a pas été jugé satisfaisant : l'échelle adoptée n'était pas celle donnée dans les instructions nationales et « ce plan n'est pas assez exact pour diriger les alignements que pourrait exiger l'embellissement de la ville » (1819)[323],

**63- Plan d'alignement, tableau d'assemblage.**
Dessin, 103 x 71 cm, éch. 1/2000$^{e}$, 1872, par Faurèle. A.D. Puy-de-Dôme, O 0430.

-le plan parcellaire de la partie centrale de la ville a disparu (il n'en subsiste que l'état de section, avec indication des numéros de parcelles, montrant bien que le plan seul a disparu)[324],
-la levée d'un plan de la ville (« et faubourgs et banlieue dans le rayon de l'octroi ») destinée à soutenir un plan d'alignement, est à nouveau programmée et adoptée par le conseil des bâtiments civils en 1813[325],
-étrangement, en 1819, la même levée de plan est à nouveau à l'ordre du jour d'un conseil municipal[326],
-une autre série d'évocation de plan d'alignement débute en 1828[327] pour aboutir finalement à une approbation en 1841[328]. Le plan de 1841 semble avoir réellement existé, et avoir été d'ailleurs suivi en 1842 de l'approbation d'un projet de nivellement des quatre principales rues de la ville[329], et en 1843 d'un projet de pavage de ces mêmes rues[330], montrant qu'en ces années-là la municipalité se résout finalement à se doter de moyens pour modeler les rues de la ville, un peu plus ambitieux que les simples autorisations de construire au coup par coup. Le plan d'alignement de 1841 sera remplacé en 1872 puis en 1922.

## Un projet contrecarré.

Si la version des alignements programmés en 1841 ne nous est pas parvenue[331], celle de 1872 a été conservée[332] (FIG. 63). Elle ne sera approuvée qu'en 1873, après qu'un complément d'enquête a été effectué[333]. L'avenue menant à la gare à partir du boulevard extérieur ayant fait l'objet de toutes les attentions depuis 1855 (expropriations et négociations diverses, transformation – à son extrémité – de la place du foirail en jardin public en 1862), dans ce complément d'enquête datant de 1873, le rapporteur évoque cette avenue comme étant « l'une des promenades les plus fréquentées de la ville », et propose que la rue, située dans les murs, qui relie le plus directement l'avenue de la gare au centre de la ville soit élargie et qu'une petite place soit aménagée à son débouché : « [...] considérant que depuis la création du chemin de fer, cette rue [l'actuelle rue du Marthuret] a acquis une grande importance, étant la voie la plus courte pour se rendre de la gare au centre de la ville et qu'elle sera plus fréquentée dans l'avenir [...]. Qu'en outre la partie de la rue du Marthuret qui longe l'église forme le dégagement de cet édifice classé comme monument historique [...] il y aurait lieu de prévoir l'élargissement de la rue, soit dans l'étendue de son parcours, soit spécialement dans la partie qui touche à l'église [...] »[334] (FIG. 62). Ainsi, l'axe nord-sud qui coupe la ville en deux avait constitué sa colonne vertébrale jusqu'à l'établissement des boulevards. Avec la possibilité de contourner la ville, à laquelle s'ajoutait la difficulté de résorber la raideur de la pente à l'entrée nord de la ville, l'axe fondateur établi sur la route de Paris avait perdu de l'importance, au profit de la traverse est-ouest (sur laquelle s'enchaînaient tous les édifices de la vie publique riomoise). Avec l'implantation de la gare au sud-est de Riom, une tentative pour construire un nouvel axe menant de la gare au carrefour central se fait jour... qui, en fait, n'aura aucune suite. La rue du Marthuret, désignée pour devenir le prolongement de l'avenue de la gare ne présente pas les 7,50 m de large envisagés par le rapporteur en 1872 (au plus faible, la rue ne mesure encore que 4,50 m[335] ; au droit d'un immeuble construit pourtant en 1885, elle ne mesure que 6,25 m[336]). L'avenue de la gare proprement dite, elle, se prêtera aux embellissements jusque dans les années 1920 où un arc de triomphe aux morts de la Grande Guerre, dessiné par Ruprich-Robert, prendra place à l'entrée du square[337]. Son prolongement dans les murs ne prendra pas la forme escomptée par le conseil municipal de 1872. Seules les reconstructions des quatre maisons et façades situées à l'entrée de la rue en venant du boulevard seront assujetties à l'alignement prévu sur le plan de 1872, ce qui équivaut à des reculs de l'ordre d'1,50 mètre au plus fort. On notera que la cinquième maison, à la suite, était bien, elle aussi, consignée sur le plan d'alignement comme devant reculer : aujourd'hui, elle constitue un témoignage rare à Riom d'une maison bordée de part et d'autre de venelles et ayant pignon sur rue, et se trouve classée dans le Plan de sauvegarde et de mise en valeur avec la qualification « immeuble ou façade à conserver dont la démolition, l'enlèvement, la modification ou l'altération sont interdits ».

Il ressort de l'analyse globale du plan d'alignement de 1872 que pour la vieille ville les quelques dispositions d'envergure prévues que sont les percements de nouvelles voies obligeant à des démolitions de maisons, ne furent jamais réalisées (FIG. 64). On exceptera le raccordement effectué en 1913 entre deux rues et le boulevard, grâce à la construction d'un escalier monumental (FIG. 65). Mais ce raccordement prévu en 1872 était le seul qui n'imposait pas de démolition de maison et s'inscrivait dans un espace libre existant[338]. En outre, les emprises constructibles et les alignements prévus les plus importants ne furent jamais réalisés mais Riom est loin d'être la seule ville dans ce cas : le plan d'alignement de 1874 de la vieille ville de Cognac, par exemple, « fut appliqué avec une rigueur toute relative : les percements de nouvelles voies qui y sont prévus ne furent jamais réalisés et bien des rues ne furent jamais élargies »[339]. A titre d'exemple, la maison qu'à la fin du XVIIIe siècle l'architecte Attiret voulait démolir de façon à fondre le parvis de l'église Saint-Amable avec la place de la halle au blé était toujours mentionnée en 1872 comme devant être rasée (FIG. 24). On pourra s'étonner d'ailleurs d'un tel projet qui fait peu de cas d'un espace privilégié comme celui d'une place-parvis. Aujourd'hui, la maison est à nouveau signalée sur le Plan de sauvegarde et de mise en valeur comme « immeuble non protégé pouvant être conservé, amélioré, démoli ou remplacé ». Elle montre ainsi une résistance à toute épreuve.

**65- Vue actuelle de l'escalier « de liaison », construit en 1912.**
Au second plan s'élève la cage d'escalier vitrée (1989-1992) du collège Michel de L'Hospital qui occupe les locaux de l'ancienne maison de l'Oratoire (1672-1881 pour la partie de l'édifice que l'on aperçoit).

**64- Restitution des projets de percement de rues « de liaison » et des principaux alignements envisagés, d'après le plan de Faurèle.**
Seul le projet à droite sur la carte a abouti, qui a suscité la construction d'un escalier « de liaison ».

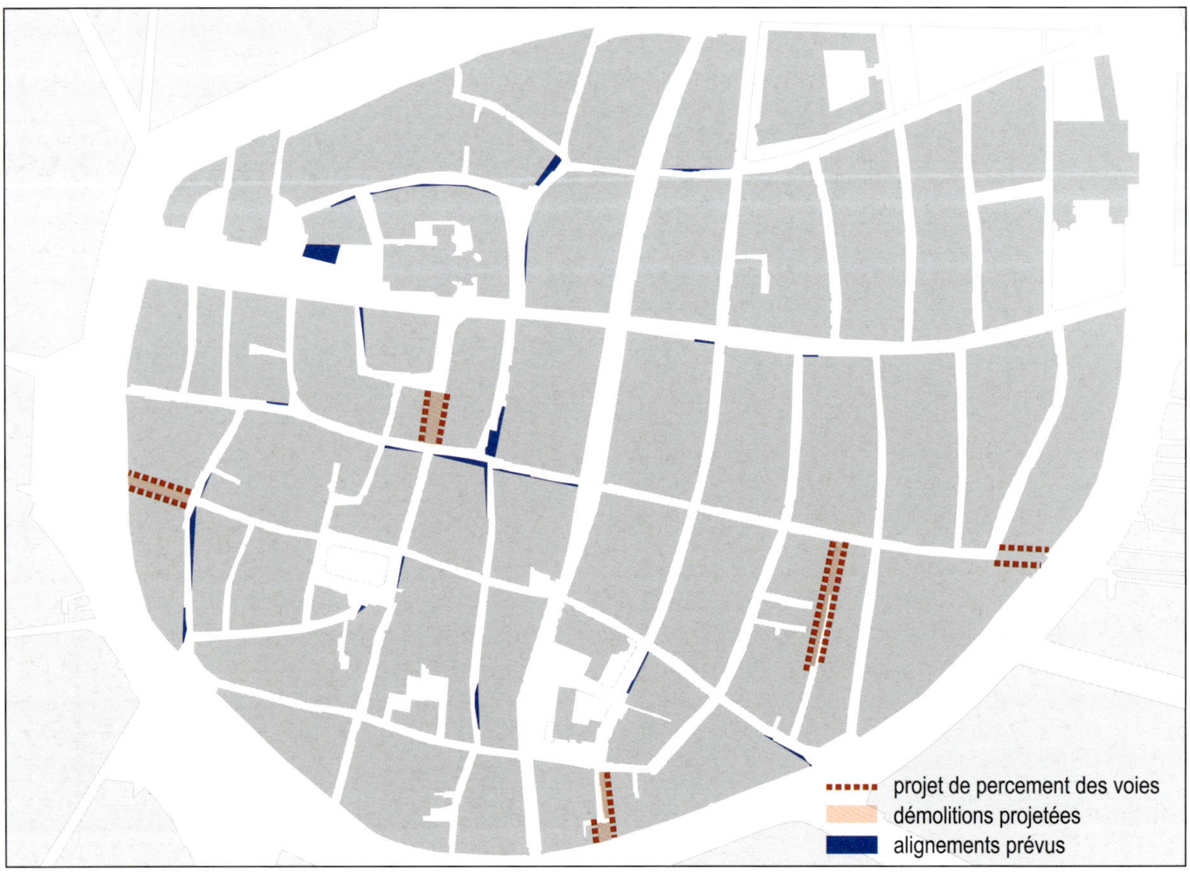

13
SAU
VRAISONS
SUR
EMPLACEMENT

# Les passages et les cœurs d'îlots. Manières de voisiner et de circuler tombées en désuétude.

La rue apparaît donc comme un milieu plastique et résistant à la fois. Aujourd'hui, de rares décrochements subsistent. Il convient aussi maintenant de remarquer l'absence de « creux ». Si la mise en évidence d'une politique urbaine du « front lisse » est assez aisée, il est plus difficile de montrer comment la continuité s'obtient totalement, c'est-à-dire de montrer comment l'on passe d'un front de rue entaillé du débouché de passages et de venelles à un front de rue « plein ». Divers indices en effet nous invitent à restituer un système de desserte de maisons situées à l'arrière de celles qui forment le front de rue.

En 1819, il est encore fait allusion aux « sous-distributions des différentes îles » dans la proposition d'un géomètre soumise au conseil municipal[340]. Les vestiges de ce réseau secondaire demeurent aujourd'hui insoupçonnables depuis la rue où le mur mitoyen est roi, où les maisons serrées les unes contre les autres ne laissent rien entrevoir des cœurs d'îlots. Seules quelques impasses pourraient encore être traitées de « sous-distributions » d'îlots mais elles sont reléguées dans les zones périphériques. La matérialisation de l'espace public principal que représente la rue a conduit à la fermeture des îlots sur eux-mêmes. Ils apparaissent comme des blocs compacts et impénétrables. Il faut aujourd'hui chercher « derrière le décor » les traces complexes d'une manière d'aménager l'espace qui n'a plus cours. Les historiens de Riom n'ont, par ailleurs, jamais soulevé la question. Il nous faudra aussi envisager le processus de cette métamorphose comme une évolution, non programmée mais « naturelle », du tissu urbain.

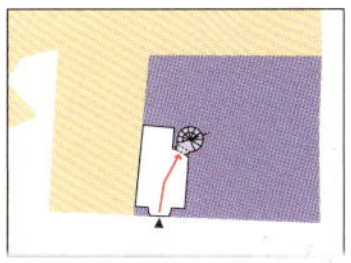

**66- Clôture sur la rue d'une cour antérieure, 13 rue Saint-Amable.**
a) Vue depuis la rue (ci-contre).
b) Plan schématique (ci-dessus).

**67- Relevé photogrammétrique d'un ensemble de maisons rue du Commerce (entre le n° 30 et le n° 44).**
Restitution par Gilles Lafosse, 1981

## Restitution.

Une première lecture du relevé photogrammétrique d'un ensemble de maisons situées sur le grand axe du premier lotissement, l'axe nord-sud, livre une succession régulière de façades couronnées d'une ligne de corniche, d'autant plus remarquable que la rue est en pente (Fig. 67). Une seconde lecture de ce relevé consiste à noter, d'une part, qu'une travée d'éclairement d'escalier s'inscrit discrètement dans la série (les fenêtres sont plus petites et légèrement décalées), et d'autre part, c'est ce qui nous intéresse ici, que des cicatrices verticales sont lisibles, dues au bouchage sur la rue de deux anciens passages. Par ailleurs, l'article XVI du troisième chapitre dévolu à la « sûreté publique » d'un règlement de police de la ville, datant du 28 novembre 1832, porte en titre : « fermeture des portes ». On y lit que « tous propriétaires ou locataires de maisons, bâtiments, *cours, passages*, terrains clos, devront tenir les portes fermées [suivent les horaires à respecter]. *Des portes devront être placées* à ceux de ces locaux qui en manqueraient »[341]. Comme l'article s'adresse aussi aux propriétaires et locataires des cours et passages, le terme de « locaux » doit, à notre avis, s'entendre au sens large. Selon nous, ce règlement reprenait une disposition antérieure dont la trace écrite a été perdue, car

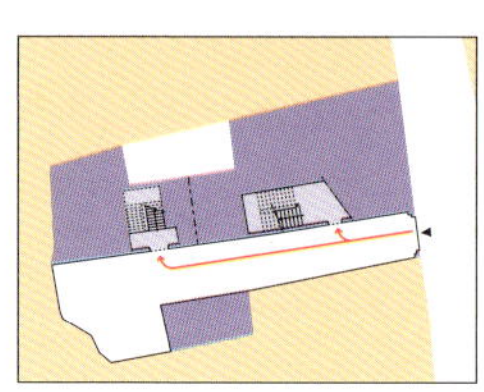

**68- Clôture sur la rue d'un passage commun, 4 rue Pascal.**
Ce passage desservant deux maisons a été fermé sur la rue avec une porte cochère dans un second temps (à la fin du XVIII$^{e}$ siècle).
a) Plan schématique
b) Vue depuis la rue

plusieurs portes cochères datées et datables du XVIIIe siècle ferment des espaces libres plus anciens, comme si la demande en avait été formulée déjà à cette époque. Citons la porte du 24 rue Grenier : dans ce cas, rare à Riom, il serait possible de restituer une venelle traversante puisque cette porte cochère a son pendant de l'autre côté de l'îlot et qu'une porte couverte d'un arc brisé s'intercale entre les deux extrémités de l'îlot. Ajoutons les portes cochères du 15 rue Hippolyte-Gomot (couverte d'un arc en anse-de-panier, avec clef sculptée d'une feuille) et du 4 rue Pascal (modénature comparable à celle des portes des immeubles de la place de la halle au blé, soit des années 1793-1795) ; la première ferme un passage s'ouvrant sur une cour circonscrite d'arcades médiévales, la seconde ferme un passage sur lequel ouvrent deux maisons, l'une datée de 1602, l'autre du XVIIIe siècle (FIG. 68).

Un des rares documents iconographiques susceptibles de nous aider dans la restitution d'un cadre architectural et urbain disparu est une gravure datant de 1889. Elle représente une maison avec tourelle d'escalier en vis datant probablement du XVe -XVIe siècle (FIG. 69). Le dessinateur s'était placé dans un espace libre difficile à qualifier (une cour-passage ?[342])mais qui s'étend

**69, a,b,c- Transformation : 5 rue du Marthuret.**
Vue d'une maison du XVe siècle dont l'accès principal est situé sur un passage perpendiculaire à la rue.
Mise en évidence d'un processus de transformation tendant à fermer les îlots sur eux-mêmes en escamotant les espaces libres sur la rue.
On pourrait aussi évoquer, en regard de ce document de restitution d'un processus de transformation qui a conduit à gommer, par ailleurs, l'élan vertical d'une tour d'escalier bien dégagée des édifices qui l'entourent, l'observation de Jacques Le Goff : « Manhattan réalise une des formes les plus puissantes de l'imaginaire médiéval, la verticalité » (LE GOFF, Jacques, Pour l'amour des villes : entretiens avec Jean Lebrun, Paris, éd. Textuel, 1997, p. 126-127).
a) Vue depuis la cour, en 1889. Dessin, 25 x 30 cm, par Clérambault, 19 mai 1889. Bibliothèque communautaire et inter-universitaire de Clermont-Ferrand : GR A n°1272.
b) Vue actuelle
c) Plans schématiques correspondant aux vues : état restitué en 1889, état actuel.

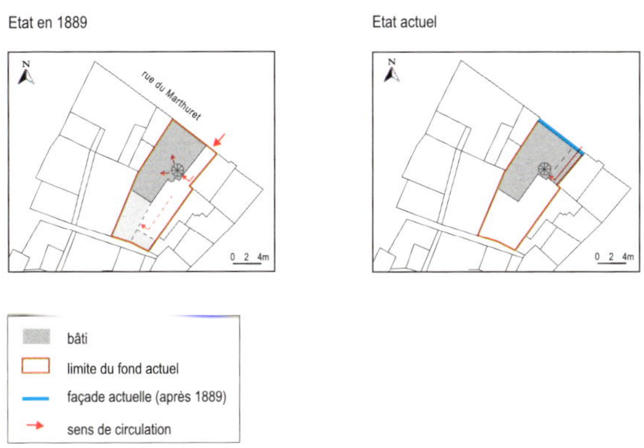

perpendiculairement à la rue. Ce dernier est clos d'un portail qui pourrait fort bien avoir été élevé en conformité avec le règlement de 1832. Par ailleurs, la comparaison avec une photographie est instructive : aujourd'hui, un corps de bâtiment disposé en front de rue ferme et fait disparaître – depuis la rue – l'espace libre, qui a été transformé pour partie en passage couvert. Et si la tour d'escalier en vis subsiste, il ne reste en revanche plus que les corbeaux d'une construction située à l'origine au fond de la parcelle [et attenante à la maison du premier plan] (donc invisible sur la gravure). Ce bâtiment est remplacé aujourd'hui par un espace libre (sorte de cour d'agrément), en application, probablement, des directives du *Plan de sauvegarde et de mise en valeur*, dans lequel les opérations de curetage des cœurs d'îlot sont préconisées au motif que les immeubles méritent un niveau « normal » d'aération et d'insolation[343].

**70- Schéma d'îlot, avec mise en commun d'espaces de distribution.**
Il s'agit de l'îlot circonscrit par les rues du Commerce, Marivaux, Croisier et du Marthuret.
Ce schéma montre, à l'ouest, un ensemble de maisons avec passage commun, et dans l'angle nord-est, un ensemble à cour et escalier communs.
Dans ce second cas, la cour forme une parcelle indépendante ainsi que l'escalier.

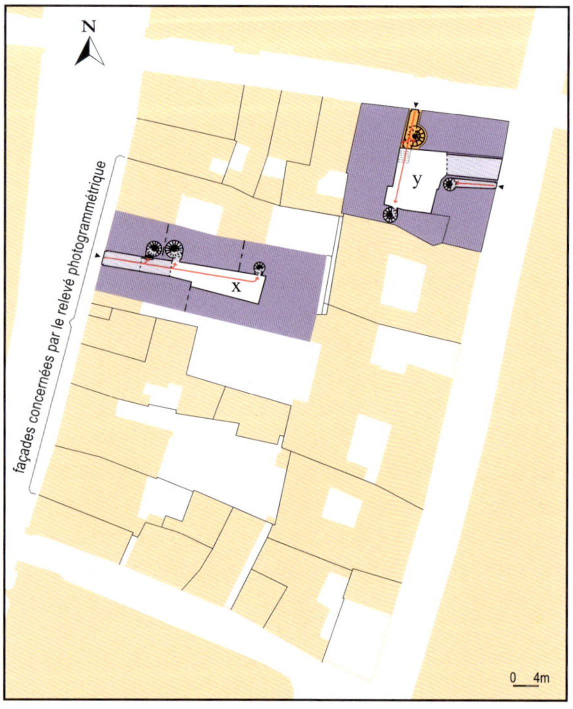


## Origine, datation. Dispositions vernaculaires et aménagement concerté.

A d'autres endroits de la ville encore, des maisons sont disposées perpendiculairement aux rues principales et des passages couverts, ou découverts, permettent d'y accéder. Des schémas en rendent compte qui posent d'une part la question du degré de représentativité de ces faciès à l'échelle de la ville (s'agit-il de configurations exceptionnelles ?)[344], et d'autre part, la question du statut de ces espaces (privé, public ?).
Le cas du 30-32 rue du Commerce est intéressant car, avec ses trois maisons disposées le long du passage – couvert sur sa première partie en partant de la rue, puis découvert –, il montre comment de telles dispositions ont pris place sur l'axe principal, celui du premier lotissement, et comment ces ensembles urbains sont imperceptibles depuis la rue (FIG. 70,x). Les maisons actuellement en place ne sont pas antérieures aux années 1560 mais l'organisation est tellement proche, à l'analyse, de celle constatée dans les villes d'Ardes ou d'Aigueperse, qu'on ne peut que proposer d'y reconnaître des reconstructions d'époque moderne sur des substructures médiévales. Mais là où Gabriel Fournier notait que « de loin en loin d'étroits passages font communiquer la Grande rue [d'Ardes] avec les autres rues [parallèles, et que] certains ont été partiellement recouverts ou appropriés »[345], nous devons restreindre la comparaison, car les passages de Riom ne traversent que rarement les îlots (ils n'ont donc que peu à voir avec les traboules). Il faut attribuer cette différence à la présence, à Riom, de venelles qui divisent les îlots en deux, dans le sens de la pente, c'est-à-dire orientées nord-sud, de part et d'autre de l'axe est-ouest situé sur le sommet de la butte riomoise. Nous reviendrons plus loin sur ces venelles dont la fonction d'égout est avérée au moins aux XVI$^{e}$ et XVII$^{e}$ siècles. Notons qu'à Aigueperse une maison médiévale, réputée pour son décor peint datant du XIV$^{e}$ siècle, est située au bout d'un « passage commun » (terme encore utilisé dans un acte notarial de 1880 relatif à cette maison), perpendiculaire au grand axe de la ville, transformé aujourd'hui en une sorte de couloir pavé et décrit comme une « ancienne rue [ ...] encore bordée par au moins six propriétaires différents à la fin du XIX$^{e}$ siècle »[346]. Le plan de la ville donné par Gabriel et Pierre-François

Fournier restitue à cet endroit une organisation comparable à celles que nous tentons de mettre en évidence à Riom[347]. Comme à Ardes, elle se reproduit « de loin en loin ».
Ces dispositions, parfois, font également penser à celles de certains villages (par exemple, Saint-Myon dans le nord du département, Nadaillat, au sud) où les maisons présentent des pignons quasiment aveugles sur la rue, tandis que les portes d'entrée sont à aller chercher sur le long côté, après avoir parcouru un espace plus ou moins étroit qui tient à la fois de la cour et de l'impasse. Dans les villages cités ces cours étroites sont restées ouvertes sur la rue, mais à Riom, elles ont été fermées (voir aussi à Riom, hors emprise des lotissements, le 22 impasse Malouet[348]).

**71- Desserte des caves pour acheminer les marchandises.**
Schémas d'après le plan cadastral, 1987.
a) hypothèse de restitution pour la desserte des caves des 10 et 12 rue Saint-Amable
b) hypothèse de restitution pour la desserte des caves de deux maisons situées rue de l'Hôtel-de-Ville.
c) hypothèse de restitution pour la desserte des caves des 13 et 15 rue du Commerce.
d) accès actuel à la cave du 2 rue Hippolyte-Gomot.

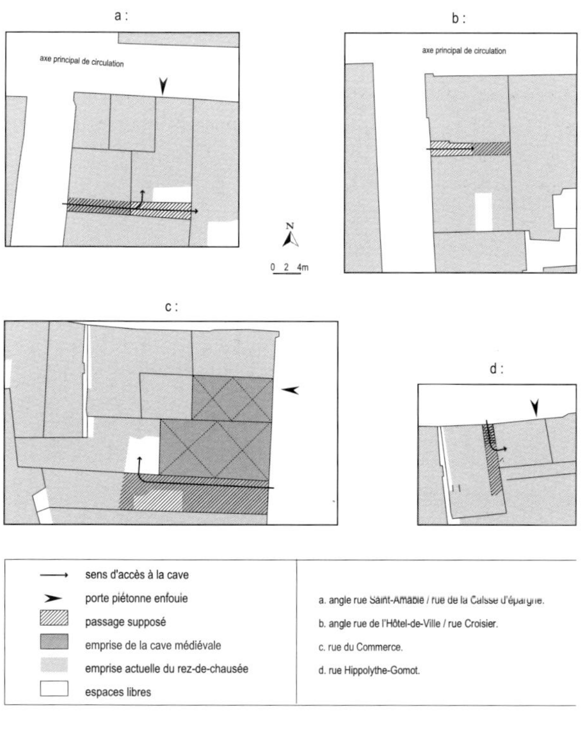


Que Riom ait été lotie, c'est-à-dire que son terrain ait été réparti de façon autoritaire ne doit pas nous empêcher de lancer l'hypothèse d'un réseau viaire secondaire quelque peu aléatoire. Pierre Garrigou Grandchamp se pose également la question des limites de l'organisation régulière du lotissement foncier dans la ville de Montferrand, au vu de l'absence de standardisation dans les largeurs de parcelles (leur profondeur, en revanche, est contrainte par la présence de venelles d'égout similaires à celles de Riom). Une souplesse n'aurait-elle pas pu être introduite afin, par exemple, que les habitants retrouvent dans ces villes nouvelles des manières de circuler plus traditionnelles, l'autorité se contentant alors d'imposer la régularité d'un plan d'ensemble ? En effet, le caractère traditionnel de la fragmentation des îlots qui « s'opère par le biais de multiples cours intérieures dont on ne peut établir le caractère privé ou semi-public » a été remarqué par Pierre Garrigou Grandchamp dans la ville médiévale de Clermont, agglomération à l'urbanisme dit « spontané ». L'auteur remarque en particulier que « le lacis d'étroites ruelles, finissant le plus souvent en impasses, dessert le cœur de ces îlots : plus d'une a été privatisée et il faudrait mener des études de microtopographie pour restituer la structure du tissu bâti et du réseau viaire »[349].

A Riom, des dispositions en niveau enterré et en élévation laissent également supposer qu'un système de desserte des caves était prévu pour acheminer les marchandises par l'arrière des maisons en front de rue (FIG. 71). Les schémas a (12 rue Saint-Amable) et b (2 et 4 rue Croisier) montrent des vestiges de passages parallèles aux rues marchandes et dans le cas a, rappelons que seule une porte piétonne donne côté rue, ce qui justifierait qu'un passage plus large ait été prévu à l'arrière de la parcelle, et qui pouvait desservir plusieurs unités. Dans le cas c (23 et 25 rue du Commerce), deux caves sont mitoyennes mais au sud de la seconde, une cave plus étroite se présente comme ayant pu faire office de passage suivant un système qu'il est plus facile actuellement de mettre en évidence à Clermont où une rampe située 14 rue des Petits-Gras permet l'accès de marchandises dans la cour, sur l'arrière du bâtiment en front de rue[350]. En d (rue Hippolyte-Gomot), un accès du même type a été repéré en niveau enterré.

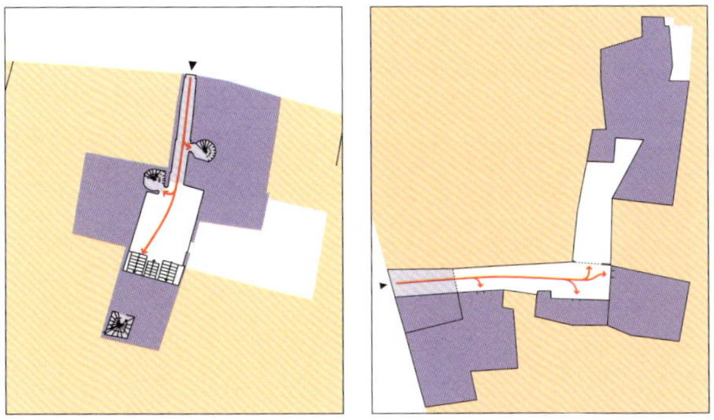

**72- Maisons distribuées par des passages communs.**
a) 38-40 rue Hippolyte Gomot, plan d'après S.C.P d'architecture Mercier-Rollier (schéma de droite)
b) Façade de la maison située au fond du passage commun, 38-40 rue Hippolyte-Gomot (ci-contre)
c) 10 boulevard Clémentel (la maison située en fond de l'impasse porte la date 1645) (schéma de gauche)

Un autre cas de figure est situé au 4 rue Pascal (FIG. 68) : un passage donne accès à deux maisons, alignées sur le même côté comme dans le cas précédent, mais ici le passage est à ciel ouvert et a été simplement clos sur la rue par l'élévation d'une porte cochère : la porte a fait l'objet d'une campagne de construction postérieure à celle des maisons[351]. Grâce à la porte cochère, la deuxième maison est soustraite au regard public et le front de rue est en partie rétabli. Cet ensemble-ci prend place dans une zone lotie. Un autre ensemble[352], comparable, a été repéré dans une zone non lotie, où aucune porte ne le délimite sur la rue. Dans les zones non loties – les îlots n'étant pas percés de part en part de « ruelles punaises » –, en plus des maisons positionnées de part et d'autre du passage, une dernière maison en occupe le fond (FIG. 72). Dans le cas a, les premières maisons sont datables des XV$^{e}$-XVI$^{e}$ siècles, tandis que la dernière (b) est un exemplaire soigné de petite maison de la seconde moitié du XVIII$^{e}$ siècle. Dans le cas c, la maison du fond porte la date de 1645.

A nouveau, il nous faut donc évoquer la difficile question de la datation de ces structures urbaines et le lien qu'elles entretiennent avec des structures d'époque médiévale. A Riom, des maisons et des vestiges de maisons médiévales de cœur d'îlot subsistent avec des passages ou vestiges de passage de la même période (XIII$^{e}$, XIV$^{e}$ et XV$^{e}$ siècles) qui montrent que le système de desserte existe à cette époque, mais sans qu'il puisse être établi si le passage était strictement privé, ou bien commun à plusieurs maisons[353]. Or, c'est bien l'évolution des relations entre habitants à travers leur expression architecturale et urbaine qu'il nous intéresse de mettre en évidence, en plus de l'évolution du rapport – presque abstrait – entre plein et vide. En ce sens, la mise en commun des espaces libres, que l'on peut affecter en particulier à la circulation mais probablement aussi à d'autres activités[354], agit comme révélateur d'un type spécifique de communauté urbaine. C'est notre conviction, et c'est à ce titre que la collecte des données relatives aux dessertes secondaires partagées mérite notre attention. « C'est le rapport des édifices à leur desserte et au foncier, et le jeu des rapports sociaux induits par ces dispositions qui importent »[355]. Bien sûr le caractère hypothétique des restitutions et des datations rend la transcription de la genèse de ces espaces imprécise. Il n'empêche que c'est aussi par l'évocation de ce phénomène-là que l'on commence de comprendre un contraste bien particulier, celui qui existe, à Riom, entre des fronts de rues lisses, offerts aux visiteurs pressés, et la complexité architecturale et foncière des îlots.

**73- Architecture moderne ou l'art de bien bâtir pour toutes sortes de personnes, « Distribution 4 ».**
Ouvrage publié pour la première fois en 1728 par C. Jombert et attribué de manière erronée à Ch.-Etienne Briseux ; on doit en réalité ce traité à G. Tiercelet.
BnF, Est. HA-30a 4°

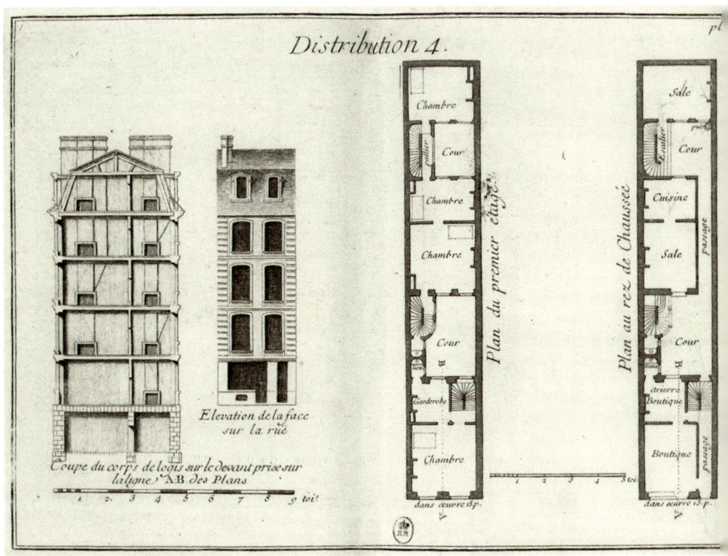

Les maisons actuellement desservies à Riom en cœur d'îlot par des passages communs datent donc de l'époque moderne. Des passages communs existent dans différents lieux en France aux XVIIe et XVIIIe siècles (par exemple, à Blois[356]). S'agit-il de programmes, ou bien de survivances d'un mode d'habiter issu de l'époque médiévale ? Pour G. Tiercelet, le système peut faire l'objet d'un programme architectural, en témoigne sa « quatrième place » dans son recueil de modèles *Architecture moderne ou l'art de bien bâtir pour toutes sortes de personnes*, publié en 1728 (chez Jombert, à Paris), où un ensemble est constitué de trois maisons reliées dans la profondeur par un passage commun ( chacune possède son escalier) (FIG. 73). Au XIXe siècle, les courées et autres « villas-rues », fondées sur un principe somme toute comparable, apparaissent comme des alternatives au programme de l'immeuble de logements, où, là, en revanche, se lit une limite plus nette entre domaine public et domaine privé.
Les différents groupes d'édifices que nous venons de faire émerger ont en outre la particularité de ne présenter que peu de valeur architecturale, leur valeur est en effet purement urbaine et de ce fait sont destinés à échapper à un recensement « classique ». Ce caractère rappelle sans équivoque l'expérience vécue par François Loyer à Paris : « Je retrouvais, par exemple, vers Ménilmontant des traces d'une culture médiévale. Une tradition, un mode d'organisation sociale autour de la vie dans l'immeuble avaient perduré dans l'habitat populaire jusqu'en 1870.[…] Il n'était plus question d'architecture mais de l'urbain, et sa qualité tient essentiellement à un mode d'existence, d'association, de réciprocité entre deux éléments qui singulièrement n'ont qu'un intérêt quelconque »[357].

## Invention.

Nous nous devons alors de signaler un agencement riomois intéressant, qui ressortit d'une conception originale de l'espace urbain : on a figuré le schéma d'un passage, indatable lui aussi[358], sur lequel prend place un escalier à plusieurs volées destiné à desservir des logements situés de part et d'autre du passage et à différents niveaux (FIG. 74). Desserte originale dont nous avons retrouvé le principe appliqué dans un immeuble parisien récent[359]. Ajoutons que l'architecte Philippe Gazeau, l'auteur de cet immeuble, justifie ce type de structure en se disant « soucieux de réhabiliter les espaces communs

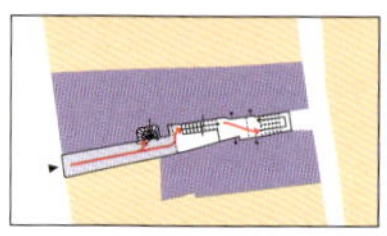

74- Passage 52-54 rue du Commerce.
a) Vue sur l'agencement des volées d'escalier
b) Plan schématique

aujourd'hui laissés pour compte »[360]. L'agencement diffère cependant sur un point significatif : l'architecte a choisi « d'apporter la rue dans la parcelle » (la structure est visible depuis la rue) – qui représente l'intention la plus opposée possible à ce qui se passe depuis le XIXe siècle à Riom. Dans notre cas, la façade sur rue, entièrement reconstruite au XIXe siècle en absorbant la « faille » du « passage-escalier », ne le laisse absolument pas deviner[361]. Ainsi nous a-t-il paru important de décrire, à l'aide des maigres indices disponibles, l'histoire d'un effet de transparence entre cœurs d'îlots et rues, que la ville a probablement connu, condamné à partir du moment où l'on préconise la mise en œuvre de fronts de rues impeccables[362], mais qui rendent, en quelque sorte, l'air des cœurs d'îlots irrespirable, suivi dans un troisième temps par le curetage de ces mêmes cœurs d'îlots (recommandation du Plan de sauvegarde et de mise en valeur).

## Situation foncière.

La cour distributive du 24-26 rue Marivaux (FIG. 70, y) doit être assimilée, selon nous, à nos passages communs. Ici, la cour mais aussi l'escalier font l'objet d'une mise en commun. Les deux maisons situées au nord, de deux campagnes de construction bien différentes[363], ne possèdent pas d'autre escalier que l'escalier « mitoyen ». Un des quatre corps de logis – datable stylistiquement de la fin du XVI^e^ siècle – ne bénéficie pas d'accès direct sur aucune des deux rues et il faut, pour atteindre la cour qui le dessert, soit emprunter un passage cocher, soit le vestibule surmonté de l'escalier en vis, qui fait déjà lui-même la jonction entre les deux corps de logis sur la rue.

Plusieurs passages[364] (pour certains devenus couloirs), cours[365] et escaliers[366] (c'est le cas aussi sur l'exemple de la figure 70, y) ont été recensés qui sont dans la même situation foncière, c'est-à-dire faisant à eux seuls l'objet d'un numéro cadastral, indépendamment de tout corps de logis. Ils font l'objet d'une copropriété. La « mise en commun » (terme trouvé régulièrement dans les archives, au moins aux XVII^e^ et XVIII^e^ siècles, et encore au XIX^e^ siècle), appliquée essentiellement aux passages, cours – et escaliers –, est-elle l'ancêtre de la copropriété[367] ? Ces parcelles circonscrites à des organes de circulation ne seraient-elles que le sous-produit de partage entre héritiers ou de vente partielle d'immeuble ? Des actes de vente, baux de location et documents relatifs à des successions faisant état de tels arrangements sont en effet assez explicites. Un exemple, datant de 1607, d'une maison qu'il a été possible de situer (13 rue du Commerce)[368], fait l'objet d'un partage entre héritiers dans lequel il est stipulé que « les entrées, les issues et la montée par la vis » seront en commun. De même, la vente en trois lots d'un édifice appartenant aux religieuses de la Visitation Sainte-Marie en 1749 et situé à un angle convoité dans la ville (correspondant aux n°36, 40, 42 rue de l'Hôtel-de-Ville et au n°2 rue du Commerce) mentionne la mise en commun du passage, d'une cour, d'un puits, du degré conduisant à la cave et du grand escalier[369].

Il serait tentant de déceler pourtant parfois, dans ces parcelles circonscrites à un passage ou à une cour, le signe d'un changement de statut : ces éléments de circulation n'auraient-ils pas pu être transférés du domaine public au domaine privé ? En effet, sur un plan de 1792, ce qui est désigné comme un « passage commun » par l'architecte, sans qu'aucune délimitation ne soit figurée entre ledit passage et la rue, est devenu une parcelle indépendante sur le cadastre actuel[370]. La notion de copropriété ne faisant son apparition qu'au début du XIX^e^ siècle dans le Code civil (1804), les communes nouvellement créées cherchant à définir précisément leur terrain d'action et, nous l'avons vu, cherchant à imprimer leur marque sur le domaine public, on pourrait comprendre que les moins riches d'entre elles aient choisi de se délester de tous ces espaces interstitiels qui représentaient des charges de police et d'entretien conséquentes, en les inféodant sous forme de copropriété[371]. Malheureusement, sur la connaissance du phénomène, nous rejoignons Thierry Lochard lorsqu'il en écrit, pour ce qui concerne Montpellier, qu'elle « est toujours indirecte et garde un caractère trop hypothétique pour donner lieu à des conclusions assurées »[372].

Dans le cas plus étonnant des parcelles d'escaliers, les choses sont différentes car il faudrait imaginer un

**75- 2 place Soanen.**
A droite, la petite maison du XVII^e^ siècle dispose d'une tour d'escalier en demi hors-œuvre. Cette dernière a fait l'objet d'une mise en commun. En effet, la maison, à gauche de la photographie, élevée au XVIII^e^ siècle, a été greffée sur la première en sorte que des percements dans la tour d'escalier de la première maison lui permette de faire l'économie d'un escalier propre. On lit donc en façade deux maisons mais il ne s'agit en quelque sorte que d'une « unité distributive » du XVII^e^ siècle agrandie au siècle suivant.
a) Façades sur la rue
b) Plan schématique, d'après Isabelle Fontugne

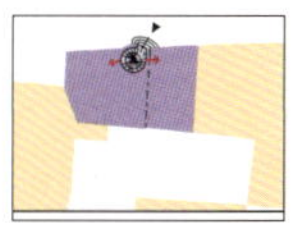

**76- Maisons avec escalier partagé ne faisant pas l'objet d'une parcelle. 19 rue Hippolyte-Gomot. Façades sur la rue.**
La ligne tracée par la différence d'enduits en façade correspond à une limite parcellaire qui passe au milieu de la circonférence de l'escalier en vis situé juste derrière la porte d'entrée. L'angle de l'immeuble est marqué par un chanfrein, avec congé sculpté, qui date la campagne de travaux initiale de l'époque médiévale (et par ailleurs date le croisement des rues). La maison à gauche a été en grande partie reconstruite au XIX<sup>e</sup> siècle et celle de droite au XVIII<sup>e</sup> siècle. Les marches palières ne sont orientées que vers la maison de droite mais les percements donnant accès aux portes palières sont façonnés pareillement de part et d'autre (le montant gauche à arête vive et le montant droit à arête adoucie). Ce qui laisserait supposer, soit que l'escalier ne desservait à l'origine qu'un grand immeuble formé des deux maisons actuelles, divisé par la suite, soit qu'il ne desservait que l'unité de droite et qu'une seconde maison aurait été greffée sur lui, ce qui nous ramène au cas précédent, soit qu'il était prévu dès le départ pour être mis en commun.
A Riom, la datation de l'escalier « début XV<sup>e</sup> siècle » se justifie au vu de la modénature des encadrements des baies qui l'éclairent. La porte, notamment, présente le même encadrement que le chambranle de la cheminée de l'oratoire du deuxième étage de la Sainte-Chapelle (la fin des travaux peut être datée peu après 1403).

rassemblement de fonds à l'origine de la construction dont le destin serait d'être partagée. Maurice Scellès s'est penché sur la question de la propriété multiple à Cahors où il lui semble pouvoir détecter ce type de pratique dès le Moyen Âge[373]. Il n'en est rien à Riom pour l'instant : aucun escalier construit en commun n'a pu être mis en évidence ; en revanche, la pratique était admise de se regrouper autour d'escaliers (et *a fortiori*, autour d'espaces libres) préexistants. Bien sûr, d'autres escaliers étaient mis en commun dans la ville, les escaliers des maisons du type monofamilial dont une partie seulement était louée mais qui impliquait le partage de l'escalier avec les locataires (le phénomène est attesté en France au moins depuis le XVI<sup>e</sup> siècle), mais la construction d'une maison sans escalier avec l'opportunité de se greffer sur un escalier mitoyen dénote une conception particulière de la cohabitation[374]. Des « escaliers communs » ont été repérés à Brive, à Alba-la-Romaine (deux maisons au compoix de 1618 annoncent un escalier commun, qui « disparaît » après un remembrement de 1811), à Laon, à Paris[375]. Mais la partition n'est pas clairement établie entre mise en commun issue d'un partage et mise en commun intentionnelle après « branchement » d'une construction sur une autre, assurant à la notion de mitoyenneté une nuance plus constructive. Cette pratique peut être qualifiée de solution économique, ingénieuse, et impliquant une certaine idée de la relation au voisinage. Par exemple, à Paris, Françoise Boudon restait « frappée du nombre de propriétés exigües dans lesquelles sont élevés deux minuscules escaliers, un pour chaque corps de logis ». Et, paradoxalement, le cas de la rue du Commerce (FIG. 70, x) pourrait susciter le même type de réflexion car les trois maisons ne partageaient que la cour-passage. La mise en commun d'une structure construite crée plus intimement l'adhésion entre deux unités d'habitation.

## Les « ruelles voisinables ».

Dans la *Liève* du XVII<sup>e</sup> siècle que nous avons dépouillée[376], les venelles des centres d'îlots sont dites « ruelles punaises » – l'adjectif « punaise »[377] et la pente que ces ruelles suivent nous permettent de supposer qu'il s'agissait de ruelle d'égout –, ou bien elles sont dites « ruelles mitoyennes », ou bien encore elles sont localisées par rapport au bâti : « une ruelle entre deux ». Nous choisissons de distinguer ces dernières des « passages » et « passages communs » qui désignent probablement les dessertes du type de celles que nous avons analysées. La question se pose d'assimiler aux unes ou aux autres les « ruelles voisinables »[378] et « ruelles communes », car si les « ruelles punaises » et les mentions stéréotypées « une ruelle entre deux » sont quasiment systématiquement situées à l'est ou à l'ouest des maisons (indiquant donc pour la venelle un tracé nord-sud), et sont adjointes aux

maisons qui constituent les confins, les ruelles « voisinables » et « communes »[379] font l'objet de confins à elles seules, de la même façon que les passages, et peuvent indifféremment être situées à l'un ou l'autre des quatre points cardinaux. Cette question en suscite une seconde car il s'agirait aussi de déterminer si les venelles d'égout ont changé de fonction entre l'époque de fondation du lotissement et le XVII<sup>e</sup> siècle : auraient-elles d'abord fonctionné comme des lieux de circulation ? Dans ces ruelles, actuellement, des aménagements destinés à soutenir des logettes de latrines ainsi que des canaux d'écoulement d'évier restent visibles (et indatables étant donné leur exécution très sommaire) (FIG. 150). Mais la question de leur fonction initiale mérite d'être posée quand certains historiens font état d'un réseau d'égout souterrain à Riom particulièrement précoce (antérieur au XIVe siècle)[380]. Quel intérêt y aurait-il eu à doubler le réseau de collecte des eaux usées et pluviales, l'un en élévation, l'autre sous terre ? Ou y aurait-il eu complémentarité entre les deux réseaux, le premier s'écoulant dans le second ? Dans cette dernière hypothèse, les deux réseaux devraient être superposés, ce qui, d'après le relevé cartographique qu'en a dressé Josiane Teyssot, n'est pas le cas[381]. Citons un document daté du 3 septembre 1838 (une expertise au sujet « d'une ruelle servant à l'écoulement des eaux et immondices ») : « [...] les eaux de toute espèce qui proviennent des maisons longeant ladite ruelle s'y déversent et viennent se jetter en C [il s'agit de commenter le plan annexé à l'expertise] dans un canal souterrain communiquant à l'aqueduc du faubourg de Layat »[382]. Il reste que l'assimilation des tunnels souterrains à un réseau d'égout médiéval ne fait pas l'unanimité. Certains y voient plutôt un réseau de type karstique, repris ultérieurement de main d'homme, dans un but inconnu[383]. On peut aussi n'y voir que « les cavernes et refuges souterrains vulgairement appelés *guarena* »[384] dont il est question dans la première version de 1249 de la charte de franchises et qui, à partir du moment où, en 1546, il sera demandé « d'enfoncer dans la terre » les *retraits*, se transformeront alors en égout[385].
Ainsi, les ruelles « mitoyennes » ou « punaises » (ou situées « une ruelle entre deux ») doivent donc être plutôt identifiées, selon nous, à des ruelles d'égout prévues comme telles par les fondateurs des lotissements. Et ce ne serait qu'à partir des environs du milieu du XVIe siècle, époque où elles sont manifestement déjà souvent aliénées, qu'il serait décidé de les remplacer par le réseau de canaux souterrains[386].
Dans un procès-verbal d'expertise datant du 26 février 1790, il est d'ailleurs indiqué que le propriétaire de deux parcelles situées de part et d'autre d'une de ces ruelles passant au milieu d'un îlot « a intercepté la continuité de la ruelle commune [...] et il n'a fourni l'écoulement des eaux que par un canal souterein, au lieu du passage libre et ouvert que la ruelle commune fournissait auparavant ». Ainsi, est-il ajouté, « à cette époque qui va bien à plus de soixante ans, les lieux changent de forme et de maîtres, les riverins de la ruelle en disposent, font des arrangements particuliers et concertés entre eux [...] »[387].
Ces « ruelles punaises » devront, elles aussi, être murées sur les rues, et cela dès 1546[388].

## Abandon des maisons en cœur d'îlot.

Les quelques témoignages en place de maisons enclavées sont destinés à disparaître. Les maisons des sites représentés plus haut (FIG. 70 et 74 par exemple) sont à l'abandon ou en ruine. La maison située au fond du passage (FIG. 72a,b) a retrouvé récemment le prestige qui la caractérisait au XVIIIe siècle, à l'époque de sa construction : c'est une exception. Les reconstructions, depuis le XIXe siècle, n'affectent plus que les maisons de front de rue. La dynamique qui a conduit à condamner les dessertes secondaires apparaît comme le résultat d'une conjonction d'éléments d'ordre esthétique et rationnel, voire social ou policier (matérialiser le front de rue, concentrer les flux sur un nombre d'axes restreints, coup porté aux usages collectifs). Les espaces distributifs secondaires, avec les maisons desservies, sont devenus, dans le processus de transformation de la ville, les « temps morts » de la dynamique riomoise. C'est de ces cœurs d'îlots, lorsqu'ils auront été débarrassés du bâti, qu'à l'avenir, conformément au Plan de sauvegarde et de mise en valeur, les maisons sur la rue devraient tirer un surplus de lumière. Le choix a en effet été fait d'aérer la ville en creusant le tissu à partir des cœurs d'îlot et en préservant les fronts de rue, identifiés comme les monuments emblématiques de la ville à conserver, selon une logique d'ordre essentiellement visuel.

32
SORTIE VÉHICULES

# Entre les parcelles, le bâti et les rues, un éventail de relations.

Seules quelques observations peuvent être avancées sur des regroupements parcellaires tardifs et sur la nature des relations entre les fonds, le bâti et les rues. En effet, l'absence de plans anciens ne permet pas de traiter correctement l'examen historique du parcellaire. L'analyse du plan cadastral actuel permet de retrouver les grandes lignes de la constitution de la ville mais les étapes de transformation de chacune des cellules qui forment le tissu urbain ne peuvent pas être appréhendées quand le manque d'outils est si flagrant.
On aurait pu dresser ici l'inventaire de toutes les bizarreries parcellaires et architecturales rencontrées sur lesquelles nous butons et qui portent en elles l'histoire du découpage du sol, mais malheureusement les interprétations bien fondées sont rares et l'exercice se révèle stérile. Par exemple, il s'agit, au milieu de certains îlots, du tracé en baïonnette que présente le découpage parcellaire, formant un vis-à-vis imparfait entre parcelles laniérées (FIG. 78). Aussi, le cours suivi par les ruelles internes présente parfois des coudes qu'on pourrait interpréter comme des adaptations à un bâti existant. De même, en niveau enterré, des arcades de refend murées, situées à l'aplomb des murs délimitant des maisons du XVI$^{e}$ siècle indiquent des découpages parcellaires antérieurs, impossible à restituer. Quelle interprétation donner de l'ensemble des arcades médiévales retrouvées en élévation ? Certaines, constituées en portiques[389], évoquent soit d'anciennes arcades de refend de vastes salles devenues cours, soit des espaces assimilables aux loges montpelliéraines[390].

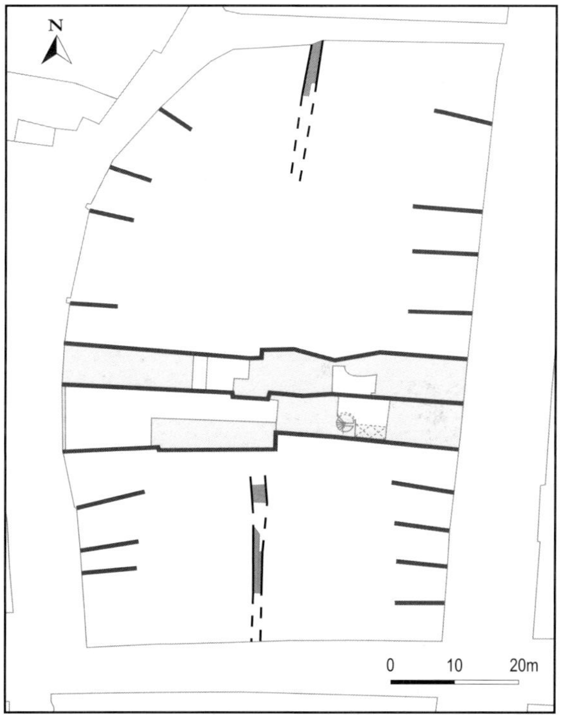


**78- Schéma d'îlot.**
D'après le plan cadastral; îlot délimité par les rues de l'Horloge, de la Charité, Malouet et Saint-Amable.
Dans un îlot concerné par le premier grand lotissement médiéval, les parcelles sont en lanière et on notera que pour devenir traversantes, elles s'aboutent en suivant un tracé en baïonnette en cœur d'îlot. Malgré cela, quelques fonds se sont agrandis de cette façon.
La venelle de cœur d'îlot ne subsiste plus que par endroits.

77- Façade (1983), 32 rue de l'Horloge.

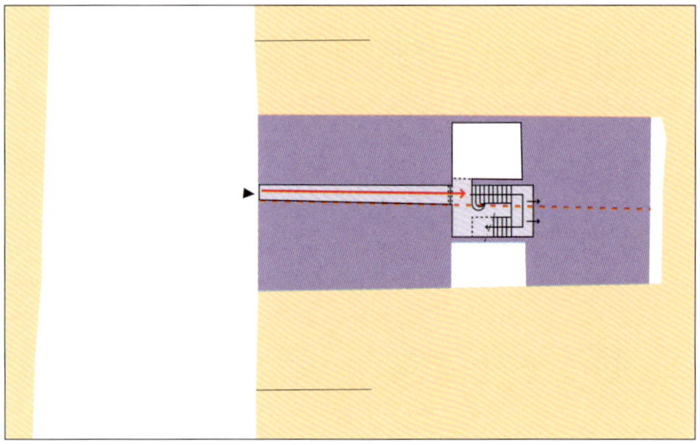

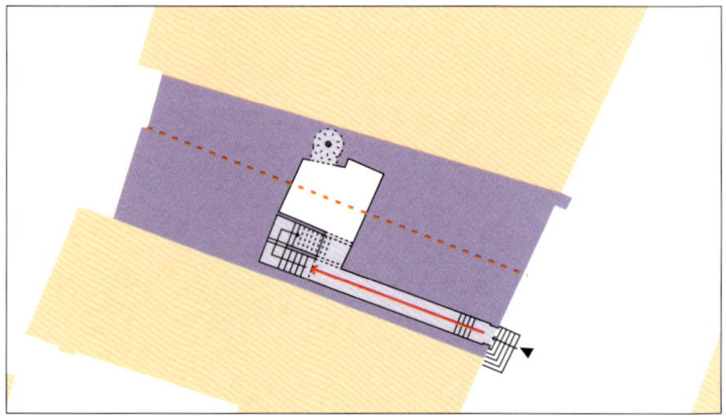

**79- Regroupement de deux parcelles en lanière accolées.**
Dans le premier cas, au 6 rue du Commerce, un escalier a été reconstruit au XIXe siècle à la jonction entre les deux parcelles. Dans le second cas, au 32 rue de l'Horloge, un escalier en vis a été conservé mais il est pratiquement désaffecté et c'est un escalier reconstruit au XVIIIe siècle qui joue le rôle d'escalier principal. La façade reconstruite au XVIIIe siècle masque le collage des deux entités initiales tout en gardant la trace d'une maison du XVIIe siècle avec la porte à bossages à refends. Le degré d'accès à cette porte est un de ces « balets » destinés à pallier le décaissement de la rue.
a) 6 rue du Commerce. Plan schématique
b) 32 rue de l'Horloge. Plan schématique
c) 32 rue de l'Horloge. Façade (FIG. 77).

D'autres arcades simples, à proximité de ruelles d'égout, n'offrent aucune appréhension cohérente[391].
A la suite des visites faites sur place, proposer une carte des unités distributives (il s'agit de la restitution de fonds cohérents), qui ne correspondent pas forcément aux limites des propriétés actuelles ne peut constituer qu'une première approche de l'analyse historique des fonds. Mais dans tous les cas, ces restitutions ne peuvent pas remonter en-deça du XVIe siècle car la carte établie ici du substrat médiéval est trop lacunaire pour suggérer un quelconque « comportement » des parcelles ou la manière dont le bâti les investit pour les périodes antérieures. Pour quelques cas, la mitoyenneté est avérée au Moyen Âge (grâce, il convient de le noter, au report sur la carte des espaces enterrés) mais dans quelle mesure en faire une généralité quand on a la conviction qu'un grand nombre d'espaces de circulation secondaires, à caractère public ou semi-public, ont été privatisés ? Ces espaces de circulation, comme les ruelles d'égout ou mitoyennes, ont été progressivement annexés, certes, mais dans quelle proportion ?[392]
Par ailleurs, constater que les caves se concentrent sur l'avant des parcelles en lanière ne préjuge en rien de la surface occupée par le bâti contemporain en surface. Pierre Garrigou Grandchamp propose de restituer des parcelles entièrement bâties à Montferrand, la ville au parcellaire le plus proche de Riom[393]. A Rome, les cours de ces parcelles laniérées ne sont « creusées » qu'à partir du XVIe siècle pour donner le plan bien connu des deux corps de logis reliés par une galerie et un escalier[394], tandis que l'espace libre médiéval réservé au fond de la parcelle reçoit alors du bâti. A Lyon, Catherine Arlaud a montré que les deux corps de logis séparés par un espace libre étaient une configuration antérieure au XVIe siècle[395]. Nous ne nous prononcerons pas définitivement sur ce point concernant Riom car nous devons tenir compte d'indices contradictoires. D'une part, nous avons noté la présence de corbeaux en saillie sur des murs de séparation de cour dans les zones « à lanières », indiquant peut-être la présence d'un bâti médiéval là où subsistent les cours modernes, mais ils n'ont pu être observés que dans un nombre restreint de cours[396]. D'autre part, une cheminée du XIVe siècle a été repérée, accrochée sur le mur de fond de parcelle délimitant la ruelle d'égout médiane d'un îlot loti, montrant que le fond de parcelle était construit[397]. Enfin, il n'y a qu'un seul endroit qui tend à indiquer que les constructions médiévales aient pu strictement servir de fondations aux élévations postérieures, respectant notamment l'emplacement de la cour : dans cet exemple, la cave du XIIIe-XIV[e] siècle située à l'avant de la parcelle porte le bâtiment d'époque moderne,

et le second corps de logis sur la cour est aussi porté par un rez-de-chaussée structuré d'une grande arcade brisée côté cour[398].
Il n'empêche que ce type d'association parcelle en lanière – plan à deux corps de logis reliés par une galerie et un escalier, si nous ne pouvons en dater précisément la mise en place à Riom, est particulièrement bien représenté, et pas seulement dans les grandes zones identifiées comme zones d'aménagement concerté : on en trouve une petite série agglutinée à l'angle sud-ouest de l'enclos ecclésial[399] ainsi qu'un bel exemplaire du XVII$^e$ siècle isolé dans la partie sud de la ville[400]. Dans ce dernier cas, il faut peut-être voir la trace d'une tentative d'étendre le lotissement dans l'îlot concerné qui, par ailleurs, ne présente pas d'effort de régularisation ; c'est peut-être aussi la démonstration qu'au XVII$^e$ siècle, à Riom, le modèle de la lanière occupée par deux corps de logis reliés par une galerie et un escalier en vis reste singulièrement efficient ; à une autre adresse, le type est respecté malgré un réaménagement approfondi daté de 1806[401].
Les lanières sur lesquelles ce type de plan est mis en place représentent des superficies qui peuvent aller de 85 m$^2$ (5 m de large sur 17 m de profondeur), pour la plus petite, à un peu plus de 200 m$^2$ (par exemple 7 m de large par 29 m de profondeur). La tendance, pour ces parcelles, est de se regrouper, soit en s'aboutant l'une l'autre, supprimant la ruelle d'égout mitoyenne qui les séparait et en cherchant à traverser l'îlot[402] (FIG. 78), soit en se développant en largeur sur la même rue (FIG. 79). Du point de vue architectural, la solution de l'aboutement semble s'imposer lorsque l'on veut adjoindre directement des dépendances au logis (dépendances qui auparavant existaient *intra-muros*, mais isolées sur une parcelle indépendante, voire dans un autre quartier)[403]. La solution de doubler la parcelle dans le sens de la largeur n'est pas destinée à résoudre la question des dépendances mais profite à la surface commerciale et de logement. Quant à la présence de jardin, elle n'est attestée que dans le cas de regroupements plus amples, datés essentiellement du XVIII$^e$ siècle, qui, il convient de le souligner, ne touchent pas de manière significative le grand axe nord-sud, l'axe marchand par excellence, mais plutôt la traverse est-ouest, qui relie le palais à l'église paroissiale principale et au marché au blé, et plus largement à toute la partie est de la ville. Avec une exception chronologique notable, celle de l'hôtel de Cériers, actuel hôtel de ville, pour lequel le remembrement parcellaire s'avère particulièrement précoce (peu après 1510)[404] (FIG. 97). Au XVII$^e$ siècle, deux hôtels situés presque en face de cette maison semblent en suivre l'exemple[405]. La traverse est-ouest, si elle est moins commerçante que la route nord-sud, n'en impose pas moins la constitution d'un fonds original, une variante de la parcelle dite « en drapeau », pour l'un des deux suiveurs de l'hôtel de Cériers, qui permet de libérer le rez-de-chaussée du corps de logis sur la rue principale pour y placer des boutiques, tandis que l'accès principal, réduit à un passage situé sous un immeuble adjacent, est situé sur une petite rue perpendiculaire[406] (FIG. 80). Le cas de l'hôtel Courtin est intéressant en matière de regroupement parcellaire précoce car il est en fait le fruit d'un remembrement opéré par les religieuses de la Visitation pour elles-mêmes quelques années plus tôt. Elles décident finalement de faire construire un couvent hors les murs afin, en particulier, de trouver un air de meilleure qualité, et la vaste parcelle est partagée entre deux acquéreurs[407]. Au XVIII$^e$ siècle en revanche, les regroupements se font en nombre : le plus grand d'entre eux atteint 1620 m$^2$.
Le regroupement parcellaire change la rue : quand il s'opère en agglomérant en front de rue, il en modifie en particulier le rythme, quand il s'opère en agglomérant dans la profondeur de l'îlot jusqu'à le traverser, il arrive que cela change la nature de la succession des élévations : une maison ne disposant que d'une façade principale doit faire un choix entre les deux fronts de rue possibles et peut imposer une élévation de dépendances de type

**80- Plan schématique de l'hôtel « de Murat ».**
Plan d'après Daniel Dumas.
5 rue Gilbert Romme : la parcelle atypique est dite « en drapeau ».

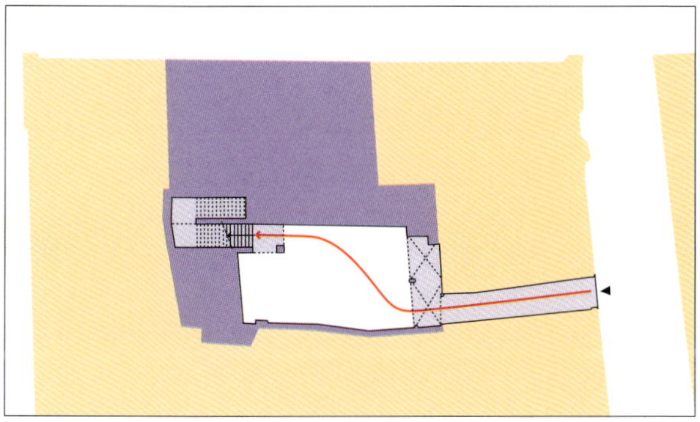

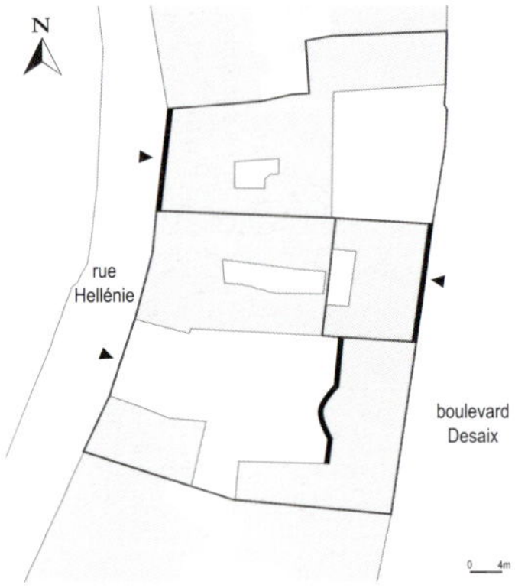

81- Vue et schéma parcellaire de trois maisons donnant sur le boulevard.

secondaire là où auparavant s'affichait une façade de maison. Pour les mêmes raisons, le dialogue d'une rive à l'autre d'une rue peut s'en trouver perturbé. Prenons le cas d'un tronçon de rue parallèle à l'axe nord-sud, la partie sud de la rue Soubrany. Du côté ouest, les vestiges de croisées des XV$^{e}$ et XVI$^{e}$ siècles sont assez nombreux pour comprendre qu'à cette époque, il s'agissait d'une rue importante où « l'on s'affichait » (la grande boucherie y était installée). Au XVII$^{e}$ siècle, un premier propriétaire disposant d'une lanière donnant vers le grand axe marchand agrandit son fonds dans le sens de la profondeur pour déboucher sur la rue Soubrany (c'est le 17 rue de l'Horloge) : la façade de ce côté est remplacée alors par une élévation de dépendances qui s'intercale dans un ensemble de façades plus soigné. Vers 1750, en face, un regroupement parcellaire[408] autorise son propriétaire à prévoir un édifice entre cour et jardin : sur la rue s'étend alors un mur simplement percé d'un portail. Lequel hôtel, occupant une grande parcelle traversante, impose sur son autre face une élévation de « grange » suivie d'un mur de clôture de jardin. Auparavant, le regroupement des « granges » dans certains secteurs de la ville favorisait l'homogénéité des fronts de rues. En ramenant, pour une raison pratique, on peut le supposer, les dépendances sur le fonds des maisons, les rues perdent en homogénéité. Le grand axe nord-sud échappe dans une certaine mesure à ces effets de regroupement parcellaire et le contraste entre secteur marchand et rues résidentielles se renforce.

Les boulevards, quant à eux, avec leurs mails, attirent-ils à Riom les belles façades ? Il ne semble pas y avoir de règle car cela dépend en partie du caractère traversant ou non des parcelles qui bordent le boulevard : sur le côté est, la succession de trois, voire quatre maisons, est révélatrice : la parcelle du 42 boulevard Desaix, portant un édifice daté de 1785, non traversante, présente une maison avec une façade particulièrement soignée sur le boulevard, tandis que pour les deux maisons mitoyennes, dont une datée de 1819, installées sur des parcelles traversantes et pour lesquelles on avait donc le choix de « l'exposition », on a préféré se tourner vers l'intérieur de la ville[409] (FIG. 81). Pour l'une des deux on a aligné sur le boulevard une élévation banale et on a placé son espace libre en position antérieure sur la rue opposée, pour la seconde on a placé le jardin sur le fond de la parcelle aboutissant au boulevard (FIG. 81,82). Dans le second cas, le jardin pourrait éventuellement être considéré comme un ornement pour le boulevard mais sa surélévation par rapport au niveau de la promenade en amoindrit l'effet[410]. Nous sommes à proximité du palais qui, il est vrai, ne tourne sa belle façade du côté du boulevard qu'à partir de 1841. Est-ce à cause de ce retournement d'un bâtiment officiel qu'une maison sur parcelle traversante se tourne alors aussi (dans la seconde moitié du siècle) de ce côté[411] ?

A l'opposé, sur le boulevard ouest, on a fait le même choix pour une maison avec jardin sur parcelle traversante, dès la fin du XVIII^e siècle, ce qui est d'autant plus surprenant que, non loin, la série de parcelles traversantes, qui contribuent à former l'hémicycle autour de la halle au blé, venaient d'être élevées en présentant un mur particulièrement revêche du côté du boulevard[412].

Finalement, les deux traverses internes en croix restent les voies de prestige de la ville, avec cette différence que la plus large des deux (orientée nord-sud) s'accommode de façades étroites et que la traverse perpendiculaire reçoit en plus grand nombre des façades développées ; paradoxalement, c'est dans la première, où le rythme parcellaire est le plus haché, que l'effet de continuité est le mieux assuré.

**82- Vue du jardin du n° 6 rue Hellénie en 1863.**
Dessin, par Fortuné Guasco F.
Légende : « Maison Marie Chassaing, rue de la Comédie n° 6. Façade orientale. 1863 [...] » Collection Jalenques.
A Riom, le lieu de jonction entre l'intra-muros et le boulevard est traité de manière variable. Contrairement à des villes comme Brive où, à partir du moment où les remparts sont démolis, des parcelles traversantes assurent presque systématiquement la transition entre l'intérieur de la ville et le « tour de ville » ; sur ces parcelles prennent place des maisons qui ont toutes des jardins du côté extérieur : ces derniers forment alors une couronne de verdure le long du boulevard périphérique (voir *Brive-la-Gaillarde, urbanisme et architecture*, coll. « Images du patrimoine », n°203, carte p. 20).

# L'ARCHITECTURE ET LES PARTICULIERS, DU XVI^e^ SIÈCLE AU MILIEU DU XIX^e^ SIÈCLE.

« Penser / classer », Georges Perec, 1985

« [...] aussi bien Alberti que ceux qui l'ont suivi [...] ne disent jamais : « Vous commencez par penser la structure, ou vous commencez par penser la forme ». Pour eux, c'est d'emblée la totalité, il n'y a pas de possibilité de séparer les choses. », Bernard Huet, *Sur un état de la théorie de l'architecture au XX^e^ siècle*, 2003.

La personnalité d'une ville passe aussi par la manière dont s'enchaînent les espaces qui conduisent de la rue au logis : les venelles, les passages, mais aussi les cours et les escaliers. Parmi ces lieux intermédiaires, certains relèvent entièrement – et de plus en plus – du domaine privé. C'est sur eux que nous allons nous pencher maintenant. Nous avons considéré, comme cela a été mis en évidence dans d'autres études urbaines, que les maisons d'une ville donnée sont constitutives d'un ensemble dont la cohérence est à trouver notamment dans un choix spécifique de circuits destinés à atteindre l'appartement. Ce sont eux que nous allons décrire. Par ailleurs, André Chastel, au sujet des escaliers de l'Alcazar de Madrid, de l'Escorial et du château de Versailles, avait attiré l'attention sur le fait qu'ils avaient été « conçus pour un passage lent et solennel »[413], c'est-à-dire sur la façon dont l'ossature architecturale conditionne la manière de se déplacer : tenter de caractériser dans cet esprit l'ensemble du parcours depuis la rue jusqu'au logis a sous-tendu notre analyse. Enfin, si de grandes règles sont imposées aux particuliers concernant les façades qu'ils font élever, ces derniers adoptent une manière d'insérer leur maison dans la trame de la ville qui leur est propre, même quand elle reste discrète. Définir cette manière a consisté à analyser les façades sur le thème de la hiérarchisation des étages[414].
Nous avons donc essayé de dégager une manière riomoise de concevoir l'habitat tant au niveau des différents types de parcours empruntés par les habitants que des types de façades qui composent le paysage[415]. Reconnaître ces différents types est revenu, en fait, au travers de la répétition de certaines articulations spatiales et d'une façon de hiérarchiser les étages dans les façades, à décrire des aspects du langage architectural de la ville. Et d'en dégager autant que possible des principes évolutifs.
Dans un premier temps, nous n'avons donc exclu aucune maison, de la plus petite et simple à la plus grande et cossue, ni aucune période[416]. Nous avons ensuite fait passer par le même filtre 747maisons, ou unités distributives, et 805 façades[417]. En revanche, faute d'archives qui nous auraient permis de confronter nos hypothèses de terrain aux données historiques, la question de l'identification des commanditaires et des demeures (les hôtels, les maisons, les immeubles à logements, et autres « maisons partagées », « maisons de rapport », etc.) est restée, pour une bonne partie, en suspens[418].

**83- Vue sur la cour du 7, rue de la Caisse d'Epargne :** les deux travées de baies accolées éclairent la cage d'escalier.

# Disposer l'escalier par rapport à la cour : cas de figure récurrents et partis originaux.

L'éventail des solutions distributives rencontrées dans l'architecture domestique française entre le XVIe et le XIXe siècle n'est pas infini. Les lois d'organisation des différents éléments de circulation qui composent une séquence distributive se retrouvent, plus ou moins bien représentées, et avec leurs variantes propres, d'une ville à l'autre. Pour les maisons sans espace libre, la distinction peut tenir dans la présence ou non d'un couloir pour accéder à l'escalier (avec la question annexe : comment l'escalier s'éclaire-t-il ?), pour les maisons disposant d'un espace libre, il peut s'agir de faire la différence sur le rôle qui lui est dévolu (la cour est-elle intégrée dans le cheminement principal ? ne distribue-t-elle que des espaces de service ? s'agit-il d'un simple puits de lumière ?), etc. Claude Mignot a écrit que l'emplacement de l'escalier dans le plan des maisons – entre 1550 et 1640 – obéit à des critères trop nombreux, trop contradictoires aussi, pour renvoyer à une théorie unique[419]. Nous proposons de voir dans le choix du cheminement à couvert ou pas un des critères qui déterminent cet emplacement. Les personnalités urbaines se construisent alors, entre autres, sur le choix – collectif – d'une série de solutions plutôt qu'une autre, sur les formes particulières données à chacun des éléments de la chaîne, sur des processus évolutifs qui tendent aux mêmes résultats.

Par exemple, à Angers, Dominique Letellier et Olivier Biguet, convaincus que la « distinction usuelle entre hôtel sur cour et hôtel sur rue demande à être modulée par une meilleure définition de la cour d'entrée », ont déjà montré qu'une discrimination peut être faite entre les demeures selon la position antérieure ou intérieure de la cour dans la parcelle[420]. A Brive, Martine Chavent a montré, après avoir scindé l'ensemble des maisons entre les 67,5% qui disposaient d'un accès direct à l'escalier (depuis la rue, une cour ou un passage) et les 32,5 % qui avaient un accès indirect à l'escalier (cour, vestibule ou autre espace libre), qu'on pouvait élaborer une typologie de l'hôtel particulier en s'appuyant sur les systèmes distributifs (et élaborer une typologie des immeubles en fonction de leur mode d'occupation de la parcelle, etc.)[421]. L'étude de Brive a aussi mis en évidence l'intérêt de s'attacher aux variantes des types ainsi construits, plus aptes à concentrer les spécificités d'un milieu, plutôt que leurs représentants les plus purs. Ces différentes manières de concevoir les parcours en portant l'accent sur l'un ou l'autre des organes de la distribution constituent une sorte de substrat spatial et matériel sur lequel repose la vie sociale des habitants qui ne s'en défont que difficilement. Autrement dit, les typologies renvoient à des types de vie[422]. A Montpellier, il faut l'arrivée d'un architecte extérieur au milieu – et issu de l'Académie royale, comme D'Aviler – pour bouleverser les usages et les habitudes de construire[423].

La question du fonds commun que les maisons de l'époque moderne vont remplacer se pose lorsque l'on ambitionne de travailler sur la longue durée mais il est impossible, à Riom, de restituer les dispositions médiévales qui ont précédé celles que nous allons étudier : ni la maison du XIIIe siècle ni celle du XIVe siècle que nous avons évoquées, dont les structures jusqu'aux combles ont été préservées, n'ont gardé leur escalier d'origine. Même à l'échelle de la Basse-Auvergne, pour laquelle Pierre Garrigou Grandchamp a réalisé une synthèse, il est impossible de décrire la distribution des maisons urbaines[424]. La disparition des escaliers médiévaux à Riom pourrait peut-être s'expliquer par le fait qu'ils aient été construits en bois, sans compter ceux qui, en saillie sur les rues, ont été éliminés sans laisser de trace[425]. Cependant, la volonté de s'appuyer sur des substructures médiévales pourra faire partie des contraintes – susceptibles de nous échapper – dans le choix de certains partis de plan à l'époque moderne.

**84- Hôtel de Cériers, 23, rue de l'Hôtel de ville**, actuellement Hôtel de ville (voir aussi FIG. 97).

Par ailleurs, le cheminement qui nous intéressera est le cheminement principal, mais de toutes les façons, à Riom, les maisons à deux escaliers sont rares ; nous sommes loin des programmes nantais où les maisons destinées à abriter propriétaire et locataire(s) se distinguent par la présence de deux escaliers, permettant aux uns et aux autres de ne pas se rencontrer.

Incidemment, la notion riomoise de mise en commun des organes de circulation surgit à nouveau. Bien sûr, les plus grandes demeures possèdent des escaliers de service mais il arrive aussi que le collage de deux maisons aboutisse à la possibilité d'user de deux escaliers, l'un des deux devenant alors secondaire : un grand escalier à jour central, nouvellement construit, mène au premier

**85- Maison, 40 rue Lafayette** - Maison ne disposant pas d'espace libre. Façade (1983). Maison portant la date de 1663, installée sur une petite parcelle de 5 m sur 8. L'escalier en vis prend ses jours sur la rue. La travée d'escalier est accolée à l'unique travée de la façade dans un système de chaînes en bossage d'andésite. Dans ce secteur, au sud-ouest de la ville, sont concentrées les façades à une travée (et à un étage-carré). La hauteur sous plafond du premier étage est de 2,78 m, celle du second de 2,51 m : cette différence est perceptible en façade dans la différence de hauteur des croisées (l'équivalent d'une assise haute d'un pied, 32 cm).

**86- Maison, 18 rue St-Amable** - Maison ne disposant pas d'espace libre. Façade et vue d'un des numéros peints au-dessus des portes palières. Immeuble ayant été probablement construit en 1747, date à laquelle les bâtiments de l'abbaye Saint-Amable érigés à cet endroit étaient sacrifiés afin de prolonger la traverse est-ouest de la ville. L'escalier rampe-sur-rampe conduit à des logements numérotés (certains numéros peints au-dessus des portes palières sont conservés). Les logements situés à l'est sont comparables à des studios : au premier étage, une cheminée avec potager et une boiserie d'alcôve, très simplement moulurée, ont en effet été préservés, qui indiquent la concentration des fonctions au sein d'une même pièce. En façade, la hauteur exactement égale des baies des deux étages carrés contredit manifestement le principe de la hiérarchisation des étages et signale probablement le caractère locatif de l'immeuble.

étage tandis que l'escalier en vis ancien sert à atteindre le second étage et le niveau de comble (FIG. 127), voire se trouve désaffecté (FIG. 79,b).
Nous avons donc analysé les types de cheminements en usage à Riom entre le XVIe et le XIXe siècle en plusieurs temps, et délibérément choisi d'en rendre compte sur le thème de la nécessité d'accéder à l'escalier à couvert ou non, puis, quand le cheminement comprenait une partie découverte, sur la distinction entre la traversée et le simple crochet dans cet espace. Ces distinctions qui se sont imposées par l'analyse du terrain, permettront de mettre en évidence des dispositions architecturales originales que, pour certaines, nous avons interprétées comme destinées à satisfaire des exigences qui peuvent parfois apparaître comme contradictoires (confort et prestige ?).

Examinons l'ensemble des 747 maisons (sur 998 unités recensées) dont les dispositions distributives ont pu être visitées.

**87- Maison, 23 rue Chabrol** - Maison ne disposant pas d'espace libre. Façades (1983).
Il nous a semblé reconnaître cet immeuble dans la description d'une demande d'autorisation de « réparations » datée du 24 janvier 1821 portant essentiellement sur des percements de baies et la surélévation d'un étage. La municipalité accède à la demande du propriétaire à condition que :
-les croisées soient distribuées « d'une manière régulière et uniforme »,
-un cordon règne sur toute la façade méridionale,
-« un mur soit monté de niveau pour cacher la pente du toit », etc.
On notera l'exiguïté de la cage de cet escalier à deux volées (70 cm de large pour chacune). Les logements sont composés de deux petites pièces en enfilade, la première disposant d'une petite cheminée d'angle. La façade qui présente deux étages de baies de même hauteur, sans aucun effet de modénature au niveau des appuis ni aucun soin particulier apporté au choix des garde-corps (qu'on peut supposer d'origine) révèle la fonction locative de l'immeuble.

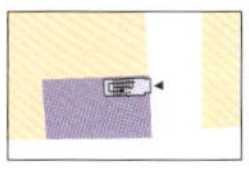

**88- Maison, 19 rue Marivaux** - Maison ne disposant pas d'espace libre. Façade (1983).
Maison, portant la date de 1789 (lucarne, élévation est).
L'éclairage zénithal permet de disposer l'escalier au cœur du fonds qui est dépourvu d'espace libre. Les baies du premier étage sont à peine plus hautes que celles du second et présentent des appuis légèrement plus en saillie que celle du second. Ces caractéristiques ne suffisent pas pour déterminer s'il s'agit d'une maison individuelle (éventuellement partagée) ou d'un immeuble de logements.

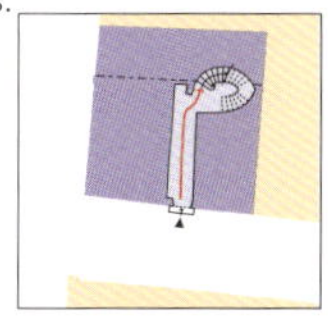

Plan schématique, d'après Isabelle Fontugne

44% de ces maisons ne disposent pas d'espace libre[426]. Pour les plus typiques, l'accès à l'escalier est direct : les deux traits sont liés. Remarquons d'ores et déjà qu'on ne recense qu'une minorité de cas d'escaliers continuant de s'éclairer sur la rue (accès direct) alors que la maison dispose d'un espace libre sur sa parcelle. Cela tend à montrer indirectement l'attachement entre escalier et espace libre.

Le premier type de maison sans espace libre et avec accès direct à l'escalier représente donc le module le plus simple, installé sur les parcelles de plus petites dimensions, dont les possibilités morphologiques sont limitées[427] (FIG. 85, 86, 87).Il faut noter que les escaliers dans ce cas sont majoritairement contenus dans-œuvre mais quelques cas font saillir la cage d'escalier en demi hors-œuvre sur la rue (par économie de surface et en rappelant le type de la maison avec « aître » en saillie sur la rue ? ou pour rappeler la tour, quand l'escalier est en vis, destinée à anoblir la maison ?)[428]. Il existe aussi, parmi ces maisons, des escaliers qu'on atteint après avoir emprunté un couloir : l'escalier s'éclaire alors sur une cour n'appartenant pas à la maison (renvoyant à des servitudes, signe très probable de réaménagement parcellaire[429]) ou sur une « ruelle punaise »[430]. On peut noter à ce sujet que certains escaliers sont délibérément installés sur de telles ruelles : faut-il y voir la preuve que ces ruelles sont alors désaffectées et remplacées par des évacuations souterraines ? En outre, à partir de la fin du XVIIIe siècle, la technique de la verrière permet l'éclairage zénithal de l'escalier (FIG. 88).

L'évolution du groupe repose essentiellement sur la forme de l'escalier : ils sont majoritairement en vis (mais on construit des escaliers en vis jusqu'en plein XVIIIe siècle à Riom) ; ils peuvent aussi être droits rampe-sur-rampe, et, à partir du XIXe siècle, être tournants à volées avec des petits jours centraux.

Avant de laisser de côté ce groupe, notons qu'il existe parmi les maisons sans espace libre quatre cas de figure où le rez-de-chaussée à usage semi-agricole est à traverser pour atteindre un escalier droit installé contre un mur. Nous avons choisi de les dénommer les « maisons-granges » (FIG. 39, 40).

Il s'agit maintenant d'examiner l'autre moitié du corpus, celle qui offre des possibilités morphologiques plus grandes grâce à la présence d'un espace libre.

L'espace libre attire l'escalier pour des raisons d'éclairement

**89- Hôtel, 6 rue de l'Horloge** - maison dont l'accès primitivement à découvert a été transformé en accès à couvert.
L'hôtel est installé sur une parcelle en lanière du grand axe nord-sud. Deux corps de logis sont séparés par une cour. Un escalier en vis, accolé au premier corps, articulé avec une galerie, assure la liaison entre les deux corps. Plusieurs éléments du gros-œuvre peuvent être datés stylistiquement de la fin du XVe siècle : la modénature de la porte d'accès à la tour d'escalier, des ogives du premier niveau de la galerie, des poutres du deuxième étage, la présence d'entraits engoulés au dernier niveau de la galerie en pan-de-bois, etc. Des aménagements postérieurs ont modifié certains aspects de la distribution originelle : une cloison élevée dans la salle du rez-de-chaussée a donné naissance à un couloir, une avancée du premier corps de logis sur la cour a mis à couvert l'accès à la tour d'escalier, et, plus récemment, une verrière a couvert la totalité de la cour.

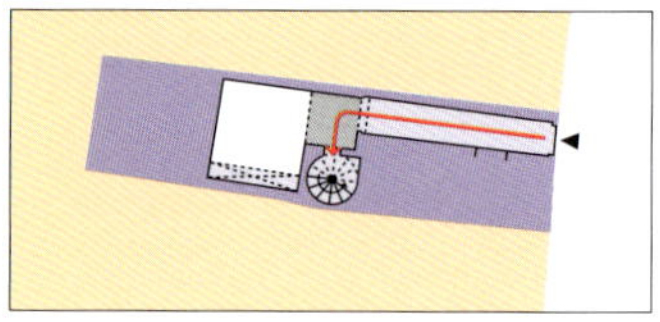

et il devient même un passage obligé pour y parvenir dans un peu moins de la moitié des cas, c'est-à-dire pour un quart des 747 maisons. Des transformations évidentes ayant conduit parfois à couvrir les courtes parties du cheminement entre l'entrée et l'escalier (pour donner un cas de figure bien connu : entre le débouché d'un couloir sur la cour et la tour d'un escalier en vis accolé au corps de logis sur la rue) ont amené à orienter l'analyse sur ce phénomène[431] (FIG. 10, 89). En fait, si les formules « cheminement entièrement à couvert » et « cheminement comprenant une partie à découvert » coexistaient à Riom, *grosso modo* à part égale depuis la fin du XVe siècle jusqu'au milieu du XVIIe siècle, une nette tendance à prévoir les circuits à couvert se dessine à partir du XVIIIe siècle (d'où les remodelages des cheminements conçus précédemment à découvert). On pourra remarquer d'ailleurs que cette tendance est vivace puisque de nombreuses cours distributives sont encore régulièrement recouvertes de verrières[432].

Dans 24 % des 747 maisons étudiées, les espaces libres font donc partie du parcours jusqu'à l'escalier.

On peut distinguer parmi ces maisons celles, minoritaires, dont l'espace libre est situé au début du parcours, c'est-à-dire lorsque les maisons sont dites à cours antérieures. Les cas de cours antérieures du XVIe siècle, celles dont les villes telles qu'Angers raffolent (71 % de l'habitat noble adopte ce type de plan), ont été escamotées, pour la plupart d'entre elles, dans ce grand mouvement déjà longuement évoqué qui a consisté à affirmer les fronts de rue pleins. Parfois, il semblerait que même les murs de clôture sur la rue soient dus à des campagnes postérieures et qu'en fait ces cours consistaient en simples retraits par rapport à l'alignement, mettant en valeur la tour d'escalier en vis qui desservait les bâtiments disposés en équerre[433]. Citons le cas, 13 rue Saint-Amable (FIG. 66), où s'élève une tour d'escalier de la fin de l'époque gothique dans l'angle d'une petite cour antérieure alors que le mur de clôture sur la rue, qui porte une terrasse, date du XVII$^{e}$ siècle[434]. Pour le XVIII$^{e}$ siècle, un cas d'hôtel à cour antérieure subsiste, où l'on voit d'ores et déjà que l'intérêt de la cour ne réside plus dans l'effet de mise en scène de la cage d'escalier comme auparavant : dans

**90- Hôtel, 5 rue Chabrol** - demeure à espace libre antérieur.
Vue depuis la cour d'honneur sur la porte d'entrée.
Hôtel dit hôtel de Chabrol. Inscrit partiellement au titre des monuments historiques le 29 février 1972.
Les quelques références données par R. du Corail sont invérifiables mais plausibles : une première campagne de travaux aurait été commanditée en 1701 par Jean de Chamerlat, conseiller du roi en la sénéchaussée et présidial de Riom, l'achèvement des travaux serait dû, à partir de 1746, à Guillaume-Michel Chabrol, avocat du roi au présidial de Riom puis au Bureau des finances. La date portée de 1791 gravée sur la clef d'arc de la remise donnant sur la cour d'honneur pourrait correspondre à la fin des travaux.

Plan schématique (état restitué)

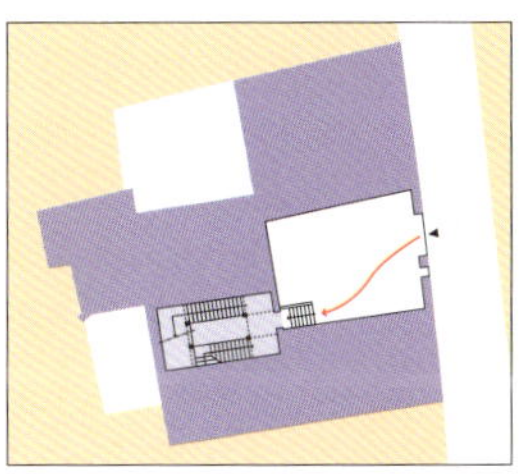

**91- Hôtel, 14 rue de l'Hôtel-de-Ville** - demeure à espace libre antérieur
Façade sur la cour (1990).
Hôtel Dufraisse, actuellement musée Mandet (depuis 1866). Classé partiellement au titre des monuments historiques le 27 mai 1963 (voir aussi FIG. 138).
Cet édifice de la première moitié du XVIII<sup>e</sup> siècle a été commandité par la famille Dufraisse qui était particulièrement active au présidial de Riom.
Ici, une distinction a été faite entre les baies : la porte d'entrée est couverte d'un arc cintré à fasces ; contrairement à l'hôtel précédent, un vestibule assure la transition entre la cour et la cage d'escalier, disposition dont se rapproche celle de l'hôtel Jouhannel de Jenzat (FIG. 138).

Plan schématique, d'après Georges Galinat

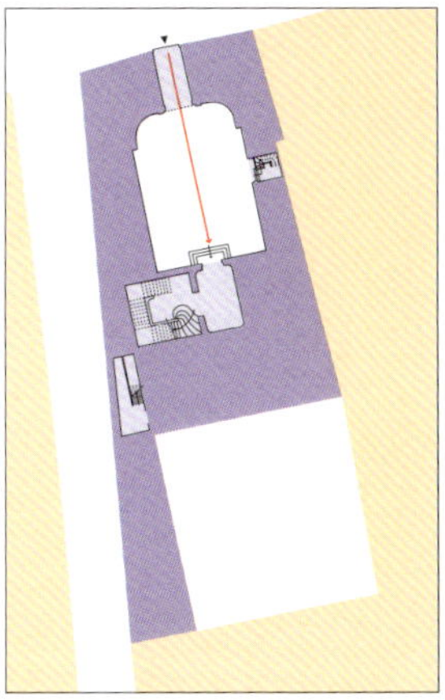

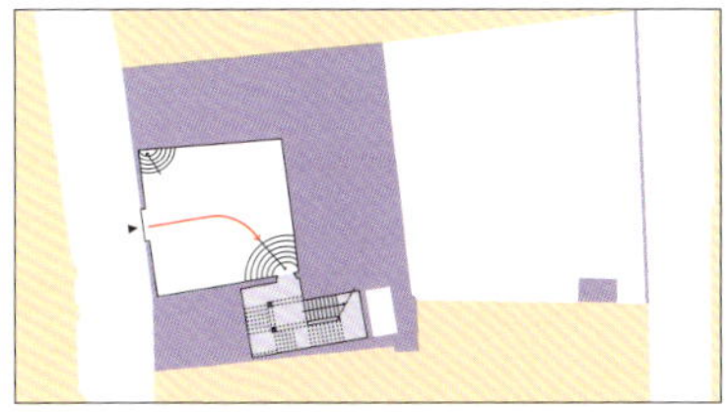

**92- Hôtel, 1 rue de l'Intendance d'Auvergne** - demeure à espace libre antérieur.
Escalier.
Hôtel dit hôtel Rollet d'Avaux.
D'après R. Du Corail, cet hôtel entre cour et jardin a été construit en 1760 par Amable-Gilbert Rollet d'Avaux, premier président du présidial de Riom.

le « cas gothique », la tour d'escalier saillait en demi-hors-œuvre et le propriétaire affichait ses armoiries dans le tympan sculpté de la porte d'entrée ; dans la demeure du XVIII<sup>e</sup> siècle, la porte d'accès au logis est encore située dans l'angle mais son encadrement ne se distingue pas de ceux des autres baies des façades sur cour, elle n'est plus indiquée que par la présence d'un petit perron (FIG. 90). Sitôt franchie, la porte donne directement accès à l'escalier monumental, insoupçonnable depuis la cour.
Pour finir sur ces demeures à cour antérieure, évoquons les cas plus classiques que sont les véritables hôtels entre cour et jardin, en distinguant l'hôtel Dufraisse (FIG. 91) des hôtels Jouhannel de Jenzat (FIG. 138) et Rollet d'Avaux (FIG. 92) par le traitement architectural qui est accordé aux entrées (nous restons dans l'analyse des circulations) : les signalements des accès des deux derniers hôtels ne consistent qu'en un effet minime de perron, tandis que l'hôtel Dufraisse adhère au précepte du signalement « fort » de la porte d'entrée, située dans l'avant-corps central de la façade, seule baie couverte d'un arc cintré mouluré à fasces (les autres baies sont couvertes d'arcs segmentaires délardés).

**93- Hôtel, 22 rue Croisier** - demeure à espace libre antérieur.
Escalier et façade.
Hôtel dit hôtel Rochette des Lempdes. Cet hôtel a fait l'objet d'une reprise générale entre 1780 et 1840.Il est installé sur une grande parcelle large mais relativement peu profonde car elle bute sur la ruelle centrale de l'îlot. Son plan est à mi-chemin entre l'hôtel sur rue et l'hôtel entre cour et jardin : on traverse une cour pour accéder au logis et un jardin a été aménagé sur un côté de la parcelle, mais la demeure garde l'aspect d'un hôtel sur rue grâce au mince corps de bâtiment (en fait un corps de passage) dans lequel est percé la porte cochère. En outre, les trois « baies de comble » du dernier niveau de ce corps de bâtiment, fermées de volets plein donnent en fait sur le vide de la cour. Ici encore, avec cette surélévation « gratuite », se manifeste le goût immodéré des propriétaires pour les fronts de rue pleins et réguliers, ou bien l'impact des prescriptions du Bureau des finances.

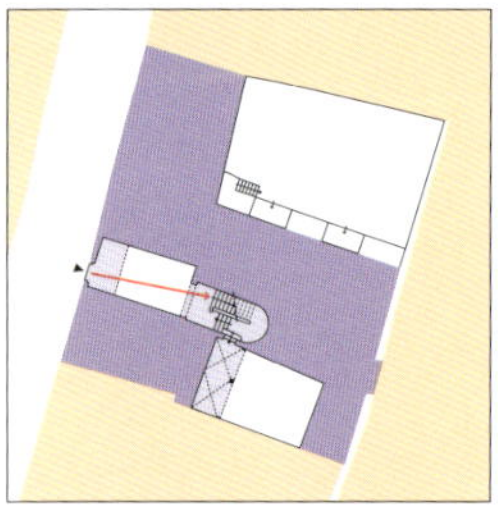

Plan schématique (état restitué)

Cependant le cas de figure le plus typique à Riom des séquences à cour précédant l'escalier reste celui qui, morphologiquement, adopte un véritable corps de logis sur la rue. Le couloir devient alors l'organe qui complète la séquence (les passages cochers qui servent d'entrée aux maisons, à Riom, ne sont pas fréquents[435]). On reconnaît là une forme de maison bien identifiable : celle à deux corps de logis installés sur une parcelle étroite et profonde, reliés par une cage d'escalier et/ou une galerie. Et, aux XVIe et XVIIe siècles, on profite de la traversée de la cour pour offrir un point de vue avantageux sur la cage d'escalier (FIG. 95).
Resterait à savoir alors si le corps de logis principal est celui sur la rue ou celui du fond de cour : dans le premier cas, cela signifierait que le parcours de la galerie de liaison est un passage obligé et constitue une partie du cheminement principal, dans le second, emprunter la

galerie serait un pis-aller. Dans la première moitié du XVIe siècle, les deux cas semblent coexister, alors qu'à partir du XVIIe, l'ambiguïté tombe et seuls les corps de logis sur rue apparaissent comme les corps principaux[436]. Un cas à la morphologie singulière mais présentant le même type de parcours est à signaler, celui de l'hôtel de la seconde moitié du XVIIe siècle (dit « hôtel de Murat ») dont nous avons précédemment examiné la forme de parcelle « en drapeau », où la traversée de la cour, après avoir cheminé sous un premier corps de bâtiment, et l'appréciation de l'escalier en demi-hors-œuvre et orné s'imposent encore (FIG. 80 et 94).
Au XVIIIe siècle, les choses ont changé puisque si le cheminement par le couloir et la traversée en oblique de la cour - la plus à même d'offrir un point de vue idéal sur l'escalier - subsistent, la cage d'escalier, en revanche, ne se signale plus que discrètement (8 rue Croisier, [2] rue Chabrol[437]).
Nous distinguerons aussi de ces types de cheminements avec traversée d'un espace libre ceux qui, situés en cœur d'îlot, profitent d'un couloir ou d'un passage commun ou d'une cour commune[438]. Au XIXe siècle, il s'agit le plus souvent de petites maisons installées dans d'anciennes dépendances en fond de cour, les escaliers étant alors de simples volées droites accolées au bâtiment dans la cour[439].

Enfin, parmi ces cheminements à découvert, nous avons pris le parti d'isoler ceux dont la partie « à découvert » ne correspond plus à une traversée mais forme un simple crochet (56 cas sur les 174 de ce type, soit *grosso modo* la moitié des distributions avec passage obligé par la cour). L'effet de la traversée peut alors être remplacé par un effet de surprise mais pose aussi la question de la maladresse ou de la contrainte d'une fondation existante, ou bien rappelle la formule utilisée par Savot en 1624 « aller trouver l'escalier sur le côté »[440], qu'il avance comme une solution recommandable si l'entrée principale est placée au milieu, mais que cela n'est « pas si bien » qu'un escalier central. Ajoutons que dans notre répartition entre « crochets » et « traversées », la distance parcourue et la surface de la cour n'apparaissent que comme secondaires. Il s'agit en effet plutôt de qualifier une façon d'appréhender la cour et l'escalier. L'exemple de deux maisons voisines peut en convaincre : quand la distance de traversée au 19 rue du Commerce n'est que de 3 m, dans une cour de 4 m par 3, et au n°17, de 4 m pour un espace libre de 12,5 m x 10,5 m, il nous a semblé plus pertinent de ranger le cheminement du n°19 dans la configuration de la traversée et la maison voisine dans celle du crochet (FIG. 96, a à c). On pourrait penser que le schéma du type « crochet » est inauguré à l'hôtel de Cériers, peu après 1510 : la tour d'escalier très ornée est en effet accolée au corps de logis principal situé sur la rue mais le passage par la cour reste nécessaire, même s'il reste minime (un crochet) alors que la cour est de grande dimension, ainsi l'effet de la tour d'escalier reste garanti[441] (FIG. 84, 97).

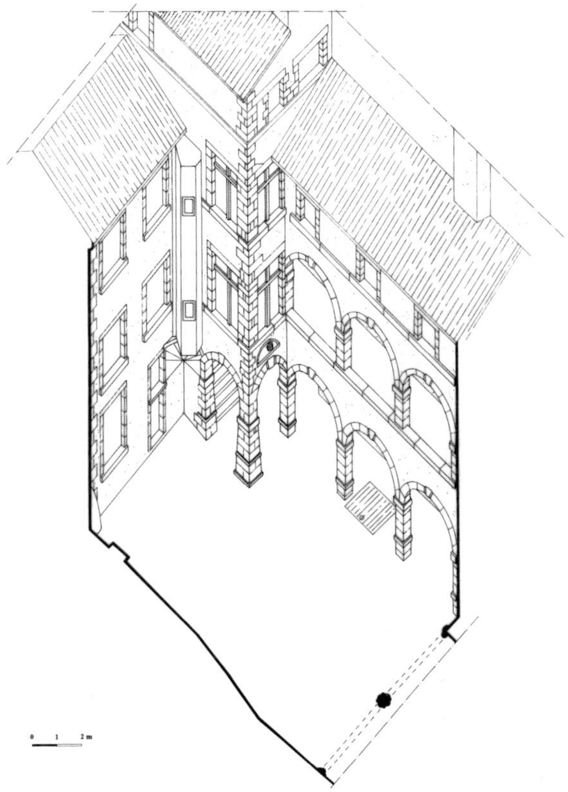

**94- Hôtel, 5 rue Gilbert Romme** - traversée de la cour obligatoire.
Hôtel dit « hôtel de Murat ».
Axonométrie d'après Daniel Dumas, avec restitution des arcades de la galerie de circulation (actuellement murées).
La date de 1662, inscrite dans la cave mais que nous n'avons pas retrouvée (Commission [...], 1988-1994), reste stylistiquement plausible.
Un tympan de style gothique contenant un écu armorié bûché a été remployé dans le mur de la cage d'escalier, probablement au moment de la construction au XVIIe siècle.

## 95- Hôtel dit « hôtel Guimoneau », 12 rue de l'Horloge.
Traversée de la cour obligatoire.

Classé au titre des monuments historiques le 20 juin 1925.

**La demeure, construite probablement vers 1530** (d'après des critères stylistiques), est édifiée sur une parcelle en lanière du lotissement médiéval. Cette dernière est devenue traversante à une date inconnue mais au plus tard au XVIe siècle, le soin apporté à l'élévation occidentale en témoigne. L'attribution de la construction à la famille Guimoneau repose sur des mentions imprécises et sur le fait qu'un chiffre sculpté dans un cuir retourné ornant la cour contient la lettre « G ». Au XVIIIe siècle, des aménagements importants ont été entrepris (reprise de la façade sur la rue, surélévation, décors). D'autres travaux datés de 1901, en particulier la construction d'une aile dans la partie ouest de la parcelle, et probablement la fermeture de la galerie de circulation par des vitraux, sont attribués à l'architecte moulinois René Moreau. Récemment, la cour principale a été couverte d'une verrière : la totalité du cheminement jusqu'à l'escalier se fait ainsi à couvert.

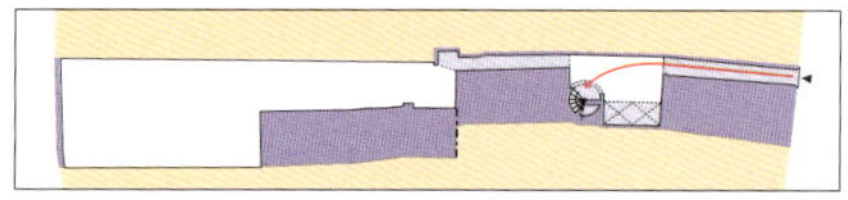

c- Plan schématique (état actuel)

d- Façade

Plan schématique des structures en sous-sol et coupe longitudinale, d'après J.-M. Rollier.

a_ Plan du premier niveau de caves

b_ Coupe longitudinale

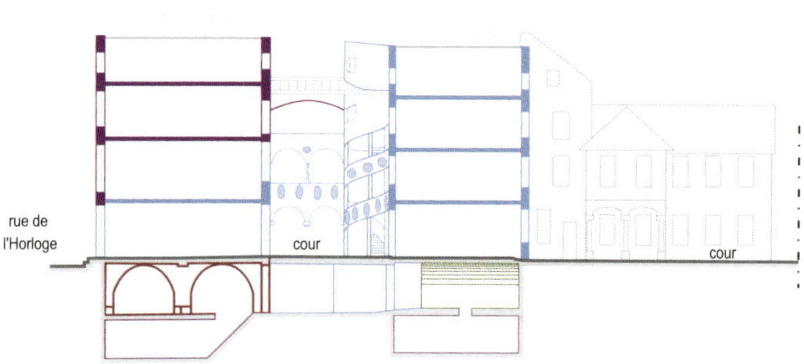


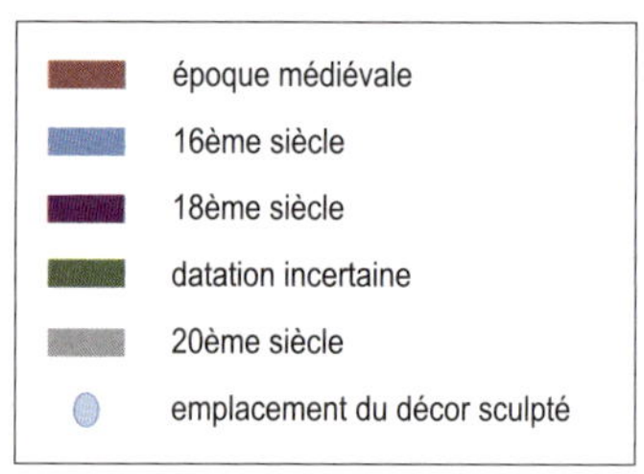

e- Vue depuis la cour sur la tour d'escalier

**Détail du décor sculpté sur le garde-corps de la galerie :** une des quatre Vertus cardinales représentées, la Force

**Détail du décor sculpté sur l'élévation est de la cour**

Ici, l'accès aux étages depuis la rue nécessite de s'engager dans un couloir voûté en berceau, puis de traverser la cour afin de pénétrer dans la tour d'escalier qui est accolée au second corps de logis. Au débouché du couloir, tout concourt à l'effet de surprise : l'élévation de la tour, la richesse du décor sculpté et même le détail de l'écoinçon pendant, entre les deux arcs du premier niveau de la galerie.

La structure médiévale en sous-sol est en alignement sur la rue, et ne s'étend que relativement peu dans la parcelle. La façade sur la rue, reprise au XVIII$^{e}$ siècle à partir du premier étage, est un écran destiné à masquer le pignon du XVI$^{e}$ siècle qu'on devine grâce à la présence des deux « lancières » situées de part et d'autre des baies de comble (il se pourrait néanmoins que le corps de bâtiment sur rue ait été surélevé au XVIII$^{e}$ siècle et les gargouilles auraient été remontées à cette occasion). Cette façade marque aussi une réelle volonté de hiérarchiser les étages : en témoignent la hauteur nettement décroissante des baies, ainsi que le travail légèrement plus raffiné des garde-corps en ferronnerie du premier étage.

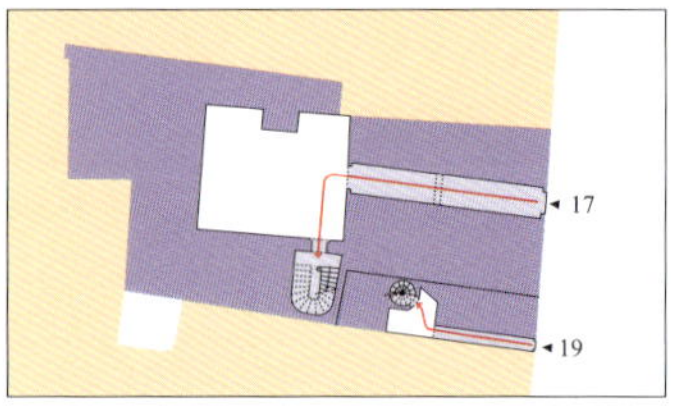


**96- Demeure, 17 et 19 rue du Commerce** - crochet et traversée.
a- Plan schématique des deux fonds accolés (ci-dessus).
Sur la petite parcelle, on cherche à ménager au débouché du couloir un effet sur la tour d'escalier en vis du début du XVIe siècle. Sur la grande parcelle qui est le produit d'un remembrement au XVIIIe siècle, on ne profite plus du passage dans la cour pour mettre en scène l'escalier.
Les façades sur cour de cette demeure sont datées des années 1780 et attribuées à l'architecte Antoine Deval (1741-1808).
Il s'agirait de l'hôtel qui appartenait à l'épouse du dernier intendant d'Auvergne Claude de Chazerat (voir PIERA, 2001).

b et c- 17 rue du Commerce, vues de la porte d'entrée principale depuis la cour et de l'escalier (ci-contre et ci-dessous).

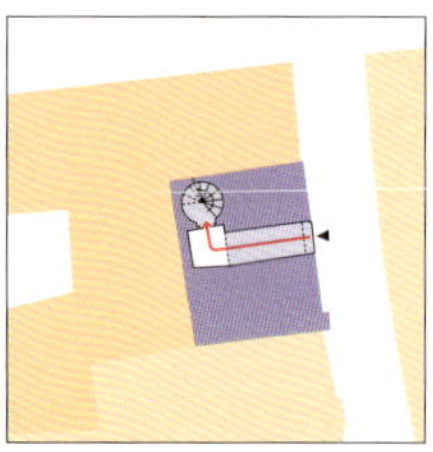

**d- Demeure, 1A rue Daurat** - crochet.
Demeure de la fin du XVIe siècle.

Le système du crochet s'adaptait bien aux maisons installées sur des parcelles larges avec espace libre réduit, en fond de propriété, formant un plan en « u » : l'escalier se trouvait au débouché du couloir central[442] (FIG. 96, d). Signalons encore pour le XVIe siècle une variante intéressante, portant la date de 1560, où la tour d'escalier est située dans l'axe de l'entrée, mais pour y accéder il faut faire un crochet dans la cour après l'avoir longée sous une belle voûte d'ogives. Le crochet permet de découvrir, par un effet de surprise, une tour d'escalier très ornée et, paradoxalement, c'est la porte d'accès à la cave qui se trouve dans l'axe de l'entrée (FIG. 98). Un hôtel daté de 1613 illustre aussi la formule « aller trouver l'escalier sur le côté » avec un trajet minime dans la cour. La porte d'accès à la cage d'escalier est inscrite dans une travée toscane et elle présente l'écu du propriétaire (FIG. 99). Le XVIIIe siècle est représenté dans cette série par une grande demeure avec cour centrale, que nous évoquons à nouveau (FIG. 96, b) : le cheminement vers l'escalier oblige à passer dans la cour après avoir emprunté un passage cocher, et suivant cette formule qui consiste à simplement aller trouver l'escalier sur le côté et où,

## 97- Hôtel de Cériers, actuellement hôtel de ville, 23 rue de l'Hôtel-de-Ville.
Escalier accessible après avoir effectué un crochet dans la cour.

Classé au titre des monuments historiques le 14 octobre 1908.

**Les commanditaires de l'hôtel** ont été identifiés grâce aux écus armoriés sculptés sur trois clefs de voûte. Les analyses architecturales et les travaux historiques indiquent une campagne initiale de construction commandée par Amable de Cériers et son épouse Jeanne Robertet entre 1508 et 1526. L'hôtel est passé à la famille de Frétat entre 1615 et le milieu du siècle et la façade est alors reconstruite. En 1721, les consuls achètent l'hôtel pour en faire le logement de l'intendant d'Auvergne, après l'avoir loué aux Frétat pour la même fonction : deux élévations sur la cour sont notamment reprises et les galeries de circulation murées. Depuis le XIX$^{e}$ siècle, la demeure sert d'hôtel de ville. En 1910, une campagne de restauration est entreprise à la demande d'Etienne Clémentel, ministre d'Etat et maire de Riom.

Depuis longtemps le modèle de l'hôtel d'Alluye de Blois est évoqué pour l'hôtel de Cériers, et avec raison puisque des liens familiaux unissaient les commanditaires des deux hôtels, à la différence près, concernant la qualité du cheminement jusqu'à l'escalier principal, qu'à l'hôtel d'Alluye le visiteur n'était pas obligé de mettre le pied dans la cour, et cela grâce à une des deux portes de la tour d'escalier accessible directement depuis le portique.

Les galeries de circulation avaient été murées au XVIII$^{e}$ siècle, de façon probablement à amener un peu de confort (voir le cliché pris avant 1910). Des travaux destinés à « rendre à cette partie de l'édifice certaines de ses dispositions primitives » sont préconisés en 1909 par l'architecte en chef des monuments historiques (Gabriel Ruprich-Robert) : la galerie du rez-de-chaussée est débouchée, mais au premier étage, on choisit simplement d'alléger le remplissage des arcades en le remplaçant par des vitraux, tandis que la galerie du second étage reste murée.

a- Façade (Fig. 31).
b- Plan schématique.
c- Vue sur la tour de l'escalier principal, le portique et la galerie (Fig. 84).
d- Cliché anonyme, avant 1910, montrant la galerie murée au XVIII$^{e}$ siècle, Centre des monuments nationaux, Paris

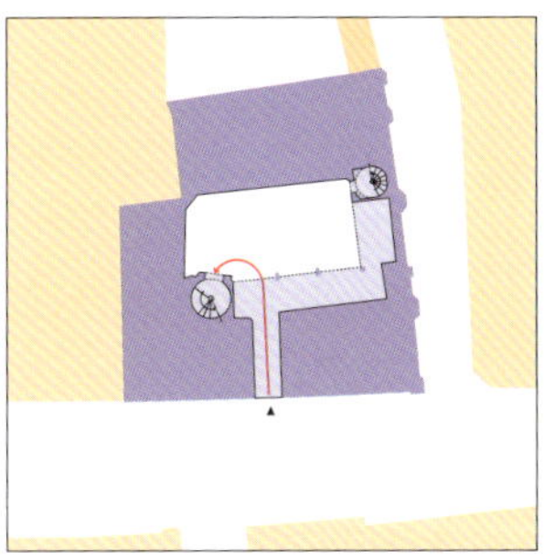

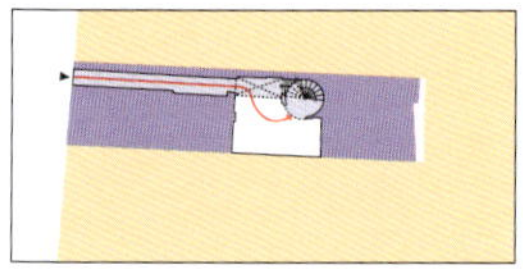

**Plan schématique** (état restitué)

**98- Hôtel, 8 rue du Commerce** - escalier accessible après avoir effectué un crochet dans la cour. Détail du décor de la tour d'escalier et deux détails du décor du garde-corps de la galerie de circulation. Hôtel portant la date de 1560 Inscrit partiellement au titre des monuments historiques le 25 juin 1925.

nous sommes dans les années 1780, aucun signalement n'est prévu pour l'accès à l'escalier, même pas un petit perron : une simple porte-fenêtre suffit. Il s'agit en fait d'une sorte de caricature d'une tendance, déjà notée, d'un XVIIIe siècle qui ne fait plus grand cas du signalement de l'escalier, et qui à Riom se trouve amplifiée par l'absence de goût pour les compositions axiales (nous reviendrons sur ce dernier point lorsque nous traiterons des façades). S'agissait-il, en passant sur le petit côté de la cour, de simplement donner un aperçu de ses dimensions (plutôt grande pour Riom, comme dans le cas de l'hôtel de Cériers) tout en raccourcissant le trajet à l'air libre ? Maintenir la cour dans l'enchaînement des espaces menant au logis resterait une façon de se démarquer du module le plus simple où l'accès à l'escalier est direct, malgré l'inconfort que cela représente en cas de mauvais temps.

Quoi qu'il en soit des raisons qui ont pu conduire à prévoir des crochets dans la cour pour accéder à l'escalier, ces derniers offrent la possibilité d'être couverts *a posteriori* et présentent alors le confort d'un parcours entièrement abrité depuis la rue jusqu'à l'escalier.

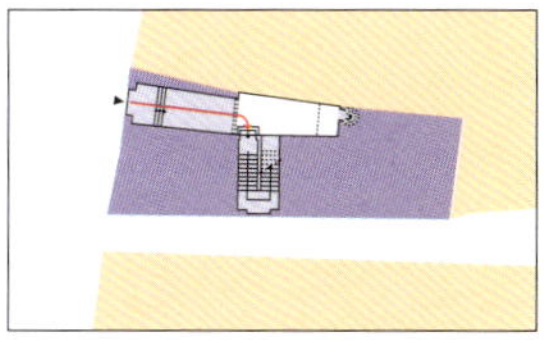

**99- Hôtel, 24 rue de l'Horloge** - escalier accessible après avoir effectué un crochet dans la cour.
Hôtel Rigaud portant la date de 1613.
Plan schématique et vue sur la porte d'accès à la cage d'escalier.
L'inscription « Auxilium meum a domino » (mon unique ressource est dans le seigneur, psaume 120) est gravée dans l'entablement qui surmonte la porte d'entrée. Les armoiries qui ornent la porte de la cage d'escalier (trois têtes de maures) sont celles de la famille Rigaud. Gilbert Rigaud était conseiller et procureur du roi au siège présidial de Riom en 1591, puis lieutenant-général-criminel en la sénéchaussée d'Auvergne en 1595. Il fut anobli en 1610. On peut supposer qu'il est le commanditaire de l'hôtel.

Nous en arrivons à examiner le groupe des maisons dont les séquences distributives s'exécutent entièrement à couvert (qui représente 33% de l'ensemble des maisons recensées). C'est un dispositif particulièrement bien représenté à Riom et sous différentes formes, que nous allons passer en revue afin d'en faire ressortir les variantes chronologiques et morphologiques.
Au XVI^e^ siècle, les maisons répondant à cette typologie se présentent comme cet exemple situé 27 rue de l'Horloge où le départ d'un escalier en vis attend directement le visiteur au fond du couloir à gauche (la vis s'élève en fait au-dessus du couloir) (Fig. 100). La cour ici est principalement dévolue au service, outre l'éclairement qu'elle apporte à l'escalier et à la demeure. La maison dite des consuls, datée de la fin des années 1530, offre, à une autre échelle et pour un programme probablement mixte (habitation et fonction publique[443]), une séquence principale de ce type (Fig. 101). Elle comporte deux organes supplémentaires, le portique qui abrite la porte d'entrée armoriée sur la rue et la seconde porte d'accès à la cour depuis une rue perpendiculaire.

**100- Hôtel, 27 rue de l'Horloge** - maison disposant d'un espace libre et présentant cependant un cheminement vers l'escalier à couvert.
Hôtel du début du XVI^e^ siècle.
Plan schématique, d'après Isabelle Fontugne.

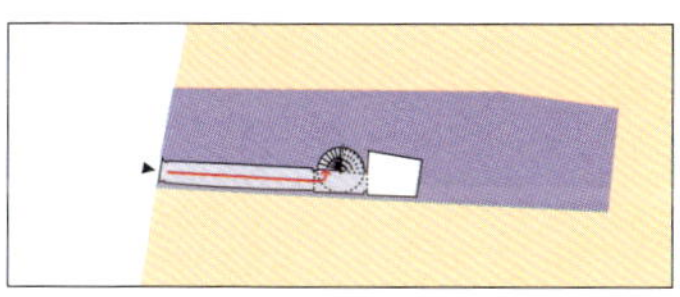

## 101- Maison dite des consuls, 30 rue de l'Hôtel-de-Ville.

Maison disposant d'un espace libre et présentant cependant un cheminement vers l'escalier à couvert.

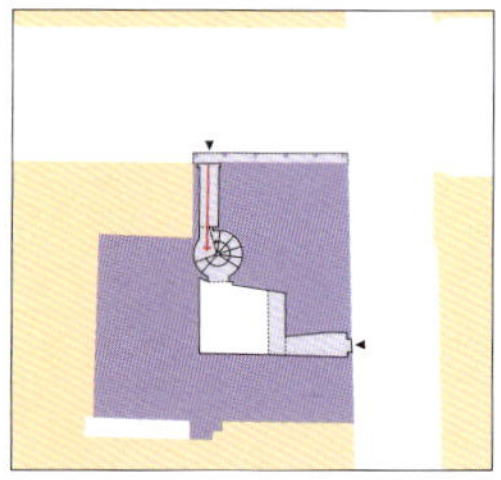

Façade sur la rue de l'Hôtel-de-Ville et plan schématique

Classée au titre des monuments historiques en 1862 (liste).

**La datation de cet édifice** et sa destination d'origine ne sont pas arrêtées. Parmi les armoiries identifiables qu'il porte, figurent celles de François Ier, d'un duc de Bourbon et de Louis XII, mais l'analyse dendrochronologique de la charpente de comble du corps de logis sur rue date la mise en œuvre de 1541[1]. Il faudrait alors retenir l'hypothèse selon laquelle les deux écus représentés avec celui de François Ier seraient celui du duc de Vendôme, qui devint premier prince du sang à la mort du connétable de Bourbon et hérita de ses armoiries, et celui du troisième fils de François Ier, Charles de France (1522-1545). Restent à trouver les raisons de l'évocation de ces deux personnages sur une maison importante de Riom. Par ailleurs, cet hôtel n'a pas été construit pour les consuls puisqu'en 1596, ces derniers sont obligés de vendre leur maison achetée en 1428 car elle tombe en ruine, et ce n'est qu'à partir des années 1870 que cette appellation apparaît (chez les historiens locaux Jean-Baptiste Bouillet et Ambroise Tardieu).

L'édifice est constitué de quatre corps de logis disposés autour d'une cour. Au rez-de-chaussée, sur la rue principale, est élevé un portique correspondant à des besoins marchands : ce dernier, large de seulement un mètre, est traité comme un lieu de prestige, c'est-à-dire qu'il est voûté d'ogives et des clefs pendantes le rythment. Sous le portique, une entrée piétonne, surmontée d'un entablement armorié, ouvrait sur un couloir voûté d'arêtes conduisant à l'escalier principal. On peut aussi y accéder depuis la rue latérale, après avoir traversé la cour mais ce cheminement apparaît comme secondaire. Le bel escalier est remarquable par son noyau à moulures prismatiques

**Détails de chapiteaux de piliers et d'une clef de voûte du portique**

et torses, et par ses éléments de confort (largeur et profondeur des marches, main courante, niche à bougie). Le logis de prestige que desservait cet escalier est situé sur la cour même si cela semble paradoxal au vu de la richesse de l'ornementation sculptée du corps de logis sur la rue. En effet, une hiérarchie des accès a pu être établie notamment grâce à la différence de modénature des encadrements de portes et à la forme des paliers.

La profusion du décor en façade relève de l'esthétique flamboyante mais les chapiteaux, par exemple, sont à situer dans la lignée du type « français » mis au point vers 1515 dans le Val-de-Loire et le Haut-Poitou : feuilles maigres cantonnées aux angles de la corbeille, tailloirs saillants animés de figures vivantes, moulures sculptées[2]. Sur les 38 chapiteaux recensés sur l'édifice, 30 appartiennent à ce type, imité en France jusqu'aux alentours de 1550 (au château de Chambord, un bel exemplaire porte la date de 1539). Ils supportent la comparaison avec leurs modèles et seul le décalage chronologique qui sépare les uns des autres situe ceux de Riom en dehors de la sphère royale. Anne et Pierre de France administrant l'Auvergne directement, puis indirectement grâce au mariage de leur fille au connétable de Bourbon, entre 1488 et 1523, il était tentant de leur attribuer la maîtrise d'ouvrage de cet édifice. La dendrochronologie a réfuté l'hypothèse et confirmé la datation traditionnellement admise au nom du décalage stylistique entre le Val-de-Loire et les autres régions de France. Les volutes des chapiteaux peuvent être figurées : ici, dauphins, salamandres, griffons, personnages issus de grottesques, cornes de bélier. Les huit autres chapiteaux se distinguent des précédents par deux ou trois rangs de feuilles grasses sur leur corbeille, et se rapprochent en cela du type gallo-romain corinthien ou composite, déjà imité dans la région par les sculpteurs romans.

**Détail de la façade.**

[1] La charpente à chevrons porteurs est en chêne. L'étude dendrochronologique a été faite à partir de 10 échantillons collectés essentiellement sur les chevrons de la charpente de comble. Voir GIRARCLOS, Olivier, PERAULT, Christophe, « Analyse par dendrochronologie de la charpente et des plafonds de la maison des Consuls à Riom (63) », rapport, CEDRE, 2 décembre 2002. Elle révèle que les bois ont fait l'objet de deux lots : un lot abattu en 1538-1539, le second en 1539-1540. La datation d'une poutre du premier étage est moins clairement établie mais une mise en œuvre en 1541 serait plausible.

[2] GUILLAUME, Jean, « L'ornement italien en France. Position du problème et méthode d'analyse », *Scultura decorativa del Primo Rinascimento* [actes du colloque international], Pavie, 1980 (1983), p. 207-212.

D'autres maisons à deux corps de logis sur une parcelle en lanière (par exemple au 29 rue du Commerce) ont une distribution qui peut être ramenée au même type de schéma : elles présentent une variante qui tient dans la partie semi ouverte sur la cour qu'il faut parcourir avant d'arriver à l'escalier situé exactement dans l'axe de l'entrée mais à l'extrémité d'un trajet comprenant le couloir du premier corps de logis traversé, qui se prolonge sous la galerie de liaison entre les deux corps de logis (FIG. 102). Ce schéma présente, comme les deux précédents, l'inconvénient de ne donner aucune vue sur la cage d'escalier. En revanche, on peut encore dater de la fin du XVIe siècle une formule du même type, elle aussi implantée sur une parcelle de base en lanière (agrandie par la suite), rendue très originale par la structure inédite de l'escalier. Il s'agit d'un escalier tournant à une volée dont le quartier tournant soutenu par une colonne apparaît dans l'axe de l'entrée (15 rue de l'Horloge) (FIG. 105). Effet de l'escalier et confort du trajet à couvert sont tous deux garantis. Deux cas datant du XVIIe siècle ont été repérés, l'un sur une parcelle en lanière à nouveau et l'autre sur une parcelle au tracé irrégulier (« en marches d'escalier »), qui appartiennent au même type et qui possèdent des escaliers tournants dont les paliers forment galeries, mais l'effet de l'escalier est ici abandonné au profit, semble-t-il, du seul confort du cheminement à couvert et de l'éclairement (FIG. 103, 104). Dans la plupart de ces cas-là, la cour est un espace de service autant qu'on puisse en juger par la présence, dans la pièce de rez-de-chaussée du corps de logis de fond de cour, d'une grande cheminée simple avec potager indiquant une fonction de cuisine[444].

Un cas unique mérite qu'on s'y arrête, celui de l'hôtel Arnoux de Maison Rouge (7 rue de l'Horloge)(FIG. 106) : ici, l'accès à l'escalier se fait à nouveau à couvert, ce qui est d'autant plus remarquable que la cour présente un décor sculpté luxuriant sur deux de ses élévations. La cour étant fermée sur ses quatre côtés, la première volée d'escalier s'en trouve très assombrie et ce n'est que sur le palier du premier étage que l'on peut profiter de l'éclairement procuré par les baies percées côté cour. Cette configuration pose une question annexe : quel est le rôle d'une telle cour ? A quelle occasion profitait-on de son décor ? Etait-il prévu d'y pénétrer pour des occasions spéciales[445] ? Se contentait-on d'en apprécier la beauté depuis les baies du premier étage ? Un autre cas particulier de ce type de distribution à couvert (12 rue du Commerce (FIG. 109)), mais moins spectaculaire, n'a eu aucune postérité car s'il ménageait une relation intéressante entre la cour et l'escalier, elle s'établissait au détriment de l'élévation arrière du corps de logis sur lequel l'escalier s'appuyait.

**102- Hôtel, 29 rue du Commerce** - cheminement vers l'escalier à couvert.
Hôtel, fin du XVe siècle. Plan schématique.

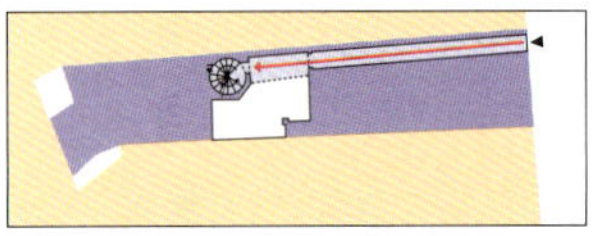

**103- Maison, 10 rue Gilbert Romme** - cheminement vers l'escalier à couvert.
Maison, XVIIe siècle, reconstruction de la façade au début du XIXe siècle.
Plan schématique, d'après Isabelle Fontugne.

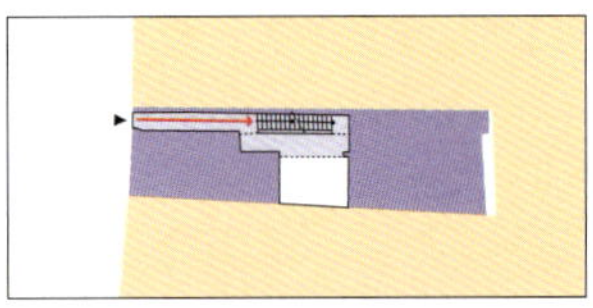

**104- Hôtel, 3 rue Pascal** - cheminement vers l'escalier à couvert.
Hôtel, XVIIe siècle. Plan schématique (état restitué).

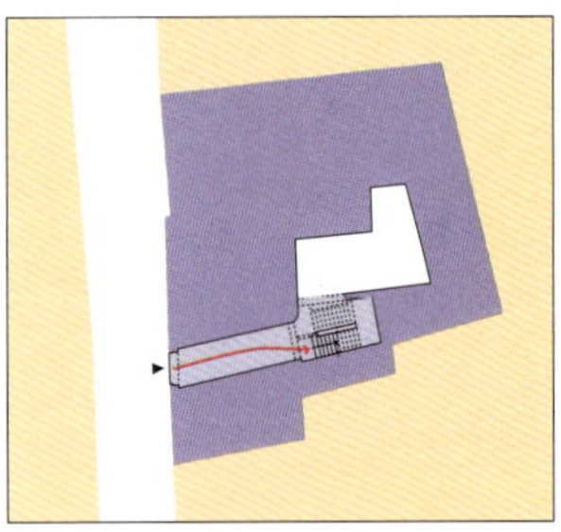

**105- Hôtel, 15 rue de l'horloge** - cheminement à couvert et mise en scène de l'escalier conjugués.
Vue de l'escalier depuis le couloir d'entrée.
Hôtel dit hôtel Chabre, du nom du lieutenant-général criminel qui l'aurait habité au XVIIIe siècle d'après R. du Corail.

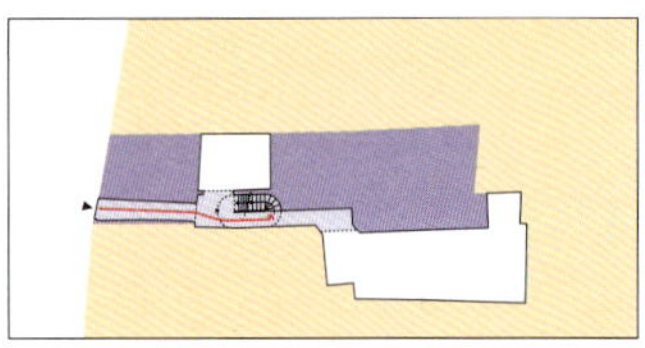

Classé partiellement au titre des monuments historiques le 29 août 1927.
L'escalier peut être daté stylistiquement entre 1560 et 1615.
Plan schématique, d'après Isabelle Fontugne

## 106- L'hôtel dit Arnoux de Maison-Rouge, un cas particulier. Quelle fonction réserve-t-on à la cour ?

7 rue de l'Horloge. Hôtel classé partiellement au titre des monuments historiques le 26 décembre 1985.

**Les armes des familles Mazuer** et Cambray, d'une part, et Arnoux, d'autre part, sont sculptées dans la cour. Les Mazuer, famille originaire de Montferrand ayant donné d'éminents jurisconsultes, et les Cambray s'unissent pour la première fois en 1600 (Jean Mazuer, lieutenant en la prévôté générale d'Auvergne puis greffier en chef de ladite prévôté à partir de 1607, épouse Anglenne de Cambray). Les familles Cambray et Arnoux ne nouent de liens matrimoniaux qu'à partir de 1702 mais rien n'empêche qu'un membre de la famille Arnoux ait possédé la demeure avant cette date. Les Arnoux originaires de Riom ont été anoblis par les charges de trésorier au Bureau des finances qu'ils ont exercées pendant plusieurs générations.
Le type de décor à la Du Cerceau diffusé par la gravure dès le milieu du XVIe siècle était encore apprécié au tournant du siècle.
La façade sur la rue a été reconstruite vers 1770. Ici, grâce notamment à la présence d'un balcon, les étages sont bien hiérarchisés. Observons en outre que les baies du dernier niveau ne sont couvertes que de linteau délardé en arc segmentaire.

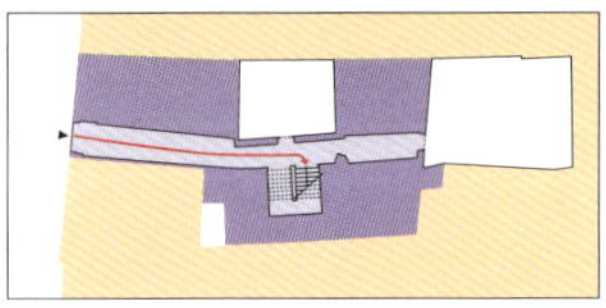

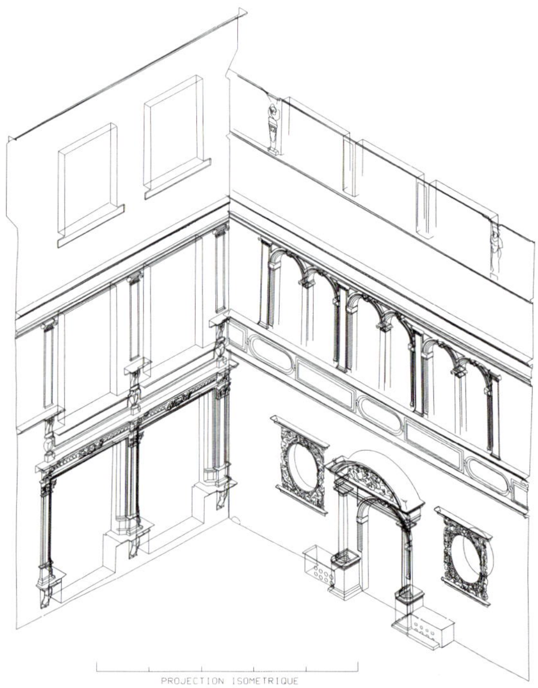


**Façade** (1990)

**Plan schématique**, d'après un plan anonyme conservé à la médiathèque du patrimoine

**Projection isométrique,** restituée par Michel Andry (1987)

**Détail du décor sculpté**

**Elévation dans la cour,** côté sud (1982), page de gauche.

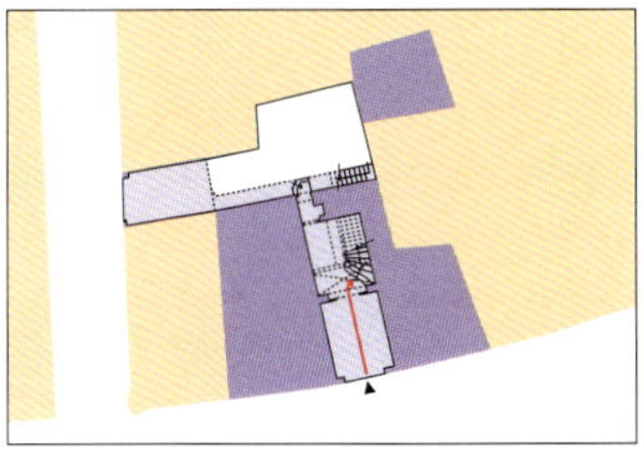

**107- Hôtel,13 rue de l'Hôtel-de-Ville** - Maisons dont le parti apparaît au XVIII^e^ siècle et connaît une réelle fortune aux siècles suivants.
Hôtel, fin du XVIII^e^ siècle.
Plan schématique. D'après l'expertise d'époque révolutionnaire qui semble se rapporter à cet hôtel, le passage couvert « sert de remise ».

**108- Maison, 22bis boulevard Desaix.**
Début du XX^e^ siècle. Plan schématique.

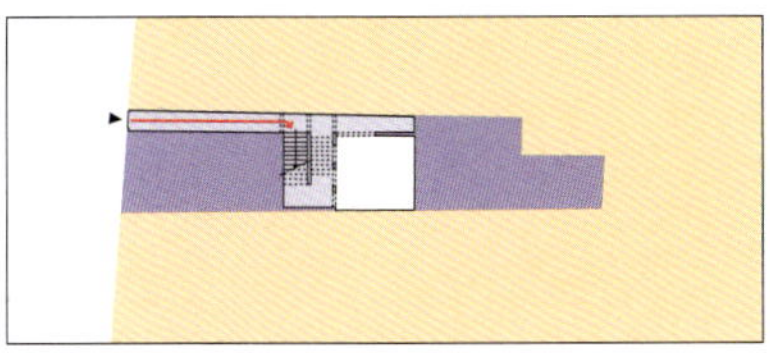

**109- 12 rue du Commerce** - Vue de l'escalier depuis la cour et plan schématique.
Maison du XVII^e^ siècle inscrite partiellement au titre des monuments historiques le 30 décembre 1988.
Le parti retenu, qui oblige à éclairer en second jour le premier corps de bâtiment, côté cour, n'a eu aucune descendance.

Au XVIII^e^ siècle, les distributions de ce type – à couvert, selon la succession entrée / escalier / espace libre – ont partie liée avec les grands fonds obtenus par remembrement. Une morphologie nouvelle se met en place qui connaît un beau succès et sera reprise au XIX^e^ siècle : un corps de logis sur rue contient les appartements, un couloir assez large susceptible de former vestibule précède l'escalier, qui s'éclaire sur l'espace libre placé au fond de la parcelle[446] (FIG. 107, 108). Quand la parcelle est sise à un angle de rue, ou à ses abords, une entrée secondaire permet d'accéder à la cour depuis la seconde rue. Cette cour devient une basse-cour quand des bâtiments de dépendances sont attenants au logis[447]. Une variante de ce type consistant à « aller trouver l'escalier sur le côté » (à l'hôtel Grangier de Cordès, FIG. 110) tout en restant « à couvert », avec un espace libre utilisé comme source d'éclairement de l'escalier principal, s'explique par le fait qu'on ait conservé l'escalier en vis de la demeure du XVI^e^ siècle qu'on avait agrandie. La tour de l'escalier a par ailleurs été rhabillée de façon à ce que les élévations sur cour présentent toutes le même type de baies couvertes de plates-bandes délardées en arc segmentaire.
La formule qui s'en rapproche, mise en place *a novo* par l'architecte de la ville entre 1815 et 1823 dans sa propre maison et qui greffe l'escalier sur le côté d'un couloir d'entrée et à son extrémité afin de lui permettre de prendre ses jours sur l'espace libre de fond de parcelle devenu puits de lumière, n'a pas beaucoup de représentants à Riom (FIG. 113). Il semblerait que l'architecte en question, originaire de Franche-Comté, ait été surtout sensible à un schéma plus couramment utilisé dans son pays natal. En effet, plusieurs hôtels de Besançon du XVIII^e^ siècle l'adoptent, imitant peut-être eux-mêmes des « petites maisons du XVI^e^ siècle, où l'on plaçait parfois un escalier en bois sur le couloir »[448].

Pour finir, il convient de signaler deux maisons où il semble que des dispositions spéciales aient été prises afin de conjuguer au plus près le cheminement à couvert avec l'appréhension de l'espace de la cour, qu'on ne se décidait pas à cantonner dans un rôle de puits de lumière.

**Détail du décor peint au plafond, dans un cabinet situé au 3e étage, sur la rue.**
Trophée mêlant instruments d'astronomie et de géographie avec un globe céleste au centre.
Second trophée mêlant instruments d'astronomie et de géographie (globe terrestre, sphère armillaire, boussole, carte, équerre, longue vue).

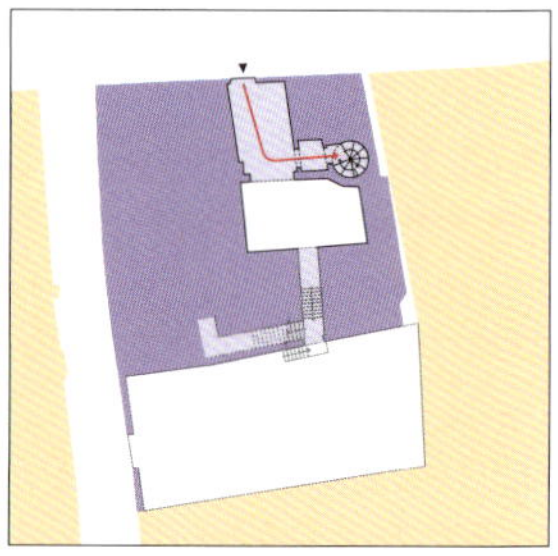

**110- Hôtel particulier, 20 rue de l'Hôtel-de-Ville**
Façade (1983) et vue depuis la cour sur la tour de l'escalier en vis. Hôtel Grangier de Cordès. Inscrit partiellement le 15 janvier 1990. « Cabinet d'astronomie » classé au titre des monuments historiques le 15 février 1996. La façade est datée par le Père Tiolier qui note en 1750 : « M. Granger au mois d'aoust a fait faire le devant de sa maison en pierre de taille ». Outre l'escalier en vis, on a conservé de l'édifice du XVIe siècle une série de trois baies ordonnancées au rez-de-chaussée de la façade. Les baies du premier étage, hautes de 9 pieds (9 assises d'un pied), sont à peine plus hautes que celles du deuxième étage (8 assises) mais leurs clefs d'arcs de couvrement sont sculptées et leurs garde-corps en ferronnerie d'un dessin plus chargé. Le motif sculpté sur la clef de la baie centrale est différent des six autres. Les éléments de décor (trophée d'instruments d'astronomie et de géographie) sont ceux du plafond d'un cabinet situé au troisième étage du corps de logis sur la rue, à côté duquel un escalier droit mène à la terrasse où subsistent les vestiges d'un support de longue-vue et un cadran solaire. Sur le même plafond sont également peints les attributs d'autres disciplines scientifiques et les attributs des arts, dont le jardinage.

La première est celle qui fut l'hôtel de l'écuyer de l'académie royale (FIG. 111). Reconstruite dans les années 1760, en réutilisant des bâtiments du XVIe siècle, elle présente la particularité d'être dotée d'un escalier rampe-sur-rampe positionné à cheval entre le corps de logis sur rue et le corps de logis placé en équerre sur la cour : cela permet d'accéder – « de justesse » – à couvert à l'escalier, et en même temps, le cheminement demandé ménage une belle perspective sur la cour (on « frôle » la cour). Dans le second cas (FIG. 112), la parcelle se présente comme une large lanière et l'escalier a pris la place qu'il occupe souvent dans ce cas-là, c'est-à-dire sur le côté de la cour, reliant les deux corps de logis. Or l'entrée a été placée au centre de la façade sur rue, ce qui obligeait à aller trouver l'escalier en faisant un crochet dans la cour, mais afin que le cheminement se fasse totalement à couvert, il a été prévu une petite avancée dans la cour portée par trois colonnes. Les colonnes signalent l'escalier au fond du couloir dès que la porte d'entrée est franchie et la petite avancée permet, elle aussi, de « frôler » la cour.

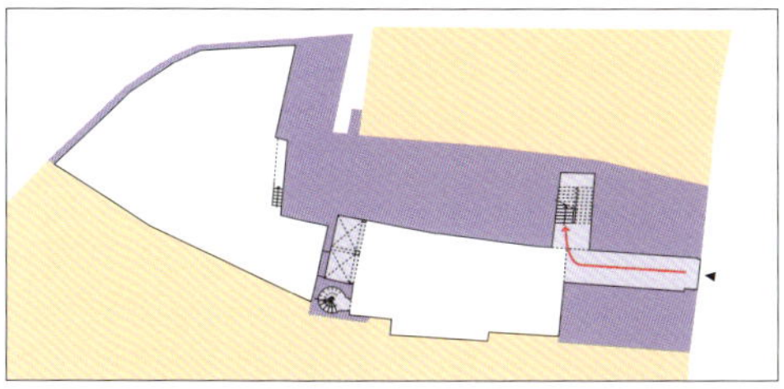

**Deux variantes qui conjuguent cheminement à couvert jusqu'à l'escalier et ouverture sur la cour.**

**111- 22 rue de l'Horloge.** Hôtel dit « de l'académie ». (La salle du rez-de-chaussée au nord, est orné d'un écu non identifié entouré du collier de l'ordre du Saint-Esprit).
Plan schématique, d'après Wood et associés.
Le début des travaux daterait de juin 1760 d'après le Père Tiolier. Des vestiges antérieurs (1560-1615) ont été intégrés dans la construction du XVIIIe siècle.
Ici, le fait que l'escalier soit situé à cheval sur les deux corps de logis permet d'avoir un point de vue sur la cour, d'en mesurer l'ampleur, sans avoir à y mettre un pied.

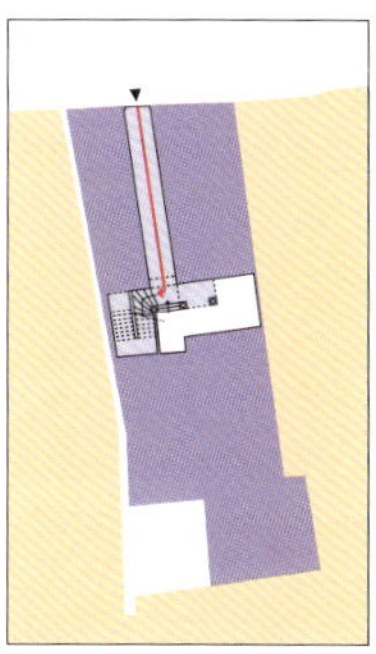

**112- 18 rue de l'Hôtel-de-Ville.**
Hôtel repris dans les années 1780-1840.
Plan schématique (état restitué).
Dans cet exemple, une sorte de petit portique a été construit au débouché du couloir sur la cour, garantissant un accès à l'escalier entièrement à couvert.

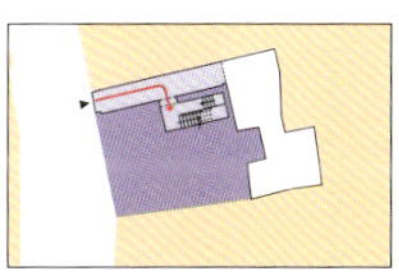

**113- 4 rue Hellénie** - Façade et plan schématique
Maison de l'architecte de la ville
Claude-François-Marie Attiret, construite entre 1815 et 1823
(d'après la documentation).

## Aspects d'une manière de construire : standardisation, remploi et charpentes apparentes.

**114- Trompe plate, rue Malouet (1987).**
Une tourelle d'escalier de cette demeure dont l'entrée se situe au 26-28 rue de l'Horloge est portée par deux trompes, une trompe plate côté rue, celle que l'on voit ici sur la photographie, et une trompe conique côté cour.

LE MANQUE DE DEVIS et de toute autre forme de contrats susceptibles d'être mis en relation avec des constructions existantes empêche la datation précise de la grande majorité des maisons qu'il nous a été donné d'analyser, des différentes campagnes de travaux qui les ont transformées, ainsi que des formes et structures architecturales qu'il aurait été nécessaire d'introduire dans un processus évolutif, avec césures savamment situées chronologiquement. Un handicap supplémentaire pour l'historien, mais pas pour le caractère homogène de la ville qui garde un état de fraîcheur incomparable, réside dans l'utilisation de la lave de Volvic : une pierre insensible à l'eau, au gel, présentant une bonne résistance à la compression, une bonne aptitude à la taille et une homogénéité qui convient au sculpteur[449]. La découverte, au cours de notre inventaire, d'une baie géminée destinée à éclairer une salle haute et datée du second quart du XIIIe siècle par l'analyse stylistique des décors peints qui ornaient la salle ainsi que par l'analyse dendrochronologique des bois de la charpente qui couvrait la salle de cette maison, a permis de réfuter définitivement l'hypothèse selon laquelle les carrières de Volvic n'auraient été exploitées à cette époque que pour les édifices religieux majeurs (FIG. 10). La colonnette centrale de la baie montre d'ailleurs une grande similitude avec les colonnettes du chœur de l'église Saint-Amable[450]. Ainsi est-il établi que la pierre de Volvic était utilisée dans l'architecture religieuse et civile, au moins dès cette date.

Les qualités de la pierre autorisent en particulier les décors sculptés les plus fins (FIG. 95, 101, 106, 146, 147), la mise en œuvre d'ouvrages stéréotomiques comme des trompes plates ou coniques (FIG. 114, 115), et aussi la confection de voûtes plates dallées (FIG. 126) et de paliers d'étages constitués de dalles particulièrement minces[451].

**115- Trompe conique.** 15 rue de l'Horloge.
A gauche, se détache d'une élévation reprise au XVIIIe siècle, une tourelle en surplomb portée par une trompe conique. La mode de ces tourelles sur trompes est caractéristique de l'architecture française du milieu du XVe siècle au milieu du XVIIe siècle. Malheureusement, ici, une petite construction adventice juste au-dessous de la tourelle enlève un peu de l'effet recherché par l'assemblage savant des pierres.

Il convient alors de noter que, passé le milieu du XVIIe siècle environ[452], les possibilités qu'offre la lave ne sont plus exploitées comme auparavant : décors sculptés et prouesses d'assemblage des pierres font défaut au bâti, sans qu'on puisse l'expliquer : les hommes possédant ces savoir-faire manqueraient-ils à partir de cette date ? Mais pourquoi auraient-ils déserté la région si brutalement ? Quelques motifs ornant des clefs d'arcs du XVIIIe siècle attestent de la maladresse des sculpteurs à cette époque[453].

Par ailleurs, nous avons observé que les signes lapidaires et la standardisation des assises à un pied (32 cm) n'affectaient le bâti riomois qu'à partir de la seconde moitié du XVIIIe siècle, indiquant indirectement une réorganisation, au cours de ce siècle, des chantiers, ou bien du travail dans les carrières. La pratique des signes lapidaires ressurgissait ainsi dans la région, étendue à tous les genres d'édifices. Ce constat a constitué, en cours d'étude, un indice de datation. Il aurait pu en être de même avec les couvrements des baies du XVIIIe siècle qui présentent un arc segmentaire. Car la distinction entre couvrements en arc segmentaire proprement dit, plates-bandes délardées en arc segmentaire et linteaux délardés en arc segmentaire s'est révélée pertinente[455]. En fait, il est apparu que cette déclinaison ne ressortit pas exclusivement d'une chronologie mais plutôt d'un registre d'utilisation. Ainsi les arcs segmentaires, les plus rares, appartiennent-ils au registre supérieur, viendraient ensuite les plates-bandes délardées en arc segmentaire, enfin les linteaux délardés en arc segmentaire. En effet, il arrive que ces derniers ne couvrent que les baies du dernier niveau, ou les baies éclairant les pièces secondaires, dans une façade qui utilise par ailleurs les plates-bandes (FIG. 77). Et ce sont eux aussi qui couvrent les fenêtres des maisons les plus modestes du XVIIIe siècle[456] (FIG. 40, 52).

**116- Deux façades de maisons du XVIIe siècle.** 17, 19 rue de l'Horloge. Relevé photogrammétrique, restitution par Gilles Lafosse, 1996. Pour la maison de gauche dont le traitement décoratif ne fait pas appel aux refends on a utilisé des assises de hauteur inégale tandis que pour la maison de droite le système des bossages à refends a conduit à utiliser des assises régulières, d'un pied de haut (à noter : les pignons subsistent mais restent discrets grâce à la faible pente des toitures). Au XVIIIe siècle, quel que soit le cas, les assises seront calibrées sur la base du pied (32 cm).

**117- Baie d'éclairement d'une pièce secondaire.** 34 rue de l'Hôtel-de-Ville (1983). Sur cette façade du XVIIIe siècle, on retrouve le système plus ancien de la croisée et de la demie-croisée : la petite baie à droite au premier étage semble indiquer, grâce à sa taille, à l'absence de décor mais aussi grâce à son type de couvrement (un linteau délardé en arc segmentaire), la présence d'un cabinet ou d'une garde-robe, attenante à une pièce plus importante.

118- Maison d'angle en pan-de-bois, 33 rue de l'Hôtel-de-Ville
Il s'agit de l'unique maison en pan-de-bois de la ville.

119- Galerie de liaison en pan-de-bois.
6 rue de l'Horloge.
En Auvergne, les entraits engoulés sont rares. Signalons ceux de la chapelle Saint-Georges de Lezoux, datés par analyses dendrochronologiques de 1494. (Archeolabs, rapport du 30 novembre 2003, réf. ARC 03/R2740D/2).

La remarquable résistance de la lave favorise le remploi : si cette pratique est quasiment universellement connue, elle ne peut qu'être intensifiée quand la pierre se présente comme particulièrement inusable. Bien souvent, l'historien, face à la fraîcheur des arêtes, à laquelle il conjugue la possibilité du remploi, reste perplexe. Outre les nombreuses observations archéologiques qui en témoignent (et d'autres cas où le doute est permis), des actes conservés aux archives attestent d'une pratique qui atteignait les constructions les plus prestigieuses : pour la construction du palais de Jean de Berry à la fin du XIVe siècle, pour lequel des pierres de taille et du moellon avaient été récupérés dans des constructions en ruine[457], jusqu'à celle du chœur de l'église Saint-Amable en 1851[458], mais aussi, lorsque l'on reconstruit au XVIIe siècle une façade[459], voire une remise[460] …

On rangera, dans le registre du remploi les reprises d'édifices qui semblent n'avoir conservé que les murs porteurs et, surtout, les escaliers. Les reprises les plus frappantes dans ce domaine restent les grandes maisons du XVIIIe siècle desservies par des escaliers en vis plus anciens, comme au 27 rue Hippolyte-Gomot ou au 20 rue de l'Hôtel-de-Ville[461] (FIG. 110). Dans ce dernier cas, l'économie de place que représente la tour de vis ne peut même pas être invoquée puisque le fonds sur lequel la maison est implantée est particulièrement important. Ce phénomène (la récupération d'escalier en vis dans un bâti neuf) a pu encourager les maîtres d'œuvre à continuer de prévoir la construction d'escaliers en vis jusqu'au milieu du XVIIIe siècle au moins[462] ; les nez de marche, sur ces escaliers, constituent parfois l'indice qui trahit la datation exceptionnellement basse. Cette forme d'escalier apparaît alors comme un de ces motifs à succès destinés à dessiner une personnalité collective pour la ville (sur 803 escaliers visités, 275 sont du type escalier en vis).

**Plan, avec positionnement de la cloison, et détails de la maison,**
relevés en 1911 ( ?) par Louis Jarrier, dessin à la mine de plomb,
fonds Louis Jarrier, carnet n° 65, collection privée.

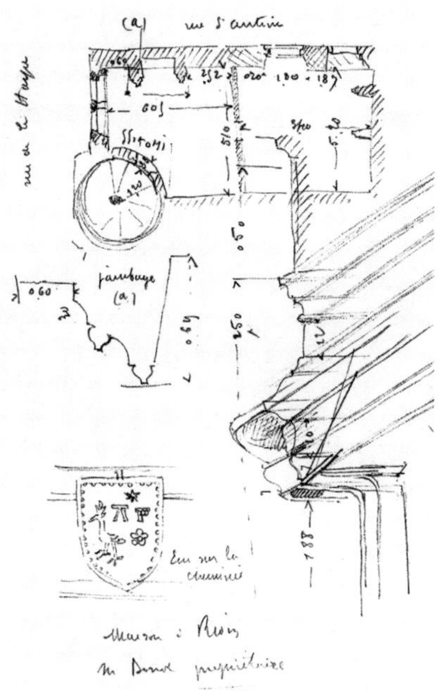

**Relevé d'une cloison qui a disparu, daté de 1941,**
**signé de G. Ruprich-Robert, architecte en chef des Monuments historiques.**
Tiré d'un manuscrit inédit de Gabriel Ruprich-Robert,
conservé au Centre de recherches des Monuments historiques :
« De la menuiserie, de la ferronnerie et de la serrurerie
au Moyen-Âge et à la Renaissance », Paris, 1952, n.p., CRMH 4°DOC.38.

**120- Cloison en bois du milieu du XVI<sup>e</sup> siècle.**
La maison dans laquelle était élevée cette cloison est connue sous le nom de maison d'Antoine Pandier, située au 13 rue de la Harpe.
Commentaire attaché au relevé : « Cette maison classée parmi les monuments historiques possède une cloison de bois, construction assez grossière mais de disposition assez intéressante et très simple ; elle consiste en planches verticales juxtaposées, de largeur inégale, allant du dessous d'une poutre du plafond au sol de la pièce où elle se trouve. Apparente sur l'une de ses faces, la cloison est de l'autre côté clouée sur deux traverses, celle du haut touchant une poutre, celle du bas touchant le sol : entre les deux traverses, des montants verticaux couvrent les joints des planches, ils sont chanfreinés et à leur sommet la traverse est découpée en accolade. Les planches ont environ 25 mm d'épaisseur, les traverses et les montants ont 20 mm.
La porte est comprise dans la largeur de deux intervalles des planches, avec, comme linteau, une traverse intermédiaire accoladée. Les panneaux de la porte sont accoladés par le haut. Un loquet la ferme dont nous donnons le détail ».

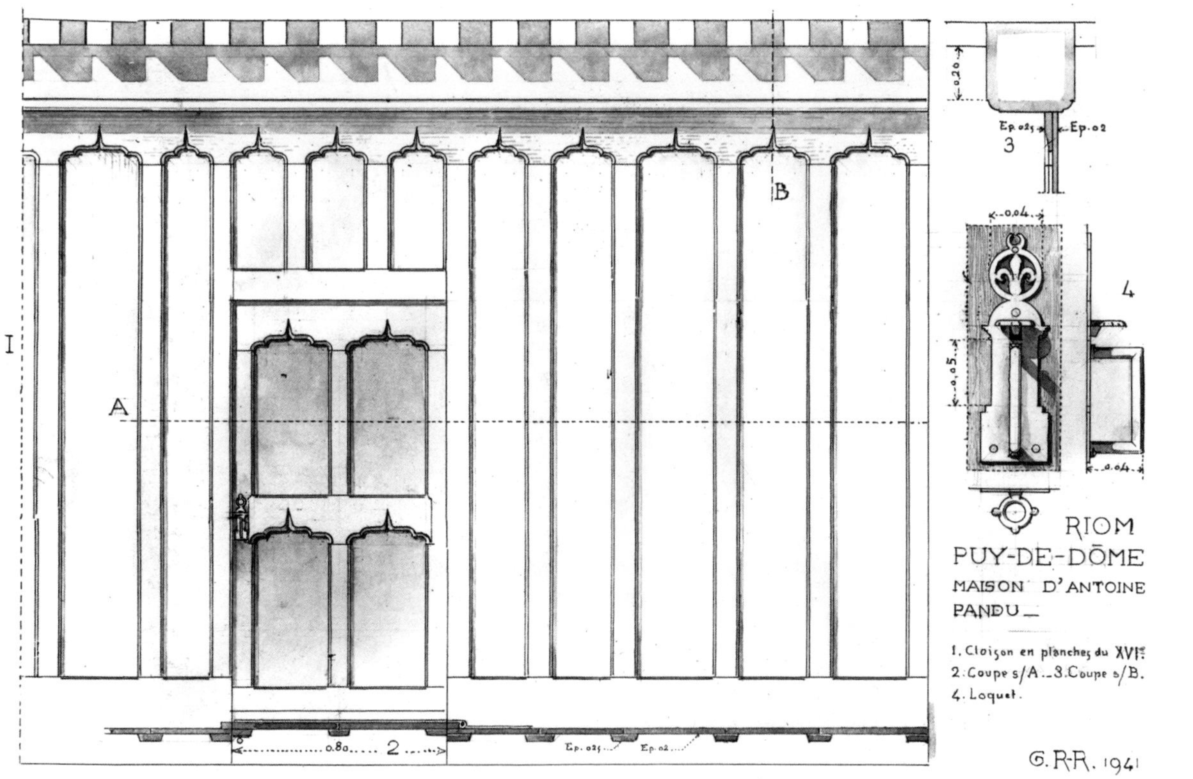

**121- Charpente de comble, 1er quart du XVe siècle.**
21 rue Victor-Basch, corps de bâtiment en aile sur la cour, détail de la structure (entrait reposant sur un corbeau profilé) et détail d'un poinçon .

Relevés, par Françoise Esposito,
Centre de recherche des Monuments historiques, 2005.

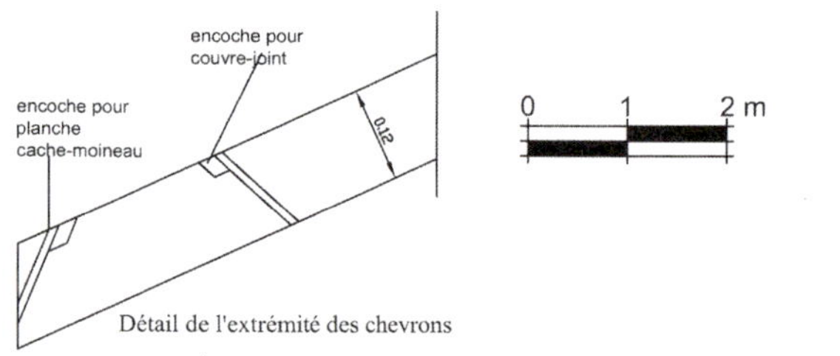


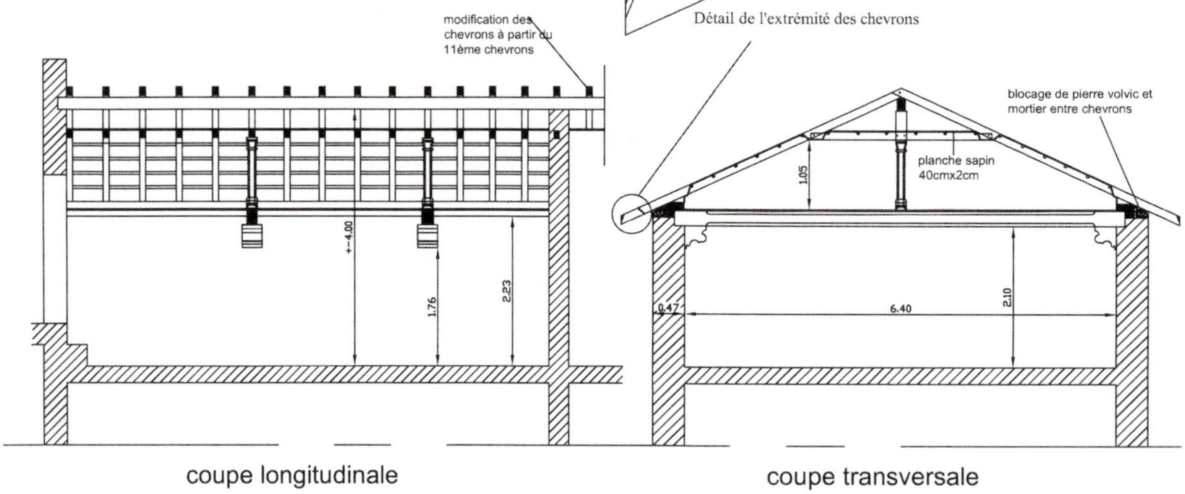

Quelle est la place du bois dans cette architecture de lave ? Il reste impossible de déterminer si Riom a pu être un jour (avant le XVIe siècle) une ville où le pan-de-bois s'imposait dans le paysage. Bruno Phalip s'est penché attentivement sur cette question, à l'échelle de l'Auvergne et du Bourbonnais[463]. Il en ressort la probabilité pour qu'une grande vague de reconstruction en pan-de-bois affecte ces régions au moment où, socialement considéré, le charpentier se hissait à nouveau aux côtés des maçons et tailleurs de pierre, c'est-à-dire après le milieu du XVe siècle (date où l'état des lieux perceptible dans les vues de l'armorial de Guillaume Revel n'insiste en aucune manière sur la place occupée par la construction en pan-de-bois). Riom ne garde qu'une seule petite maison comme témoignage flagrant de cette tendance qui aurait succédé à celle du haut Moyen Âge (FIG. 118). Certes, les prescriptions municipales du XIXe siècle sont pour beaucoup, nous l'avons vu, dans la disparition du bois du paysage urbain. Il n'en reste pas moins que des vestiges de cette architecture ont été repérés dans l'espace privé. Des galeries de liaison entre corps de logis, datables de la fin du XVe siècle, voire du début du XVIe, subsistent en plein cœur de la ville (3 rue du Commerce, 6 rue de l'Horloge[464]) (FIG. 119), de même qu'un escalier en vis à noyau tourné (6 rue de la Harpe) dans le quartier sud-ouest. Aussi, plusieurs documents du XVIIIe siècle montrent que des escaliers[465], des « cabinets en planches et murs en croix de Saint André », et des cloisons en bois subsistaient encore en grand nombre à cette époque[466]. La cloison en bois d'une maison du milieu du XVIe siècle avait d'ailleurs fait l'objet d'un relevé par Gabriel Ruprich-Robert en 1941 ; elle a disparu depuis[467] (FIG. 120). Rappelons aussi que les vestiges des charpentes apparentes couvrant trois salles hautes médiévales ont été découverts, au cours de notre opération d'inventaire. La première a été datée stylistiquement du second quart du XIIIe siècle, grâce au décor peint sur les panneaux insérés entre différentes pièces de la charpente et au décor de la baie géminée qui éclairait la salle (FIG. 10). Une analyse dendrochronologique a confirmé la datation stylistique en donnant 1238-1239 comme date d'abattage des arbres ayant servi à la confection des entraits ainsi que des panneaux peints[468]. La deuxième charpente n'a conservé que ses entraits portés par des corbeaux figurés et qui gardent les traces très estompées d'un décor peint ; elle est datée stylistiquement du XIVe siècle[469]. La troisième charpente n'était probablement pas peinte mais le système à caissons qui ferme la structure par le haut et le profil élaboré des corbeaux qui soutiennent les entraits permettent de comprendre qu'elle restait apparente ; sa mise en place a été datée par analyse dendrochronologique entre 1408 et 1412, avec une réfection en 1492[470] (FIG. 121). Ces trois salles hautes ont toutes été divisées dans le sens de la hauteur et ne couvrent plus aujourd'hui que des niveaux de faible hauteur à destination secondaire, ce qui en a probablement préservé les aspects essentiels, mais elles témoignent du rôle majeur qui était dévolu aux structures en bois à l'époque médiévale.

**122- Cheminée, XIVe siècle.**
17 rue Danchet, salle du rez-de-chaussée, en fond de cour.
La cheminée médiévale à double foyer présente un manteau en bois.

**123- Belvédère.**
A l'arrière-plan et au centre de la photo, un belvédère surmonte la cage d'escalier d'une maison de la fin du XVIIIe siècle (5 rue Victor-Basch).

# Manières d'habiter.

Comment étaient composées les maisons dont l'articulation du couple cour/escalier vient d'être évoquée ? En fait, tout se passe comme si, d'une part, l'escalier était attiré par la cour, et d'autre part, les pièces d'apparat par la rue et le premier étage. Pour avancer ce constat, il nous faut croiser les renseignements obtenus par l'observation du *corpus* des maisons en place, qui sont datées entre le XVIe et le XIXe siècle, avec une plus forte proportion pour les maisons datées entre 1770 et 1840, et l'ensemble des documents d'archives exploitables, soit 73 actes retenus, du début du XVIIe siècle à la fin du XIXe siècle[471]. Pour le XVIe siècle, il faudra donc nous contenter de nos observations de terrain, sachant que les visites de fond en comble des maisons ont été exceptionnelles, nos demandes auprès des occupants ne concernant que les escaliers, les cours, et les caves[472]. On peut expliquer la force d'attraction de la rue par la comparaison entre leurs largeur et rectitude, qui permet de faire affluer la lumière dans les pièces disposées en front de rue, et l'exiguïté des cours dont la présence pouvait n'avoir par certains côtés qu'un rôle symbolique. Certes, pour évaluer la capacité des cours à procurer agrément et éclairement à des pièces d'habitation, il nous faut compter avec la densification d'un tissu urbain entre le XVIe siècle et aujourd'hui, dont il est difficile de rendre compte pour les raisons déjà exposées. En 1994, le coefficient moyen d'emprise au sol était de 75,2 %, et pour certains îlots il s'élevait à 80 %. Il avait été calculé aussi que seulement 0,90 % de la surface du secteur *intra-muros* était occupée par des espaces libres de type jardin (correspondant à une vingtaine de jardins particuliers). Il est très probable que la densification, comme dans d'autres villes, ait touché les jardins en premier lieu. Cependant, la *Liève royale* du milieu du XVIIe siècle ne porte mention que d'un nombre relativement restreint de jardins (56).

**124- Terrasse.**
24 rue de l'Horloge.
La terrasse que l'on aperçoit surmonte la cage d'un escalier daté de 1613.

Cette faible présence des jardins jointe à la faible superficie des cours a, par ailleurs, probablement contribué à l'érection et à l'entretien de terrasses et de belvédères au sommet des maisons, ce qui constitue comme une tension vers l'extérieur et vers le haut qu'il faut encore ajouter à notre caractérisation de la maison riomoise[473] (FIG. 123, 124). Le terme local pour ces petites pièces et ces terrasses hautes est significatif, il s'agit de « beauregards ». Certains sont érigés dès le XVIe siècle, dans le prolongement de la tour d'escalier, mais on en construit

125- Vue sur la chaîne des puys depuis la terrasse du 20 rue de l'Hôtel-de-Ville.

126- 24 rue de l'Hôtel-de-Ville.
Accès de fortune (ajouté au XVIIIe siècle ?) au belvédère.
La date de 1789 (?) est gravée sur l'appui d'une des baies du belvédère.

encore au début du XIXe. Les vues sur les environs de la ville, et particulièrement sur la chaîne des puys d'un côté (FIG. 125), sur les monts du Forez de l'autre, se révèlent assez pittoresques depuis Riom, encore aujourd'hui (attestant de la timidité des campagnes de surélévation). Clermont ne pouvait d'ailleurs prétendre à un si beau point de vue sur les puys, ne bénéficiant pas du recul nécessaire. Ainsi, les hôtels toulousains ont connu les belvédères du Moyen Âge jusqu'au XIXe siècle, et Riom, en passant par Brive, ou par Pézenas, les a cultivés aussi[474]. Pour Paris, Alexandre Gady distingue les terrasses situées au sommet des tours d'escalier en vis (palais du Louvre, hôtel des abbés de Cluny) des belvédères proprement dits dont la mode apparaît dans la seconde moitié du XVIIe siècle[475]. Après la filiation avec les tours-donjons, le goût pour « le plaisir de laisser l'œil se promener sur le grand fouillis de la ville » et pour les points de vue spectaculaires sur la nature qui prend de l'ampleur au XVIIIe siècle n'étaient certainement pas étranger à l'entretien des « beauregards ». Il est toutefois surprenant de constater que si leur accès est parfois soigné (noyau tourné d'un petit escalier en vis succédant à la vis principale au 45 rue Hippolyte-Gomot, voûte plate couvrant la vis principale en plusieurs endroits, ou encore chapiteau armorié en amortissement du noyau de l'escalier en vis au 4 rue Croisier[476]), il est certaines adresses où l'on imagine mal qu'un propriétaire en fasse un lieu d'agrément tel qu'il y emmènerait des visiteurs ; on y voit alors plutôt une sorte de guette, ou de lieu de retraite solitaire[477] (FIG. 126). Notons cependant qu'au XVIIe siècle, René de Girard orne son « beauregard » des cartes des « quatre parties du monde avec leur quadre », tandis qu'au XVIIIe, François Grangier de Cordès en fait une annexe d'un petit salon dont certains éléments du décor évoquent la géographie et l'astronomie[478] (FIG. 110).

La hauteur des bâtiments n'est pas réellement la cause de l'obscurité qui règne dans les cours car à Riom, les maisons ne s'élèvent qu'exceptionnellement sur trois étages. La plupart disposent de deux étages carrés surmontés d'un niveau de comble, les autres maisons, qui ne peuvent se prévaloir que d'un étage carré, rassemblent les deux extrémités de notre *corpus* : soit elles ne présentent qu'une travée sur rue et, sans espace libre, ont des accès directs à l'escalier, c'est le module le plus modeste, soit leur largeur de plus de trois travées et la présence d'au moins un espace libre les range dans la catégorie des « grandes maisons » ou hôtels.

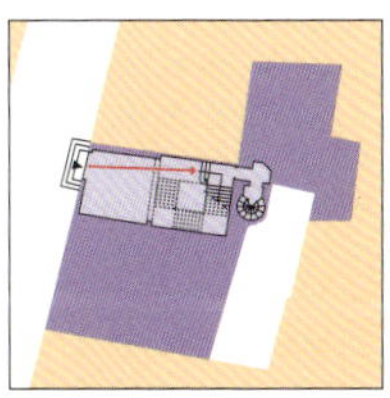

**127- 8 rue de la Caisse d'épargne. Hôtel dit de Sampigny** - Façade et escalier
Hôtel du milieu du XVIII^e siècle dont l'étage-noble n'est pas tant indiqué par la différence de hauteur des baies (9 et 8 pieds de haut) que par la différence de dessin des garde-corps en ferronnerie et la présence de clefs en bossage au premier étage. Le dessin du garde-corps du second étage carré est typique des baies éclairant des pièces secondaires : une alternance de barres droites et ondulées.

Cette lecture hiérarchisée de la façade est confirmée par le schéma de distribution : le grand escalier ne permet d'atteindre que le premier étage, et c'est un escalier en vis, conservé d'une construction antérieure, qu'il faut emprunter pour atteindre le second étage.

Ainsi, les maisons les plus représentatives adoptent la largeur la plus commune, déjà notée, soit deux ou trois travées, sur deux étages carrés.
Des auteurs, comme Jean-François Cabestan en particulier, ont montré qu'après avoir vécu *grosso modo* « à la verticale », en se déplaçant dans les étages, les Parisiens s'étaient lancés définitivement, au XVIIIe siècle, à « la conquête du plain-pied »[479]. Dans une certaine mesure, la chose peut être vérifiée à Riom. C'est-à-dire que les actes retrouvés qui portent le témoignage d'une « vie à la verticale » pour Riom sont datés de 1626 à … 1887. Sauf que les actes lus, ne renvoyant à aucun plan, ne nous permettent pas toujours d'affirmer que le logement décrit s'inscrit dans un ensemble plus vaste où la disposition des pièces à l'horizontale aurait été matériellement possible. En effet, lorsque les maisons sont petites et ne disposent que d'une pièce par étage, la chose est inévitable. Une petite maison datée précisément de 1663 illustre de la manière la plus schématique la maison à une seule pièce par étage, avec cuisine au rez-de-chaussée et « chambre » à chacun des deux étages, puis grenier, qui « oblige » à « vivre à la verticale » (FIG. 85). En tous les cas, lorsque l'appartement décrit dans les archives ne se limite pas à une seule « chambre », mais adopte le schéma standard, il s'agit de deux « chambres » et l'on parlera en règle générale d'une « chambre basse » et d'une « chambre haute »[480]. Spécifions tout de suite que le terme de « chambre » correspond à notre terme « pièce »[481]. Ceci étant, parmi les deux « chambres », il arrive que l'une des deux « serve de cuisine » et, dans ce cas, c'est la « chambre basse » qui tient ce rôle. Il apparaît d'ailleurs dans un acte de 1838 que les deux logis d'un petit immeuble construit entre 1793 et 1795 avaient été livrés sous la forme d'une simple pièce par étage et qu'après coup, les occupants du premier étage avaient choisi d'élever une petite cloison en torchis afin de disposer d'une chambre « servant de cuisine » – par laquelle on entrait, probablement à cause de la place occupée par la cheminée qui ne laissait pas le choix – tandis qu'au second étage, l'occupant avait préféré aménager une alcôve de façon à retrancher son lit de la « chambre »[482]. Cette façon d'agencer ce que nous désignerions du terme de « studio » a pu être observée dans un immeuble situé 18 rue Saint-Amable[483]. Il s'agit d'une petite pièce avec alcôve et cheminée disposant d'un potager. La porte d'accès à cette pièce indépendante, au premier étage, est par ailleurs surmontée d'un numéro, peint sur le linteau en pierre de la porte, indiquant un immeuble de logements indépendants, que l'on peut dater de l'ouverture de la rue sur laquelle il donne, soit peu de temps après 1747 (FIG. 86).
Dans le module le plus simple des deux « chambres » (basse et haute), la « chambre basse » est située au rez-de-chaussée et, la maison ne comportant qu'un étage, la « chambre haute » est surmontée d'un grenier. L'ensemble peut comprendre également « une cave ou cuvage ». Sinon, lorsque la maison comporte deux étages carrés, une nette tendance à exclure les espaces de vie des rez-de-chaussée a été remarquée et si le rez-de-chaussée n'est pas réservé à une boutique (et son arrière-boutique), on y trouvera la cuisine, et éventuellement le bûcher, l'office ou d'autres dépendances. Bien évidemment, les hôtels avec jardin ne répondent pas à ce critère puisque alors les pièces en rez-de-jardin sont les plus prestigieuses. Un acte de 1854 montre qu'à cette date l'habitude était alors perdue de systématiquement prévoir les cuisines en rez-de-chaussée puisque dans la description de la maison, il est fait état d'une pièce au rez-de-chaussée « servant autrefois de cuisine » alors que la cuisine est à ce moment-là située au premier étage[484].
Les documents consultés ne remontent pas avant le XVIIe siècle et il conviendrait de déterminer si les quelques salles plus anciennes situées en rez-de-chaussée et de type « salles d'apparat », c'est-à-dire couvertes de voûtes d'ogives avec clef sculptée voire armoriée, constituent bien des boutiques ou s'il ne faut pas lire dans le décor dont elles font l'objet une autre destination : salle (de réception) ? bureau ? étude (de notaire)[485] ? A Montferrand, une salle en rez-de-chaussée couverte de deux voûtes d'ogives appartient à la maison du bailliage (datable des premières années du XVe siècle)[486]. En 1856, une pièce de rez-de-chaussée est désignée sous l'appellation « le vieux salon », tandis qu'à cette date le salon est déclaré être situé au premier étage, éclairé par trois fenêtres donnant sur la rue. Il pourrait s'agir de l'actuel 3 rue de l'Intendance d'Auvergne dont le gros-œuvre du XVIe siècle a été repris en 1785 (la date est portée deux fois sur la maison) et où, en effet, une salle du rez-de-chaussée dispose d'une grande cheminée à colonnes toscanes datant du XVIe siècle, alors que le salon de 1785 est situé au premier étage[487].
Il arrive aussi, nous l'avons déjà noté, que la cuisine soit située en niveau semi-enterré, et qu'on y trouve de grandes cheminées en pierre démodées : à l'hôtel

Dufraisse (peu après 1707), les cuisines disposées sous le corps de logis principal ont reçu des cheminées monumentales d'époque médiévale et Renaissance[488], au 3 rue Daurat (1766), la cuisine est aménagée au XVIII^e^ siècle sous le corps de bâtiment en fond de cour (FIG. 61). Dans le cas de figure des deux pièces comme noyau dur du logis (avec les cuisine, bûcher, office, vestibule, cabinets ou « bouges » – équivalence des termes, comme à Paris – chambres de domestiques, comme satellites de ce noyau dur), une des pièces, la plus grande et donnant sur la rue, peut prendre le nom de salle ou salon, mais un lit continue d'y être mentionné dans les actes que nous avons retrouvés, et ce jusqu'en 1807[489]. Tandis qu'en 1854, une chambre à alcôve apparaît encore comme la pièce principale d'un logis (elle se trouve « sur le devant »)[490]. De ce lien entre lit et salon, il restera longtemps des traces puisqu'un devis de 1837 (se rapportant, certes, à la construction d'une maison d'un type particulier puisqu'il s'agit du presbytère de Saint-Amable) atteste du fonctionnement « en couple » salon / chambre (en enfilade, dans ce cas précis), tandis que la salle à manger reste attachée à la cuisine au rez-de-chaussée[491]. Au premier étage, une antichambre mène ainsi d'un côté au parloir-bibliothèque, d'un autre côté au salon de réception, qui communique avec une chambre à coucher, les deux pièces étant « destinées à M. l'évêque lorsqu'il séjourne à Riom ». Il s'agit donc d'un appartement d'apparat. Le second étage est réservé aux chambres des vicaires.

Néanmoins, le rapprochement, au premier étage, et sur la rue, salon de compagnie / salle à manger, est à signaler dans une grande maison datée de 1751[492]. Peut-être cet élément a-t-il contribué à désigner la demeure, en 1796, comme « bâtie à la moderne ». Les cuisines de cette maison restent cependant confinées au rez-de-chaussée. Une salle à manger de moindres dimensions subsiste cependant à ce même niveau : s'agissait-il d'une salle à manger d'été ? Ou bien était-elle destinée à un usage plus quotidien ? Ou encore à un appartement indépendant qu'on aurait pu louer ? En effet, un ensemble vestibule / chambre / cabinet / salle à manger / cuisine occupe tout le rez-de-chaussée du premier corps de logis sur rue de cette maison, tandis qu'une seconde cuisine, à laquelle sont greffés une « anti-cuisine » et un bûcher, occupe le rez-de-chaussée du corps de logis arrière. Dans cette maison, les trois chambres dites « de maître » sont reléguées au premier étage du corps arrière. Plus tard, dans les années 1830, il devient courant de trouver au premier étage l'association salon de compagnie / salle à manger. Par exemple, en 1836, mais il est à remarquer que dans ce cas, la salle à manger donne sur la cour (la maison est moins large que la précédente et ne dispose que de trois travées en façade contre cinq) et la grande chambre à alcôve est au deuxième étage[493].

Par ailleurs, des compartimentages des pièces peuvent être effectués qui prennent le nom de cabinets : dans une cuisine, il peut y avoir un cabinet dans lequel prendra place un lit pour un domestique. Des cabinets peuvent être également attenants aux greniers : ils ne font donc pas forcément partie de la cellule « chambre, cabinet, garde-robe » que les historiens détectent en général, bien constituée, à partir de la fin du XV^e^ siècle. Quant aux « garderob[b]es » (au masculin ou au féminin), à Riom, il peut ne s'agir que de meubles, comme au Moyen Âge, et non de petites pièces[494]. Des actes de 1672, 1694, 1696, 1706 et 1760 l'attestent, même s'il faut signaler deux actes de 1641 et de 1678 où la garde-robe figure dans une énumération de pièces. En 1694, c'est dans la salle que se trouvent les deux garde-robes, ainsi qu'un lit et 24 chaises[495]. Les antichambres sont rarement désignées comme telles et l'on parlera plutôt de petite chambre ou de vestibule : dans une expertise de 1796, le salon de compagnie et la salle à manger sont chacun précédés de leur « vestibule »[496]. Le terme de « petite chambre » pourrait d'ailleurs désigner aussi la garde-robe puisqu'en 1771, un « appartement » (le terme est utilisé, nous le reprenons) est constitué d'une grande chambre, d'une petite chambre avec un petit cabinet et d'une cuisine, le tout de plain-pied. Cet appartement est loué à une mère et sa fille. L'inventaire est dressé à la mort de cette dernière : la mère fait alors transporter quelques meubles dans son nouveau logis, une chambre du couvent Notre-Dame[497].

A partir de ce schéma à deux « chambres », plusieurs développements sont possibles, qui peuvent mener jusqu'à la sophistication d'un logis comprenant un salon de musique (hôtel Jouhannel de Jenzat)[498] : dans ce cas, le rez-de-chaussée accueille une antichambre qui dessert un salon de compagnie et une chambre de parade en enfilade sur le jardin, ainsi qu'une salle à manger, à proximité de la cuisine ; le salon de musique est au premier étage, accolé à une série de chambres, avec, il faut le noter, une grande chambre à alcôve donnant directement sur la rue (les corps de bâtiment composant l'hôtel étant disposés en équerre, une de ses façades est alignée sur la rue). Il se pourrait aussi que cette grande chambre soit la pièce principale d'un appartement « indépendant » (FIG. 128 et 138, f).

Voyons maintenant comment se déclinent socialement les différents types de logis, avec un éclairage particulier sur les logis à deux « chambres ». Bien sûr, cette déclinaison ayant été construite sur les résultats de sondages en archives, il ne pourra s'agir que d'aperçus, qui plus est décalés du point de vue de la chronologie. C'est ainsi que l'on notera que la maison à deux « chambres », la plus commune, peut être occupée par un boucher, un barbier ou un tanneur en 1672, mais aussi par un « employé aux affaires du roi » en 1706 ou par un « monnayeur en l'hôtel des monnaies » en 1735. Passons immédiatement à la catégorie à peine plus développée dont le noyau dur est composé à nouveau de « deux chambres » auxquelles on a adjoint une cuisine, désignée comme telle. En 1694, la maison d'un bourgeois (Gilbert Chassaing, sieur de la Bogue), susceptible de marier sa fille à Jean de Chamerlat, « conseiller du roi, magistrat en la sénéchaussée d'Auvergne et siège présidial de Riom », est composée d'une cuisine, d'un étage avec salle basse et cabinet, d'un second étage avec deux chambres, auxquels s'ajoutent caves et greniers ainsi qu'une grange non attenante à la maison[499]. Dans une des chambres est installée la garderobe « de bois de noyer à quatre portes ». Ce bourgeois possède en outre une ferme dans laquelle vit un métayer. Au même moment (en 1695), on voit que la maison d'un « avocat en parlement » est composée de la même façon (une cuisine au rez-de-chaussée, avec un cabinet et un cuvage, une salle et deux chambres au premier étage, une cave et un grenier)[500]. La maison d'un apothicaire décrite en 1710 correspond à nouveau à ce type (boutique et cuisine au rez-de-chaussée ; au premier étage, chambre et petite chambre (un cabinet) sur l'arrière, et chambre avec antichambre sur la rue, auxquels s'ajoutent une cave et un grenier)[501]. Il est plus étonnant alors de voir un trésorier général occuper ce type de maison, en 1734 : la maison, qui appartient en fait à un conseiller du roi, est composée d'une cuisine et d'un office, puis de deux chambres, l'une donnant sur la cour et l'autre désignée comme « sallon » sur la rue ; à ces deux chambres sont annexés deux cabinets et un vestibule, une série de greniers, un cuvage et un colombier[502]. Il ne faudrait cependant pas faire de ce cas une généralité puisqu'un autre trésorier général – il s'agit de René de Girard, seigneur de La Tour Vidal et de La Richerie – à quelques années de là (1678), vivait sur un autre pied : la maison dont il est propriétaire, située sur le grand axe nord-sud, est composée de sept chambres, une cuisine, deux greniers et un cuvage[503]. Cependant, à Riom comme ailleurs en France, les maisons étaient souvent partagées, c'est-à-dire qu'une famille élargie vivait sous le même toit. Etait-ce le cas des Girard ? Nous ne le savons pas ; en revanche, un témoignage sur ce genre de pratique nous est parvenu, en particulier, à la lecture du testament d'un prêtre daté de 1666, puisqu'il nous apprend qu'il est installé chez sa cousine Bernard (importante famille bourgeoise de Riom)[504].

Examinons alors, cela s'impose, la possibilité pour les « employés du roi » de louer en quelque sorte à Riom des « logements de fonction », choisissant éventuellement de faire leur demeure principale à la campagne ou dans une autre ville (la ville dont ils seraient originaires par exemple). En ce cas, les petites maisons de Riom du XVIe siècle, même démodées au XVIIIe, pouvaient faire l'affaire[505]. Il semblerait que la pratique de la location ait une longue histoire : Maurice Scellès en a cherché des traces architecturales dans le Cahors médiéval[506]. Elle était courante à Paris au XVIIe siècle : Jean-Pierre Babelon a montré que Madame de Sévigné ne possédait pas de logement fixe à Paris et qu'elle louait en fonction de ses fermages de l'année et de la présence de ses enfants[507]. D'autre part, la manière d'habiter des financiers, dans la première moitié du XVIIe siècle, a elle aussi été étudiée : il en ressort que tous les cas de figure se présentaient, de la modeste location à la propriété prestigieuse « dernier cri ». Quant aux gens de robe, de la même manière, ils louaient fréquemment au XVIIe siècle[508]. Il faudrait commencer par évoquer le cas de l'intendant : les consuls louaient pour lui une maison qu'ils finiront par acquérir au début du XVIIIe siècle[509] (FIG. 97). Pour la ville de Rennes, un voyageur notait en 1636 : « d'aucuns vivent du louage des logis et pensions des conseillers de la cour, qui viennent sans femme, à petit équipage, servir leur séance »[510]. Un témoignage plus tardif pour Riom va dans le même sens : « une très grande partie n'habite ici qu'accidentellement pour remplir les fonctions judiciaires auxquelles ils sont appelés » (manuscrit anonyme des années 1820[511]). En 1768, Jean-Nicolas Chacaton, sieur de la Grange et de

Virlobier, trésorier de France au Bureau des finances à Riom, était déclaré propriétaire résident… dans la ville de Montluçon : là, sa maison était importante[512]. N'aurait-il pas pu prévoir de simplement louer un pied-à-terre à Riom quand ses affaires le requéraient ? Pour le XVIIIe siècle encore, il est avéré que Jean-Baptiste-Calixte Montmorin de Saint-Hére[m], gouverneur de Fontainebleau, maréchal de camp, avait loué une maison entièrement meublée à Dame Jeanne-Catherine de Fretat, de 1764 à 1767[513]. Elle était composée essentiellement de trois chambres, une « salle de compagnie » et une salle à manger. Deux grandes armoires (le terme de garde-robe n'est pas utilisé dans le procès-verbal de visite) étaient situées dans un cabinet. Nous n'avons pas pu déterminer la raison pour laquelle J.-B.-C. Montmorin de Saint-Hére[m], gouverneur de Fontainebleau et maréchal de camp, avait été appelé à Riom, pour au moins trois années (durée du bail signé)[514].

Si la pratique de la location est donc avérée, il est plus difficile de comprendre, quand les maisons n'étaient pas louées en entier, comment elles étaient divisées et réparties entre locataires ou locataire(s) et propriétaire, et surtout si un type de maison se prêtait mieux à la location qu'un autre, si des dispositions architecturales spécifiques pouvaient être prises dans ce cas-là, dès la commande au maître d'œuvre. Il faudra nous contenter pour l'heure de la mention de droits et servitudes attestant de la pratique de la cohabitation tels que, en 1677, une maison « où sont des locataires […] qui partageront la cour et un degré en [a]vis qui est commun »[515].

Il faudrait pouvoir étudier aussi l'éventualité que la « maison des champs » de certains ait recueilli tous leurs soins, plutôt que leur maison de ville[516]. Les quelques cas que nous connaissons à Riom ne nous permettent pas de trancher. Par exemple, la maison urbaine de René de Girard était estimée à 10 000 livres à sa mort en 1678, tandis que la maison de La Tour Vidal était estimée à 6 000 livres[517]. Cette dernière, située à 16 km de Riom, en bordure de la riche plaine de Limagne, a été reconstruite au XVIIIe siècle et il est donc impossible de faire la part des choses. Il s'agissait d'une ancienne maison noble (l'acquisition de la seigneurie remontait à la génération précédente) mais nous ne connaissons pas le statut qu'avait pu lui donner R. de Girard, hormis le caractère symbolique qu'une telle résidence pouvait présenter : essentiellement destinée à l'exploitation agricole, ou bien lieu d'agrément où trouver « bon air », lumière et tranquillité[518] ? Un second indice nous inciterait pourtant à opter pour la première solution, puisque pour rédiger l'inventaire de la bibliothèque, le notaire fait venir les ouvrages de La Tour Vidal (sur les 785 volumes inventoriés, plus de 600 sont à Riom).

Georges Courtin, écuyer, conseiller du roi et greffier en chef au Bureau des finances, habite tantôt à Riom, tantôt à Combronde (à une vingtaine de km au nord de Riom)[519] : nous sommes en 1696 mais aucune des deux maisons n'est décrite. Tandis que dans le cas de Guillaume Chardon, désigné comme « employé dans les affaires du roi » mais probablement d'un rang inférieur à G. Courtin ou R. de Girard, il n'en possédait pas moins, lui aussi, en 1706, une maison dans les environs (à Enval, à 5,5 km de Riom). Il est intéressant de noter que la composition des deux maisons était très similaire (dans un registre modeste) : en ville, une chambre où G. Chardon fait sa cuisine et une chambre à coucher avec cabinet (plus un grenier et un cuvage), et à la campagne, une chambre basse avec cuisine, et une chambre haute avec petite chambre ; à ceci près que le mobilier était plus soigné dans la maison de ville et que la composante rurale de la seconde apparaissait dans la mention d'un pressoir[520].

Sur cette question des rapports entre maisons des villes et maisons des champs, les choses bénéficient d'un nouvel éclairage à partir du XVIIIe siècle : Pascal Piéra a montré en détail que pour la Basse-Auvergne, après la vague de construction des châteaux du Moyen Âge, il faut justement attendre le XVIIIe siècle pour que la campagne connaisse un réel renouveau architectural[521]. Mais malheureusement, à cause, à nouveau, de l'absence de documents probants, qui n'autorise l'identification des commanditaires qu'à coup de conjectures (et cela pour les maisons de plaisance aussi), il est impossible de répondre à la question : les commanditaires de ces demeures de plaisance sont-ils les mêmes qui remembrent et reconstruisent en ville ? Ou, au contraire, sont-ils ceux qui se satisfont de maisons construites au cours des siècles précédents – moyennant quelques aménagements –, et qu'ils se contentent, peut-être même, de simplement louer ?

De la même façon, dans quelle proportion sont-ils, ceux qui, comme l'intendant, ont préféré investir à Clermont, alors que leurs fonctions les amenaient à Riom ? Rappelons qu'à l'échelle de la France, le cas de figure est unique où l'on voit que l'intendant choisit de s'installer dans une ville différente de la capitale administrative[522].

# Des façades hiérarchisées : « exprimer les dedans tout en restant symétrique et régulier ».

On l'aura compris, notre propos n'est pas de décrire le bâti de manière exhaustive. Il nous a semblé plus constructif de dégager quelques problématiques qui permettent d'analyser et de restituer une réalité architecturale, comme ici celle de la hiérarchisation des étages en façade[523].

Notre parti implique la mise à l'écart des façades de maisons à un seul étage carré, les plus modestes d'un côté (celles dont l'unique étage est conjugué à l'unique travée, 245 unités) et les plus somptueuses de l'autre (conjugaison de l'étage-carré unique avec un nombre de travées supérieur à quatre, 34 unités) : elles représentent en tout 279 unités que nous écarterons donc de cette facette de notre analyse. De notre sélection ont été également exclues les façades de « granges » et celles au parti illisible (226 unités).

La hiérarchisation des étages est un principe connu mais qui n'a jamais été étudié à l'échelle d'une ville. Il nous a semblé qu'à Riom l'occasion se présentait de le faire car, en particulier, sur 1046 unités de façade en tout, 694 appartiennent à la période chronologique qui s'étend entre le début du XVIIIe siècle et la fin du siècle suivant. Or, nous venons de voir dans les chapitres précédents comment, à partir du XVIIe siècle, le premier étage du bâtiment sur rue attire les pièces principales de la maison. La notion d'étage-noble faisait partie de l'appareil théorique mis en place à partir du XVIIe siècle dans les traités d'architecture, accompagnée de son expression dans la structure de l'édifice (les hauteurs sous plafond) et en façade (les hauteurs de fenêtres et le décor)[524]. Jacques-François Blondel ira même jusqu'à préconiser de « faire en sorte que la décoration extérieure annonce la distribution intérieure ». En 1858 encore, la *Revue générale de l'architecture et des travaux publics* de César Daly ne préconisera pas autre chose puisqu'il est demandé que du premier coup d'œil on puisse distinguer dans l'élévation d'une maison particulière l'habitation véritable des appartements secondaires, l'architecture domestique devant être une « architecture significative »[525].

128- Façade, 9 rue Soubrany

129- 36 rue de l'Hôtel-de-ville. Façade, porte la date de 1776 (1983). La possibilité de composer la façade suivant un axe de symétrie n'a pas été retenue.

130- 24 rue Saint-Amable. Façade, 1824 (1983).

D'où, par ailleurs, l'intérêt qu'il y a à étudier l'accès à l'étage-noble depuis la rue. Au XVIIIe siècle, certains escaliers, les plus monumentaux, ne permettent d'ailleurs d'atteindre que cet étage ; pour les niveaux supérieurs, on recourt à un second escalier plus modeste (par exemple, à l'hôtel Dufraisse[526] (FIG. 91) ou au 8 rue de la Caisse d'épargne (FIG. 127)).

Il nous reste alors à compléter notre qualification des étages en rappelant que les rez-de-chaussée sont destinés à accueillir principalement les boutiques, puis les pièces de service comme les cuisines, ceci au moins pour la période XVIIe - milieu du XIXe siècle. Dans le recueil de modèles de Tiercelet (1728)[527], il est clair que pour l'auteur la régularité des percements ne peut être envisagée qu'à partir du premier étage. Revenons à Riom où les baies des rez-de-chaussée ne sont l'objet d'aucun soin particulier, hormis certaines portes d'entrée, encore reste-t-on dans un registre discret. La présence de barreaux de sécurité distingue les baies des rez-de-chaussée, à l'image d'une expertise de 1796 d'un hôtel construit au milieu du siècle où l'on décrit les « balcons bien façonnés en sculpture » pour les étages (des faux-balconnets) et les barres de fer pour les baies du rez-de-chaussée (où pourtant une salle à manger et une chambre prennent place) (FIG. 136). La pratique des entresols n'ayant connu qu'un très médiocre succès à Riom, les rez-de-chaussée restent relativement bas et ne se développent pas en hauteur comme on peut le voir à Paris, par exemple. Riom ne connaît pas les hautes fenêtres ornées des rez-de-chaussée qui investissent Montpellier à partir de la fin du XVIIe siècle, procurant à la rue « un caractère de gaieté jusque là inconnue »[528]. Quant au niveau des combles, à cause des pentes douces des toits, il constitue un couronnement discret : les lucarnes, d'une façon générale, ne sont pas de mise à Riom et les baies d'éclairement des combles s'inscrivent dans le corps de façade, à l'aplomb des baies des niveaux inférieurs, d'un gabarit simplement réduit, et parfois encore fermées de volets en bois plein au lieu de vantaux de fenêtres (FIG. 77, 135). Il peut arriver que ces baies soient couvertes de linteaux droits quand les baies des niveaux inférieurs sont couvertes d'arcs ou de plates-bandes, ou bien, dans quelques exemples tardifs, prennent la forme d'œils-de-bœuf[529].

Ainsi, entre le rez-de-chaussée qui forme comme un soubassement et le niveau des combles, prennent place les un, deux, voire très exceptionnellement trois étages carrés. C'est sur les rapports entre ces étages-là que nous allons concentrer l'analyse. Ils se développent essentiellement sur une, deux et trois travées (827 façades en tout sur 1046, 318 pour les seules « deux travées »). Nous avons vu précédemment ce que les façades-écrans, les corniches en doucine et le respect du système de la travée devaient à la volonté publique. En revanche, l'absence de décor sur les parements ne semble pas avoir fait l'objet de prescriptions municipales, non plus que la prohibition des compositions axiales, et pourtant les deux traits figurent parmi les plus remarquables de la ville et contribuent, eux aussi, à assurer l'homogénéité et le caractère lisse des fronts de rue. La grande fréquence des façades étroites, qui plus est de façades à un nombre pair de travées (deux principalement) interdit quasiment la mise en place d'axe de symétrie. Cependant, quand bien même le nombre de travées le permettait, et à l'époque où les théoriciens de l'architecture préconisent les compositions symétriques, voire pyramidantes, les Riomois préfèrent la répétition égale des travées sans discrimination manifeste (FIG. 129). Néanmoins quelques manières discrètes de qualifier la baie centrale, c'est-à-dire « le milieu de l'édifice », que D'Aviler recommandait de distinguer car « il y a souvent un salon au-dessus du vestibule », ont été repérées. On notera donc qu'à la façade de l'hôtel Grangier, reconstruite en 1750 d'après le Père Tiolier[530], l'agrafe sculptée de la baie centrale du premier étage est d'un dessin différent de celles des six autres baies qui l'encadrent[531] (FIG. 110). D'autre part, sur trois façades dont les étages-nobles se distinguent par des balconnets ouvragés, le balconnet central bénéficie d'un traitement particulier[532]. Sinon, des jambes dessinant des travées d'extrémité permettent tout au plus de caler un ensemble. Il est d'ailleurs significatif qu'une des rares façades qui ait mis en valeur la baie centrale de son premier étage (porte-fenêtre couronnée d'un fronton donnant sur un balcon (FIG. 130)) ait fait l'objet de « plans et dessins d'un artiste connu » : c'est ce que nous apprend la demande d'autorisation, en 1824, de son propriétaire pour faire saillir un balcon à cet endroit[533], comme si les autres façades, plus simplement traitées, n'avaient pas eu recours à des « artistes [connus] » mais à des maîtres-d'œuvre dont la manière de faire réfutait toute notion de symétrie, de composition centrée. Une façade du XVIIe siècle, située 29 rue de l'Hôtel-de-Ville (FIG. 131), fait figure d'exception avec une travée, celle qui se lit comme centrale (en fait, la troisième sur sept), spécialement chargée : ordres superposés, balcons, lucarne passante accostée de figures sculptées (elle a été écrêtée de son fronton comme deux autres lucarnes situées aux « extrémités » de la composition)[534]. Au XVIIIe siècle, on remarquera, là encore, l'hôtel Dufraisse (FIG. 91), avec ses avant-corps centraux sur

**131- 29 rue de l'Hôtel-de-ville. Façade, XVIIe siècle (ayant subi des modifications) (1983).**
Inscrite au titre des monuments historiques le 25 juin 1925.

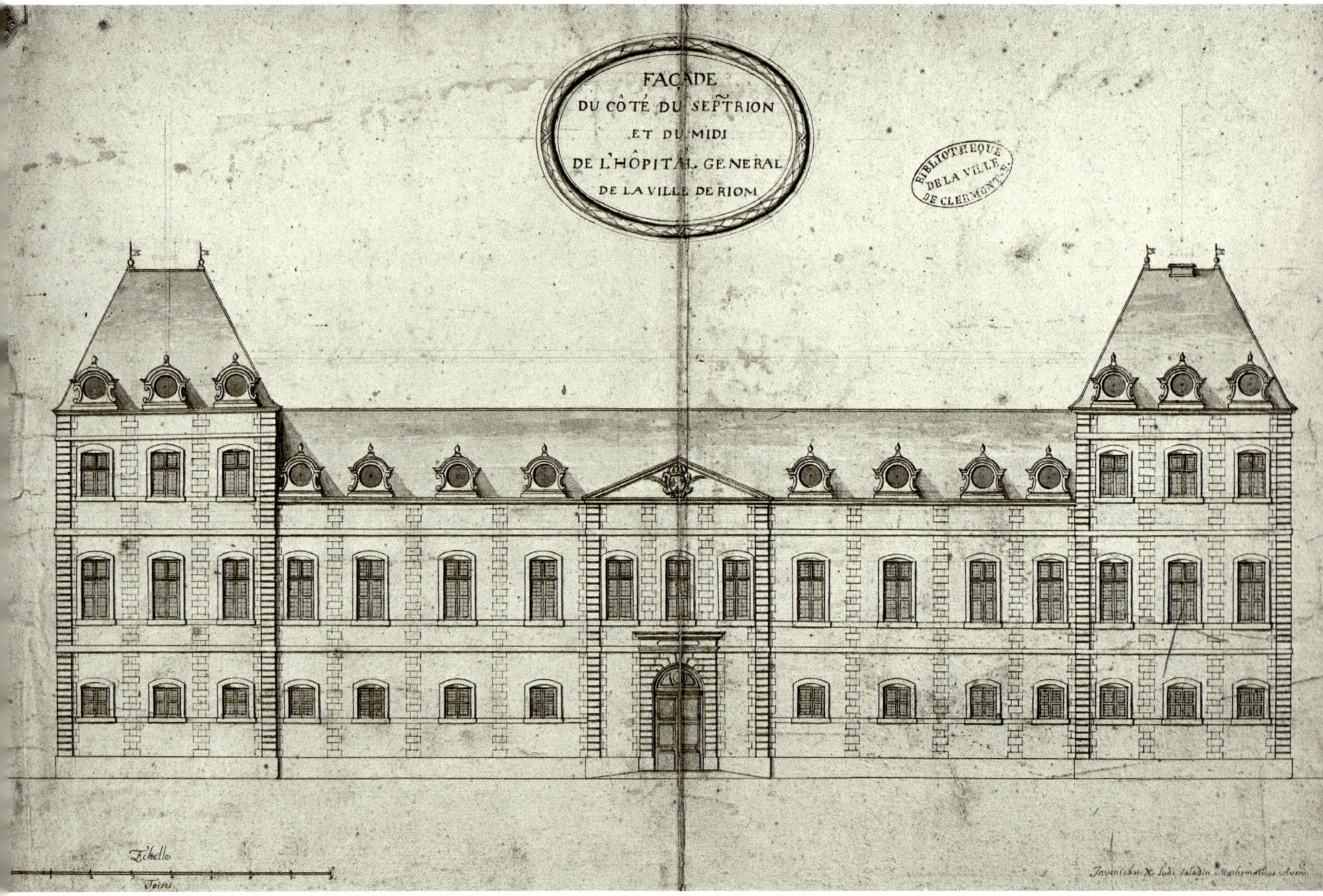


**132- Hôpital général, façade.** Dessin, 55 x 36 cm, éch. 0,9 cm/toise, par Louis Saladin, [1725].
Bibliothèque communautaire et inter-universitaire de Clermont-Ferrand, GRA 21.
L'hôpital général se trouve en bordure extérieure du boulevard.

cour et jardin, une maison dite « hôtel de Chamerlat », et une autre qui pourrait être l'hôtel Vallon de Grandville, d'après des documents d'époque révolutionnaire : ces deux maisons, la première datable des années 1760, la seconde de 1779-1781, ont en effet des avant-corps centraux couronnés de frontons[535]. Accordons une mention spéciale aux architectes de la ville Saladin et C.-F.-M. Attiret qui connaissent bien le principe axial. Louis et Simon Saladin l'ont prouvé dans les dessins des façades avec avant-corps centraux de l'hôpital général (Louis Saladin, 1725 (FIG. 132)) et de la juridiction consulaire (Simon Saladin, 1752, projet non réalisé[536] (FIG. 21)). Attiret l'a démontré en particulier dans le dessin de la façade de sa propre maison où la répartition des pilastres appartenant aux différents ordres dorique, corinthien et ionique se trouve – bizarrement – centrée (un pilastre corinthien au centre, deux pilastres ioniques de part et d'autre de la travée centrale, et deux pilastres doriques aux extrémités de la composition (FIG. 113)), mais aussi dans des façades qui lui sont attribuées (avant-corps du 13 rue de l'Hôtel-de-Ville, loggias centrales superposées du 42 boulevard Desaix (FIG. 81)).

Il restait donc à saisir ce qui différencie les façades les unes des autres, l'ensemble ayant un caractère a priori assez uniforme. Pour ce faire, l'analyse s'est portée sur la manière de hiérarchiser les étages, ce qui revenait à essayer de faire apparaître des rapports entre les hauteurs des baies par niveau, et de mettre au jour des traitements (décoratifs) susceptibles de mettre en valeur l'étage-noble, c'est-à-dire de donner à la façade un caractère parlant. Le fait que des reprises de façades aient affecté des maisons dont le gros-œuvre était plus ancien ne devait pas nous arrêter dans notre lecture car il était possible d'abaisser les allèges, comme le préconise Pierre Bullet en 1691, suivant en cela la mode des fenêtres « fort hautes » que l'on doit, d'après Sauval, à la marquise de Rambouillet. Cette façon d'agrandir les baies par le bas se lit sur plusieurs façades à Riom. Pour Sauval et Bullet il s'agissait de donner de l'agrément, pour Jacques-François Blondel, cela tenait du respect au principe de Convenance (que « la hauteur des étages ne sçauroient non plus être uniforme » : nous lions désormais hauteur des étages et des baies). Cependant l'aspect fonctionnel ne doit pas être occulté pour autant : Savot préconisait simplement les fenêtres plus hautes aux étages les plus bas, en ville, pour plus de clarté.

Et en effet, un résultat de notre analyse est de constater que la différence de hauteur entre un premier et un second étage, au profit du premier, limitée à un pied (32 cm) est un principe d'une grande inertie, qu'on observe régulièrement entre le XVII$^{e}$ et le milieu du XIX$^{e}$ siècle. Notons que la mesure d'un pied est facile à calculer à l'œil nu à partir du XVIII$^{e}$ siècle car il semblerait que les assises soient à cette époque standardisées à un pied : il suffit alors de compter le nombre d'assises des baies du premier et du second étage. On retrouve ici une différence de hauteur demandée dans les devis parisiens du XVII$^{e}$ siècle ainsi que chez Le Muet[537]. Il est tentant d'y voir l'application du principe de Savot qui, en fait, était déjà « tout naturellement » observé dans des constructions antérieures au XVII$^{e}$ siècle[538]. En revanche, les différences de hauteur plus importantes (de l'ordre de deux pieds, voire trois) ne font une apparition réglée qu'au XVIII$^{e}$ siècle, de même que l'absence totale de différence de hauteur, qui, elle, prend son essor au début du XIX$^{e}$ siècle et fait penser au « rapport d'égalité » recherché par Boullée et par Laugier, celui qui « fonde la plus belle de toutes les proportions ».

Finalement, dans ce constat, nous vérifions indirectement un ensemble de faits rapportés par différents auteurs : l'écart qui se creuse entre les programmes des maisons à partir du XVIII$^{e}$ siècle, et la « destitution progressive de l'étage-noble » liée en particulier à la mise au point du programme de l'« immeuble de logements » où des logements similaires sont juxtaposés dans une même maison. Le lien peut en effet être établi à Riom entre les façades à baies de même hauteur et le programme de l'immeuble. L'exemple le plus typique est un petit immeuble de 1821 dont le programme peut être décelé dès la cage d'escalier : d'accès direct depuis la rue, elle est minuscule, les appartements sont constitués des deux mêmes « chambres » à chaque étage et disposent des mêmes cheminées aux mêmes emplacements, enfin, les hauteurs des baies sont strictement égales aux deux étages-carrés[539] (FIG. 87). Il est probable que le premier immeuble de ce type à Riom (baies d'égale hauteur aux deux étages carrés) puisse être daté, indirectement, de 1747 : la façade ne présente rien de particulier (forme des baies « classique » pour cette date, couvertes d'un arc segmentaire délardé), si ce n'est la hauteur exactement semblable pour les deux étages qui en fait un *unicum* à cette époque (FIG. 86).

Le programme de l'« immeuble de logements » est vérifié par les aménagements intérieurs (nous les avons évoqués précédemment) et par la présence originale de numéros peints au-dessus des portes palières.
Croiser ce caractère touchant à la différence de hauteur entre les baies des étages carrés (différence nette, relative ou inexistante) avec le traitement décoratif accordé à ces mêmes baies, nous a conduits à affiner notre typologie de façades.
Précisons avant tout qu'à Riom, le sens donné à la notion de « traitement décoratif » tient essentiellement, au XVIIIe siècle, dans le choix entre des garde-corps (inscrits dans l'embrasure des baies) et des balconnets (ou plutôt des faux-balconnets puisque les baies ne sont pas, pour la majorité d'entre elles, des porte-fenêtres, et qu'en revanche les appuis des ferronneries, ou seuils, sont bien en saillie), ou encore dans le choix entre un dessin de ferronnerie de type secondaire (alternance de barres verticales et serpentines) et un dessin plus élaboré, et enfin dans le chantournement ou non des seuils (FIG. 133).
La nature du traitement est différente pour le XVIIe siècle où l'on trouve plutôt des encadrements à bossages en harpe, ou bien des encadrements à crossettes, ou des croisées inscrites dans des travées toscanes[540] (FIG. 116), ... Et pour le XIXe siècle, où la fonte remplace la ferronnerie et où des entablements individuels peuvent enrichir l'encadrement des baies à fasces. Il faut absolument inclure les garde-corps et les balconnets dans le registre du traitement décoratif même s'il ne s'agit que de second œuvre : nous verrons que leur rôle n'est pas négligeable même s'il reste discret, comme reste discrète parfois la différence de hauteur de baies entre étages. Par ailleurs, la mise en évidence du rôle joué par ce type de traitement décoratif dans la hiérarchisation des baies ne peut s'étudier que dans la réalité car ni les garde-corps ni les balconnets ne sont représentés, en règle générale, dans les élévations fournies avec les devis, ni dans les traités d'architecture et les recueils d'architecture.

**133- Façade, XVIIIe siècle. 3 rue Chabrol.**
Au premier étage, les baies possèdent des seuils chantournés qui reçoivent des balconnets en ferronnerie ouvragée, tandis qu'au second, les baies ne disposent d'aucun seuil et les balconnets sont du type secondaire, c'est-à-dire composés simplement d'une alternance de barres droites et de barres serpentines.

La forme des couvrements des baies ne constitue pas réellement une manière de hiérarchiser les étages à Riom, contrairement à ce que l'on voit parfois dans le recueil de Tiercelet : dans cet ouvrage le plein-cintre est réservé aux baies que l'on cherche à distinguer, viennent ensuite les arcs segmentaires, et enfin les linteaux ou plates-bandes[541]. Tout au plus pourrait-on noter à Riom que des linteaux délardés en arc segmentaire remplacent aux étages secondaires les arcs segmentaires délardés.

Ainsi le croisement du caractère « différence de hauteur » avec le caractère « traitement décoratif » nous amène à constituer des groupes de façades où l'on voit que la grande différence de hauteur de baies entre le premier et le second étage (plus d'un pied) « attire » bien souvent le traitement décoratif le plus riche sur les baies du premier étage (FIG. 95, d, 106). Cette typologie est bien en place dans la première partie du XVIII^e^ siècle (40% des façades de ce type), de même que celle où la différence de hauteur est moindre mais où le traitement décoratif reste accentué au premier étage (39% des façades de ce type sont de cette période aussi), puis le type concentrant les « critères de noblesse » (nette différence de hauteur et décor) au premier étage s'essouffle progressivement. Le cas du 8 rue de la Caisse d'épargne en est un bon exemple (FIG. 127). Son système distributif, déjà évoqué (grand escalier à jour central ne menant qu'au premier étage) confirme qu'il y a bien eu intention de créer un étage-noble. Le traitement « le plus riche », en l'occurrence, a consisté simplement à prévoir pour les baies du premier étage des seuils en saillie comme supports de faux-balconnets ouvragés, tandis qu'au second étage, les baies ne présentent que des garde-corps du type secondaire avec alternance de barres droites et ondulées.

Sans que nous puissions analyser la façade d'une maison dont un descriptif nous est donné dans un procès-verbal d'état des lieux de 1840, il est tentant d'extrapoler et de prétendre que le niveau de décor adopté en façade est à l'image de celui adopté dans les intérieurs. Le descriptif, en effet, annonce qu'au second étage, les appartements sont distribués de la même façon qu'au premier, « mais sans la décoration »[542]. Dans la période suivante (1780-1840), la différence de hauteur de baies s'accommode d'une absence totale de décor (58 % du type de façade à grande différence de hauteur de baies, sans décor, sont de cette période (FIG. 134)), ce qui est difficile à expliquer autrement que par un effet de « démocratisation » de la notion d'étage-noble, puisque la structure de la façade est bien celle d'une maison à étage-noble ; mais on n'a pas investi, au sens propre du terme, dans un décor destiné à mettre la structure en évidence ; par ailleurs, le système distributif consiste en un accès direct à l'escalier depuis la rue et le fonds ne dispose d'aucun espace libre.

134- Façade, début XIX^e^ siècle (1983). 13 rue Hellénie.

**135- Façade, milieu du XVIIIe siècle (1983). 15 rue de l'Horloge.**
Les baies du premier étage sont nettement plus hautes que celles du deuxième (2 assises de différence) mais les appuis en saillie et les faux-balconnets d'un même dessin ornent de manière égale les baies des deux niveaux.

**136- Façade, milieu du XVIIIe siècle (1984). 2 rue Chabrol.**
Inscrite au titre des monuments historiques le 30 mai 1980.
Ici, ni la différence de hauteur entre les fenêtres (elle n'est que d'un pied), ni un traitement décoratif différencié ne permet de hiérarchiser clairement les deux principaux étages.

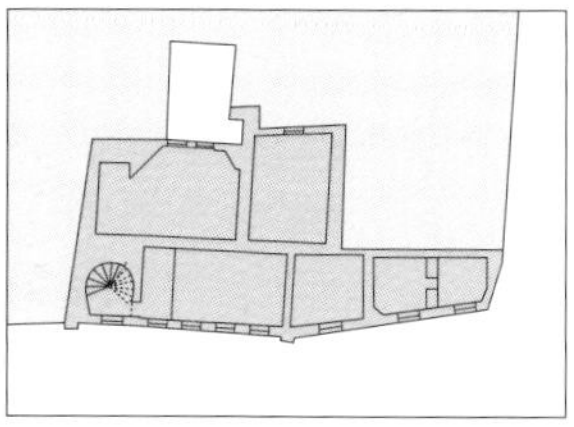

Plan schématique du premier étage, d'après Clément Remoissenet.

**137- 5 place Saint-Jean. Façade, vers 1770 (1982).**
Noter la différence de traitement, au premier étage, entre les deux baies du premier plan et les cinq autres baies. Les deux premières sont pourvues de garde-corps en ferronnerie très simples tandis que les autres sont décorées de garde-corps ouvragés. De plus, le couvrement des deux premières baies n'est constitué que d'un linteau délardé alors que les cinq autres sont couvertes de plates-bandes délardées en arc segmentaire. Ces différences discrètes semblent indiquer que les deux premières n'éclairent que des pièces secondaires, ce que le plan confirme.

Les variantes du type de façades aux baies d'égale hauteur qui sont celles où, malgré la hauteur de baie semblable, un accent décoratif est porté soit au premier étage soit aux deux, se développent à partir de la seconde moitié du XIXe siècle. A partir de cette date le traitement décoratif monte dans les étages et s'applique indistinctement[543]. Bernard Duprat pour Lyon et la maison à loyer, et François Loyer pour Paris et l'immeuble, ont d'ailleurs déjà observé que les balcons, au XIXe siècle, qualifiaient n'importe quel étage, contrairement au XVIIIe siècle où ils étaient réservés au premier[544]. On en trouve aussi la démonstration à Riom[545]. On pourrait en trouver les prémices dans le parti adopté entre 1793 et 1797 par l'architecte de la ville C.-F.-M. Attiret dans son dessin pour les immeubles de la place de la halle au blé (côté rue Saint-Amable[546]), où ce sont les fenêtres du second étage qui reçoivent des balustrades en pierre, élément de décor principal des façades, avec les œils-de-bœuf qui les surmontent. Entre-temps, des maisons s'étaient distinguées avec un traitement décoratif « d'égale intensité » sur deux étages, quand bien même la réelle différence de hauteur entre les baies du premier étage et du second indiquait un étage-noble au premier (FIG. 135). Or il se trouve que cette distribution décorative est plus fréquente sur les façades à seulement deux travées, comme si l'étalement sur deux étages du traitement décoratif compensait l'absence de développement sur la rue. Cela pourrait s'expliquer dans le cas de ces maisons étroites dont l'ensemble-clef « salon de compagnie – chambre à alcôve » se déploie par la force des choses sur les deux étages du bâtiment sur rue, de façon à profiter de l'agrément de la rue avec, depuis l'intérieur, la vue au premier plan sur la résille décorative que constitue l'ouvrage en ferronnerie. On comprend moins que des exemplaires de ce type touchent les maisons à plus de trois travées. Parmi ceux-ci, examinons le cas de la maison dite hôtel Dagonneau-Marcilly (l'hôtel, d'après le rapport d'expertise d'époque révolutionnaire,

## 138- Hôtel Jouhannel de Jenzat, 9 rue Soubrany

a- Plan schématique,
d'après un plan anonyme conservé à la médiathèque du patrimoine.
b- Façade sur rue (Fig. 128).
c- Façade sur le jardin.
d- Elévation sur la cour.

e- Vue sur le salon de musique situé au premier étage donnant sur le jardin.
f- Vue sur la grande chambre à alcôve située au premier étage du corps de bâtiment donnant sur la rue Soubrany.
g- Vue sur la cage de l'escalier principal.

Hôtel, construit à partir de 1750. Le commanditaire de l'hôtel serait Guillaume du Jouhannel de Jenzat, conseiller au présidial de Riom et procureur du roi au Bureau des finances. Dans le journal du Père Tiolier, à l'année 1750, on lit que M. « Dujouhanel, trésorier de France, a commencé au mois de février à démolir sa maison et à rebâtir la nouvelle ».

Classé au titre des monuments historiques le 23 avril 1954.

**La façade sur le jardin** est traitée simplement mais elle est enrichie des garde-corps en ferronnerie ouvragée des deux premiers niveaux. L'élévation sur la cour est d'une simplicité extrême : les baies, d'une hauteur très moyenne (7 assises au premier étage contre 9 pour celles donnant sur le jardin), ne disposent pas d'appuis ni de garde-corps. Jacques-François Blondel affirmait qu'il fallait des raisons essentielles pour composer une façade d'entrée moins riche que celle du jardin. La raison, ici, tient au fait que les baies sur la cour n'éclairent que des pièces destinées à la circulation (cage d'escalier et antichambre) tandis que sur le jardin elles éclairent les pièces de réception.

Des façades hiérarchisées : « exprimer les dedans tout en restant symétrique et régulier ».

aurait été commandité par un certain Pissis dont on ne connaît pas même le métier, vendu aux Montmorin de Saint-Hérem en 1766, revendu aux Dagonneau-Marcilly en 1779[547] (FIG. 136)) : tout était réuni pour que l'étage-noble soit particulièrement bien mis en valeur. Il s'agit en effet d'un hôtel du milieu du XVIIIe siècle, construit sur une parcelle relativement importante (il a été amputé de ses dépendances au XIXe siècle) ; il présentait quatre travées sur la rue et était composé de deux corps de logis séparés par une cour et une cage d'escalier[548]. La façade entièrement appareillée en pierre de Volvic et les huit balconnets en ferronnerie représentaient un investissement financier important mais ni la grande différence de hauteur, ni le traitement décoratif préférentiel n'ont été choisis pour hiérarchiser clairement la façade[549].

Terminons sur trois cas particulièrement démonstratifs où la seule analyse de la distribution des balconnets ou garde-corps en ferronnerie et de leurs appuis nous conforte dans l'idée qu'un réel rapport peut être établi entre eux, c'est-à-dire entre un traitement tout en subtilité des façades, et les intérieurs des maisons. Tout d'abord, au 1 rue Saint-Amable, dans un immeuble réaligné et reconstruit peu après 1768 : abstraction faite des garde-corps en fonte ajoutés ou remplacés au XIXe siècle, on remarquera que les seuls garde-corps de type secondaire affectent une travée particulière, celle de l'escalier. Ensuite, au 5 place Saint-Jean (FIG. 137) : des balconnets au dessin minimaliste ont été posés à deux baies du premier étage, celles de l'extrémité est, tandis que des garde-corps au dessin raffiné ont été posés aux fenêtres du reste de l'étage. Or, le plan - irrégulier - de la maison indique que les baies d'extrémité n'éclairent que deux petites pièces en enfilade, probablement l'équivalent d'une garde-robe et d'un cabinet. Ainsi, par ces deux exemples est mis en évidence un principe cher à Jacques-François Blondel, celui « d'exprimer les dedans, tout en restant symétrique et régulier ». Le principe de régularité et de symétrie avait conduit à bannir les « travées d'escalier » ainsi que les demi-croisées destinées à n'éclairer que des petites pièces annexes. Le système discret du traitement décoratif par les balconnets remplacerait en quelque sorte une manière parlante de distribuer les baies en façade.

Enfin, évoquons le cas de l'hôtel Jouhannel de Jenzat (FIG. 128 et 138), cet hôtel entre cour et jardin dont le plan en équerre permet d'avoir une partie de façade directement sur la rue. En fait, c'est cette dernière qui compte : elle est décorée au mieux, c'est-à-dire qu'au premier étage, de faux-balconnets reposant sur des seuils chantournés ornent les fenêtres qui sont nettement plus hautes que celles du second (le dernier niveau) (FIG. 128). Les fenêtres du premier étage de l'élévation sur la cour, traitées au plus simple, n'atteignent pas la hauteur des baies du premier étage sur la rue, et ne présentent ni garde-corps, ni appui (FIG. 138, d). La façade sur le jardin, elle, met en valeur ses deux étages (hautes baies à faux et vrais balconnets en ferronnerie d'un dessin élaboré) mais sans les distinguer réellement l'un de l'autre (FIG. 138, c). Or le plan de l'hôtel montre qu'une grande chambre à alcôve est située dans la partie donnant sur la rue, que le salon de compagnie et la chambre d'apparat sont au rez-de-jardin, le salon de musique et d'autres chambres donnent également sur le jardin, tandis que ce ne sont que la cage d'escalier et l'antichambre qui s'éclairent sur la cour. Notons que celle-ci avait pourtant un rôle d'accueil certain : il fallait la traverser pour accéder au vestibule et à l'escalier d'honneur. Ainsi, à nouveau, le traitement différencié des baies, même discret, suffit à annoncer la distribution intérieure.

## Décor, motifs à succès et datation

**140- Angle de la maison dite de l'artisan, milieu du XVI<sup>e</sup> siècle.**
1 rue Sirmond. Classée au titre des monuments historiques le 3 mai 1913.

La rareté du décor sculpté donne ses limites à un système de datation fondé sur le décor, méthode qui en d'autres endroits peut donner des résultats probants. Par ailleurs, la quasi-absence de relief accentué en façade, modénatures comprises, contribue à donner aux fronts de rue un caractère uniforme et lisse. La nature de la pierre n'est pas en cause : quelques belles démonstrations de la capacité de la lave à se plier au ciseau du sculpteur sont visibles à Riom.
Certaines cours gardent la trace du passage, au XVI<sup>e</sup> et au début du XVII<sup>e</sup> siècle, de sculpteurs habiles ayant su profiter des qualités particulières de la lave de Volvic. Malheureusement, nous ne savons rien des façades sur rue d'origine de ces maisons et donc rien du statut donné aux élévations sur cour par rapport aux façades principales.

**139- Angle de la maison d'Antoine Pandier (1984).**
13 rue de la Harpe. Porte la date 1550.
Classée au titre des monuments historiques le 28 août 1918.
Ce traitement d'angle est constitué d'une niche contenant ici une statuette de saint Antoine ; une autre niche de cette période est visible au 32 rue de l'Horloge ; elles seront imitées en 1722 (date portée) au 5 rue Massillon, pour abriter une statuette de saint Jean.

141- Deux tourelles d'angle en pendant, à l'entrée de la rue de l'Hôtel-de-Ville.

En revanche, une maison, sans cour, se distingue par un détail de décor sculpté sur la rue qui dit l'attachement de son propriétaire à établir un rapport de composition avec le cadre urbain : il s'agit de la maison dite « de l'artisan » qui présente à l'angle des deux rues qu'elle occupe un pilastre de la hauteur du rez-de-chaussée, couronné d'un chapiteau composite, datable du milieu du XVIe siècle[550] (FIG. 140). Ce traitement d'angle, discret, est comme une version Renaissance des angles médiévaux qui présentent des chanfreins avec adoucissement[551]. A une autre échelle, les tourelles sur l'angle des XVIe et XVIIe siècles apparaissent comme des traitements d'angles de rue qui seront négligés par la suite (FIG. 141). Leur modèle réside probablement dans l'échauguette sur l'angle de la « maison des consuls » (FIG. 101). En matière de décor, au sein d'une même ville, le mimétisme joue en effet un rôle non négligeable dans l'ordre urbain[552], qu'il opère sur le mode de l'écho à distance ou sur celui du vis-à-vis, à l'échelle du détail ou de la structure entière. Il est une de ces imitations à Riom dont on aurait souhaité vérifier qu'il ne s'agissait pas de concertation entre propriétaires, tant l'effet produit se révèle spectaculaire : il s'agit de ces deux tourelles d'angle situées de part et d'autre de la rue de l'Hôtel-de-Ville, à proximité de l'enceinte, dont l'ensemble ainsi constitué crée un doublement de l'entrée de ville. D'autres liens unissent la « maison des consuls » à la maison Soubrany (les deux maisons sont distantes de 35 mètres) : la toiture à forte pente ainsi que les croisées de la première ont servi de modèle à la seconde 29 ans plus tard (FIG. 12, 13 et 101). Quant aux croisées de la maison Soubrany, des frontons ont été ajoutés, où prennent place des écus blasonnés inscrits dans des cuirs, une concession à la mode des années 1560-1570.

La porte cochère de l'hôtel Dufraisse (FIG. 22), en construction en 1707, d'après un document retrouvé récemment par Pascal Piéra[553], constitue un modèle qui sera repris plus de 50 années plus tard pour le dessin de la porte cochère de l'hôtel Jouhannel de Jenzat[554] (FIG. 128).
En outre, il nous a été donné de mesurer, à travers quelques exemples, l'ampleur du phénomène qui consiste à reproduire une forme architecturale sur plusieurs générations. En effet, un autre modèle de porte, inscrit dans une travée toscane, avec frise bombée et fronton interrompu, datable du début du XVII<sup>e</sup> siècle et situé au 3 rue Pascal (FIG. 142), est à nouveau utilisé pour la porte de la chapelle de l'hôpital général (mal datée, XVIIe siècle), et au 1 rue de l'Intendance d'Auvergne, daté vers 1760 par R. du Corail[555], soit plus d'un siècle plus tard (FIG. 143). Cette maison, dite hôtel Rollet d'Avaux, réunit d'ailleurs, dans une composition et des proportions du XVIIIe siècle, de nombreux éléments archaïsants (cage d'escalier à gros balustres en pierre (FIG. 92), petites lucarnes à boules reproduisant le dessin des lucarnes, à l'exception des croisillons, du couvent des carmélites construit en 1640 aux abords de l'enceinte de la ville). Le gabarit de la porte est légèrement différent : 5,50 m de haut pour la porte du XVIIIe siècle contre 4,77 m pour la porte du XVIIe siècle. Mais surtout, la régularité des assises d'un pied chacune trahit la datation de la porte du XVIIIe siècle, par rapport à son modèle du début du XVIIe siècle à assises irrégulières.
La porte qui s'inscrit dans une travée toscane à frise bombée (sans, nécessairement, le fronton interrompu que présentaient ces deux exemples), fait partie des motifs à succès de la ville. De même que la porte avec filet de chambranle, clef et impostes en saillie (FIG. 144, 145), et que la porte toscane traitée en bossages à refends, qu'on retrouve sur trois siècles, au point de ne plus pouvoir situer chronologiquement, par exemple, la porte de la maison du 15 rue Croisier : les formes semblent remonter au XVIIe siècle mais la surface particulièrement lisse des pierres renverrait plutôt à des techniques du XIXe siècle...

**142- Porte cochère, 1er quart du XVIIe siècle (1984).** 3 rue Pascal.

**143- Porte cochère, vers 1760 (1983).** 1 rue de l'Intendance d'Auvergne.

**144- Porte couverte d'un arc cintré, avec filet de chambranle, clef d'arc et impostes en saillie, début du XVIIIe siècle.**
19 rue Delille.

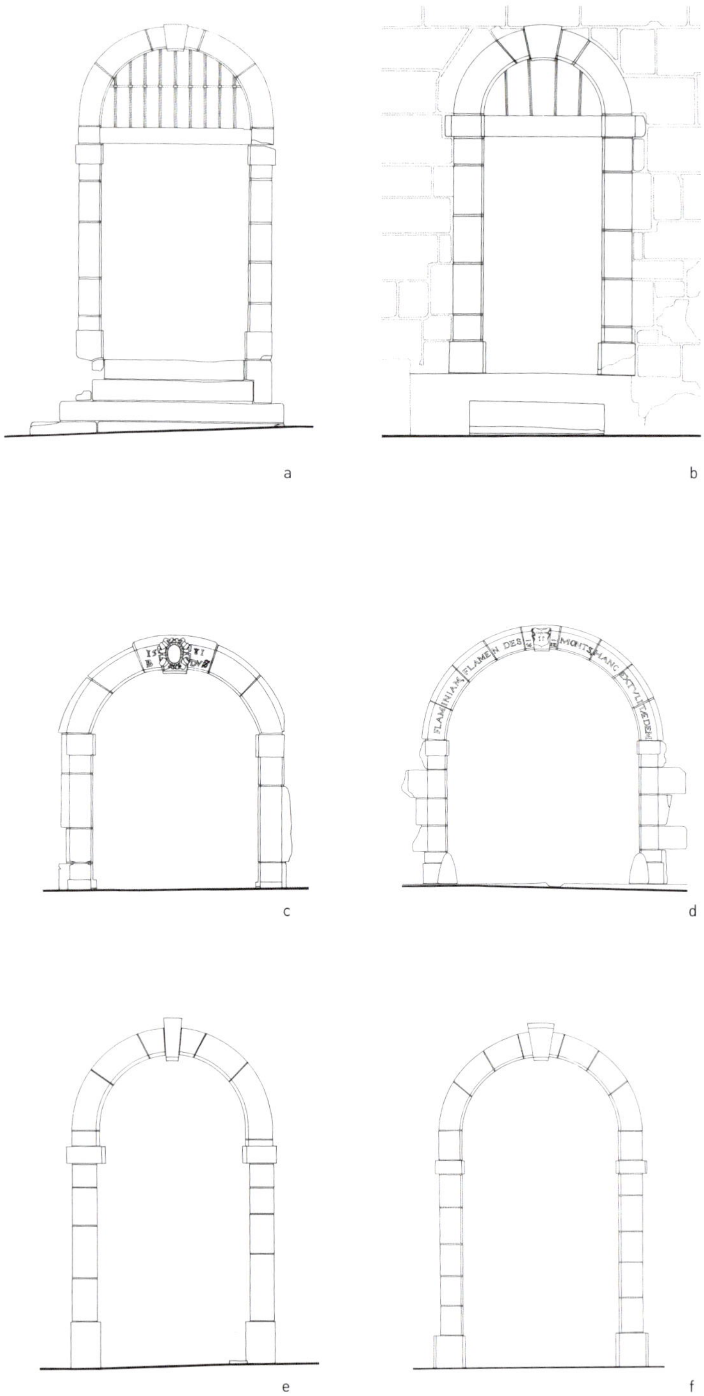


**145- Série de portes couvertes d'un arc cintré, avec filet de chambranle, clef d'arc et impostes en saillie.**
a/ 26 rue Marivaux, XVIIe siècle
b/ 22bis rue de l'Hôtel-de-Ville, XVIIe siècle
c/ 21 rue Sirmond, datée 1581
d/ 1 rue Massillon, datée 1612
e/ 11 rue Daurat, XVIIe siècle
f/ 13 rue Daurat, XVIIIe siècle.

**146- Porte cochère, milieu du XVII$^{e}$ siècle, par Jean Languille (?). Vue générale et détail de l'atlante et de la cariatide (1983).**
36 rue du Commerce. Inscrite au titre des monuments historiques le 9 février 1927.

L'absence de documents contraint également l'historien à laisser l'architecture anonyme. Pascal Piéra s'est livré au jeu des attributions entre 1683 et 1822 : il ne pouvait compter presque qu'exclusivement sur des critères stylistiques.

Quand la personnalité d'un architecte s'est dégagée du dépouillement des archives, c'est le cas de Jacques Pothier, aucun édifice n'a pu lui être restitué. On sait qu'après avoir été qualifié de « maître-tailleur de pierre et maçon » en 1642, il est paré du titre de « maître architecte » dans un document de 1648 et « architecte entrepreneur de cette ville » en 1671. Il produit des plans et des dessins, d'après deux documents, a réussi à s'enrichir (sa maison située dans le quartier Saint-Amable est évaluée à 7000 livres à sa mort en 1678) et a fondé une dynastie d'architectes puisque son fils Priest est maître architecte à Clermont ainsi que son petit-fils Jean-Alexis. Il est le seul architecte recensé dans la liève du domaine royal des années 1660, et s'est associé avec le sculpteur Jean Languille sur le chantier de la reconstruction du clocher du Marthuret en 1648. Il est aussi le maître d'œuvre en 1642 de la reprise d'une façade d'une maison située au quartier Saint-Jean, appartenant à « noble François Bernard, sieur de Sériers, conseiller du roi et receveur des tailles en l'élection générale de cette ville », et celui des visitandines en 1659 et en 1671. Tous ces éléments prouvent que Jacques Pothier a bien sa place dans l'histoire de l'architecture de la ville mais son style n'a pas pu être identifié.

Quant aux maîtres d'ouvrage, nous ne connaissons rien du contenu de leurs commandes. L'inventaire après décès de René de Girard, trésorier général des finances, nous apprend qu'il possédait en 1678 quatre traités d'architecture (Diego de Sagredo, Vitruve, Philibert Delorme et Pierre Le Muet[556]) mais l'utilisation qu'il a pu en faire nous est inconnue.

Le nom d'un sculpteur est ressorti des archives, il s'agit de Jean Languille. Les consuls de Riom l'avaient accepté en 1640 comme habitant de la ville[557]. Son souhait « de se retirer en cette ville » datait de 1631[558], époque où il travaillait pour le château d'Effiat[559]. On lui attribue, sans preuves, les cariatides et atlantes engainés du 36 rue du Commerce (FIG. 146) et de la fontaine dite d'Adam et Eve (FIG. 147). Son fils Guillaume était déclaré sculpteur dans un document de 1665[560]. Par la suite, Benoît Languille (second fils ou petit-fils du premier) ne porte plus ce titre mais celui de tailleur de pierre[561] : l'évolution de la lignée est à l'image de la nature du décor qu'offrent les élévations.

Lorsque des formes architecturales ont été reproduites à l'identique dans la ville, à une date similaire, doit-on les attribuer à l'intervention d'un architecte, d'un maçon, d'un tailleur de pierre ? Quand la reproduction est constatée sur une durée excédant la génération, doit-on l'attribuer à la transmission d'un savoir-faire au sein d'un atelier, ou à la commande de clients peu intéressés par la nouveauté architecturale, comme il en existe en grand nombre de tout temps ? Quoi qu'il en soit, c'est aussi grâce à la forte récurrence d'un nombre restreint de motifs architecturaux que la ville a gagné en unité.

**147- Fontaine, par Jean Languille (?), milieu du XVIIe siècle, recomposée au XVIIIe siècle (1982).**
Angle de la rue Sirmond et de la rue Hippolyte-Gomot.
Classée au titre des monuments historiques le15 novembre 1913.

SIRMON

# CONCLUSION.

« Nous débattons actuellement sur l'opposition entre « la ville consolidée » et « la ville dispersée », entre celle qui protège la filiation historique, privilégie le lignage patrimonial et celle qui magnifie la dédensification, valorise les mobilités et, paradoxalement, provoque une sensibilité paysagère. »,
Bernardo Secchi, 1999

## Ruptures.

Au XX$^{e}$ siècle, dans le centre ancien de Riom comme ailleurs, les interventions en milieu urbain se font délibérément sur le mode de la rupture.
Sans revenir sur les effets à retardement de la loi Cornudet qui aboutit dans les années 1930 à la démolition d'un îlot déclaré insalubre suivie de sa transformation en place, évoquons le cas de l'ancien Hôtel-Dieu. Accolé à l'église du Marthuret, il avait fait office de caserne. Il est entièrement démoli et un bâtiment des postes est construit sur l'emplacement dégagé (permis de construire du 28 octobre 1960)[562]. Ici est alors mis en œuvre le principe de la libre composition : l'implantation de l'édifice montre une réelle indépendance par rapport au tracé viaire. Tandis que l'église du Marthuret est alignée, le bâtiment des postes est disposé en retrait de la rue et à distance de l'église, un jardin public, sur le projet, devant occuper l'intervalle entre les deux monuments. Il s'agit d'une « expansion étonnante de l'espace ouvert [...] » propre à la ville du XX$^{e}$ siècle, qui pose « les problèmes de distance entre les différents objets architecturaux, des dimensions et de la forme [de ces] espaces ouverts [...] »[563].

Le 13 février 1967, le secteur sauvegardé est créé par arrêté inter-ministériel. L'objectif lié à la création de ces secteurs est double : conserver et revitaliser les centres anciens. Quelques années plus tard, en 1973, quand un Plan d'occupation des sols doit être élaboré en dehors de ce périmètre, le danger de « séparer définitivement la ville en deux sous-ensembles » est signalé, d'autres critères que ceux liés à la morphologie du tissu, est-il écrit dans un rapport, n'admettant pas la différenciation, mais finalement le Plan d'occupation des sols lui-même se donne pour objectif de « recentraliser » la ville sur son noyau ancien afin de « mettre un frein » à la dispersion des surfaces urbanisées[564].
Dans les années 1980, deux opérations sont à signaler : la construction de 52 logements (avec foyer pour personnes âgées et bureau d'aide sociale) à la place d'anciennes maisons et tanneries, et la construction d'un tribunal d'instance (avec conseil des prudhommes) à proximité du palais de justice et de la Sainte-Chapelle[565]. Ces deux opérations, d'envergure différente, ont en commun de mal s'accommoder, chacune à leur manière, du principe de continuité du tissu et de l'îlot. Dans la première, l'examen rapide du plan d'implantation exprime clairement, mais moins spectaculairement qu'avec la poste vingt ans auparavant, une volonté de s'affranchir du contour des îlots. Le tracé au sol des bâtiments est tout en décalage et irrégularité, et en élévation, leur hauteur varie délibérément de 8,30 m à 12 m. La couverture en tuile rouge apparente est préconisée et la prescription de l'architecte du secteur sauvegardé, toute empreinte de l'hygiénisme qui prévaut encore dans ces années-là qui consiste à vider ou laisser vides les cœurs d'îlots, a été observée par les architectes. Quant au projet du tribunal d'instance, il contredit la masse de l'îlot en en abattant l'angle ; intervention d'autant plus étonnante que l'angle participait d'un effet de cadrage d'une entrée du palais de justice aménagée dans la perspective de la rue en 1872[566].

148- Rue Victor Bash.

L'espace dilaté sur lequel a été implanté la poste et l'angle ouvert du tribunal d'instance témoignent probablement d'une volonté alors très répandue de créer des espaces de transition entre la rue et l'édifice, ce que ne prévoit pas la rue riomoise telle que remodelée depuis le XVIe siècle.
Le règlement du Plan de sauvegarde et de mise en valeur a évolué depuis 1967 : la prise d'air et de lumière n'est plus invoquée aussi abruptement qu'avec le curetage des îlots, les « granges » sont maintenant protégées, d'autres servitudes de démolition ont été supprimées de manière à limiter l'empiètement sur le cadre de vie des habitants. Le 8 juillet 2004, le conseil municipal a cependant statué sur une demande de modification du règlement (qui vise notamment les possibilités de création de stationnements de voitures au sein du secteur), tout en lançant, au cours de la même année, une campagne de ravalement obligatoire des façades. Le grand axe nord-sud a été le premier concerné par cette mesure. Cependant, là, à nouveau, un compromis reste à trouver qui concilierait habitants avides de couleurs et amateurs d'espaces urbains originaux. En effet, une controverse est née récemment, comme dans d'autres villes françaises, au sujet des enduits de façades. La couleur a ainsi fait son apparition dans le centre de Riom, c'est la dernière rupture en date, elle ne touche que l'épiderme des édifices mais l'enjeu est double : celui du renouvellement du cadre de vie que certains jugent triste et sévère, d'un côté, celui de la préservation d'un ensemble urbain homogène qui constitue le monument le plus spectaculaire de la ville, de l'autre. Il est avéré que le blanchiment, comme nous l'avons vu, était imposé à partir des années 1860. Aucun indice ne nous permet d'affirmer que le blanc était déjà auparavant la couleur de référence à Riom, cependant, Jean-Marie Pérouse de Montclos écrit de la seconde moitié du XVIIe siècle et du XVIIIe siècle qu'ils formaient « la période blanche de l'architecture française », en précisant en outre que la couleur était alors rejetée à la périphérie du royaume (les provinces orientales) et de l'édifice (les dépendances, les fabriques de jardin, ...), que la couleur au même titre que la sculpture étant susceptibles de compromettre l'unité de la composition, l'idéal classique les contrôlait. Or lorsque l'on sait combien, à cette époque-là précisément, Riom se débattait pour ne rien perdre de son statut dans le royaume, on peut raisonnablement penser qu'elle s'était parée de blanc. Mais même si l'état de nos connaissances ne permet que de militer en faveur d'enduits ou de badigeons clairs voire blancs, quelle légitimité y aurait-il d'imposer à certains habitants une composante forte de leur cadre de vie au nom du principe historique[567] ? L'argument de l'unité de composition n'a cependant pas d'âge. « Quelle conscience a chaque propriétaire de participer au théâtre de la rue ? » : la question présente, sur le grand axe de Riom, une pertinence particulière[568].
Opposer les habitants d'un site aux amateurs a-t-il un sens ? Xavier Fabre, dans une contribution portant sur l'ensemble des villes du Massif central, oppose les deux mondes : partant d'une énumération de points que la plupart de ces villes ont en commun comme les manifestations d'une culture urbaine spécifique – et l'incorporation des monuments, hormis quelques édifices majeurs, à la forme dense de la ville en est un, au même titre que l'absence de grandes recompositions urbaines, ou que l'effet de réseau qui rassemble les villes entre elles – il en retient que le tourisme n'y retrouve pas « sa vision de la beauté », qui doit tenir du spectaculaire, mais que les habitants y gagnent en qualité de vie[569] ...

## Susciter les interrogations.

L'absence notable d'archives réputées indispensables à l'étude des villes a imposé d'emblée des limites aux résultats de l'enquête, à laquelle ont été ajoutées les limites géographiques (le Secteur sauvegardé), mais il nous semble qu'elle n'interdit pas de livrer une lecture plausible de l'évolution urbaine en même temps qu'une lecture sensible de ses aménagements. Chaque territoire impose ses contraintes et la méthode de l'Inventaire doit à chaque fois être appliquée suivant de nouvelles problématiques, au risque de tomber dans l'illusion d'une description exhaustive, ou dans un travail d'érudition sans fin. Croiser les différentes échelles d'analyse avec l'investigation archéologique et le classement typologique a permis, nous semble-t-il, d'avancer dans la connaissance et la compréhension de la constitution de la ville.
Le travail d'identification des architectes, des entrepreneurs et des commanditaires mériterait d'être repris, mais en l'absence de plans anciens notamment, il faudrait

beaucoup de temps avant de pouvoir établir avec certitude des liens entre les immeubles que nous avons sous les yeux et les personnes qui les ont construits. Retrouver ces éléments déterminants donnerait alors un sens à la constitution de monographies.
« L'étude des villes a ceci de fascinant que malgré leurs différences et l'identité de chacune, les phénomènes urbains s'y retrouvent »[570] : renouveler la description de certains de ces phénomènes connus a déterminé également notre approche.
La question des rapports entre centre et périphéries n'a pas du tout été abordée ici, elle demanderait à l'être à l'avenir et nous l'envisagerions volontiers dans une perspective générale qui serait celle d'un fonds commun aux milieux rural et urbain en matière d'organisation et de pratique des espaces. Y a-t-il lieu par exemple de rapprocher l'indépendance par rapport à une habitation des « granges » riomoises de celle des granges-étables repérées dans certaines zones rurales du Cantal[571] ? Déterminer le seuil à partir duquel on peut prétendre passer d'un milieu à l'autre pourrait prendre une tonalité différente dans ce cadre-là. Quelle valeur accorder à un rapprochement qu'on pourrait être tenté de faire entre le système des seigneuries alleutières qui aboutit à des règlements de vie commune (dans « des tours partagées par moitié, quart ou huitième de part »[572]) et les espaces de circulation mis en commun, entre le régime des biens communaux ou sectionnaux des milieux ruraux et les espaces de transition, actuellement privatisés, que nous avons repérés en plein centre urbain[573] ? Il s'agirait de mener des investigations sur les modalités de partage du sol et des espaces (construits ou non), dans une aire qu'il reste à définir (et pour commencer, à l'échelle de la région). Des compétences en histoire juridique seraient nécessaires, et aussi en géographie humaine. Du côté de l'Inventaire, on pourrait prévoir que des paramètres ciblés sur ces questions soient systématiquement ajoutés aux problématiques d'enquête développées sur les prochains territoires abordés dans la région. Des zones mieux pourvues en archives ou moins perturbées matériellement pourraient fournir des éléments de réponse.

En outre, en adoptant le point de vue de l'observateur de l'état actuel de la ville, cette étude devrait pouvoir constituer une « invitation à réfléchir sur les modes d'implantation des territoires à forte densité »[574] et sur la capacité de transformation des villes. Par exemple, on pourra continuer de s'interroger sur l'intégration des sous-sols dans un processus de densification de la ville, qui génère un lien privilégié entre les substructures des constructions et l'espace public[575], mais aussi sur la notion de « module » commun à tous les genres d'édifices comme outil d'intégration dans un tissu donné, puisqu'on a montré que les édifices publics comme les « granges » adoptaient en quelque sorte le module de la maison. On pourra poursuivre la réflexion aussi sur d'autres thèmes comme la valeur urbaine des édifices a priori « non fonctionnels » : les « granges » riomoises se prêtent à différents usages, selon les besoins et les périodes. Par ailleurs, il semblerait que l'absence de mise en scène des édifices ne doive pas être obligatoirement perçue comme une manière appauvrie de construire l'espace urbain. La cohésion du tissu, si elle passe par la mitoyenneté, peut même s'envisager comme une succession de greffes fonctionnelles d'édifices les uns sur les autres : s'inspirer du statut d'une maison divisée à la suite d'un héritage peut conduire à la mise en commun *a novo* d'espaces libres et d'escaliers, l'articulation entre cellules du tissu s'en trouvant alors renforcée.
Des choix urbains peuvent être énumérés dont dépendra l'identité de la ville : les échappées depuis les rues principales sur les cœurs d'îlots, l'empiètement d'éléments adventices sur l'espace public, le remplissage et la limite stricte des fronts de rues, le curetage des cœurs d'îlots dans le respect des alignements de façades sur la rue, l'implantation d'édifices sur des espaces ouverts,... font partie des expériences menées dans le centre de Riom. Il ne s'agit pas que du choix d'un rapport quantitatif entre espaces vides et espaces bâtis mais d'une répartition particulière des vides et des pleins comme un architecte pourrait en prendre le parti à l'échelle d'un édifice. Certains partis urbains peuvent s'additionner jusqu'à susciter l'émotion « de la compression du temps dans l'espace présent »[576], mais d'autres peuvent être à l'origine d'actions plus irréversibles que le cours du temps... Rapportons aussi une des conclusions auxquelles aboutit Bernardo Secchi dans sa *Première leçon d'urbanisme* : pour lui, la démarche à adopter, directement inspirée de l'analyse des centres anciens, est celle « d'une recherche de familiarité faite de rapports de rapprochements, d'espaces clos et pas seulement d'espaces ouverts, d'ombres plus que de lumières, de matériaux lourds plutôt que de matériaux légers, de décor et de régularité ».

# Notes

Les notes en abrégé sont développées en bibliographie.

## Introduction

1 INVENTAIRE GENERAL – SERVICE REGIONAL DE LANGUEDOC-ROUSSILLON, *Montpellier : la demeure médiévale*, par SOURNIA, Bernard, VAYSSETTES, Jean-Louis [coll. « Etudes du patrimoine », n° 1], Paris : Imprimerie nationale, 1991, et INVENTAIRE GENERAL – SERVICE REGIONAL DE LANGUEDOC-ROUSSILLON, *Montpellier : la demeure classique*, par SOURNIA, Bernard, VAYSSETTES, Jean-Louis [coll. « Cahiers du patrimoine », n° 38], Paris : Imprimerie nationale, 1994.
Le terme de demeure est utilisé ici comme terme générique pour désigner l'édifice d'habitation. Voir INVENTAIRE GENERAL, *Thesaurus de l'architecture* [coll. Documents et méthodes, n° 7], Paris : Editions du patrimoine, 2000.

2 INVENTAIRE GENERAL – SERVICE REGIONAL DE LANGUEDOC-ROUSSILLON, *Montpellier : la ville médiévale*, par FABRE, Ghislaine, LOCHARD, Thierry [coll. « Etudes du patrimoine », n° 3], Paris : Imprimerie nationale, 1992.

3 INVENTAIRE GENERAL – SERVICE REGIONAL de HAUTE-NORMANDIE, *Le Havre, un port, des villes neuves*, par ETIENNE-STEINER, Claire, SAUNIER, Frédéric [coll. « Cahiers du patrimoine », n° 71], Paris : Monum, Editions du patrimoine, 2005.

4 HAMON, Françoise, « Le territoire. Introduction », *Revue de l'art*, 1984, n° 65, p. 7-8.

5 INVENTAIRE GENERAL – SERVICE REGIONAL DE BRETAGNE, *Rennes, mémoire et continuité d'une ville*, par BARBEDOR, Isabelle, BONNET, Philippe, LAURANCEAU, Elise, RIOULT, Jean-Jacques [coll. « Cahiers du patrimoine », n° 69], Paris : Monum, Editions du patrimoine, 2004, p. 15.

6 Introduction orale de François Loyer au séminaire « La ville et ses espaces : vocabulaires et méthodes d'étude croisés », Ecole nationale du patrimoine, Paris, 7-9 décembre 1999.

7 ROSSI, 2001 (réédition d'une publication datant de 1966).

8 Joseph Abram utilise ce concept, particulièrement bien adapté en l'occurrence, à l'analyse du projet de plate-forme de Perret pour la ville du Havre : un moyen « d'unifier la ville en un immense édifice posé sur un socle modulé, comme le stylobate d'un temple classique », dans ABRAM, Joseph, *Utopie d'une reconstruction : l'équipe Perret au Havre*, Nancy : Ecole d'architecture, 1989. Claire Etienne en est également pénétrée quand elle l'adapte précisément à l'étude du Havre.

9 INVENTAIRE GENERAL - SOUS-DIRECTION DE L'INVENTAIRE. *Espace urbain. Vocabulaire et morphologie*, par GAUTHIEZ, Bernard [coll. « Principes d'analyse scientifique »], Paris : Monum, Editions du patrimoine, 2003.

10 COSTE, Georges, de MASSARY, Xavier, *Principes, méthode et conduite de l'Inventaire général* [coll. « Documents et méthodes », n° 9], Paris : Monum, Editions du patrimoine, 2001, p. 36.

11 ROSSI, 2001, p. 32.

12 BOUDON, *et al.*, 1977.

13 LOYER, 1987.

14 CABESTAN, Jean-François, « La naissance de l'immeuble d'appartements à Paris sous le règne de Louis XV », RABREAU, Daniel (dir.), *Paris, capitale des arts sous Louis XV : peinture, sculpture, architecture, fêtes, iconographie*, Paris : Centre Ledoux, université de Paris I ; Bordeaux : William Blake & Co., Arts & Arts, 1997, p. 167-196. *Annales du Centre Ledoux*, t. I, 1997. Et CABESTAN, Jean-François, *La conquête du plain-pied. L'immeuble à Paris au XVIII^e^ siècle*, Paris : A. et J. Picard, 2004.

15 DUPRAT, Bernard, PAULIN, Michel, *Le système de la façade et de la baie : maisons à loyer urbaines du XIX^e^ siècle*, Lyon : éditions du Cosmogone pour le Laboratoire d'analyse des formes (Ecole d'architecture de Lyon), 1995.

16 BABELON, Jean-Pierre, « La naissance des beaux quartiers à Paris », *D'une ville à l'autre. Structures matérielles et organisation de l'espace dans les villes européennes (XIII^e^-XVI^e^ siècles)*, Rome : Ecole française de Rome, 1989, p. 55-68.

17 LECLERCQ, Jean Paul, « Epistémologie à l'Inventaire général », rapport interne, DRAC Auvergne, mars 1986.
Citer Jean-Paul Leclercq dans le cadre d'une étude sur Riom se justifie à plus d'un titre : ayant œuvré dans le service de l'Inventaire d'Auvergne, l'intérêt d'une étude sur cette ville ne lui avait pas échappé.

18 PANERAI, Philippe, avec DEMORGON, Marcelle, DEPAULE, Jean-Charles, *Analyse urbaine* [coll. Eupalinos], Marseille : éd. Parenthèses, 2005 (1^ère^ éd. 1999), p. 7.

19 Le terme de demeure est utilisé ici comme terme générique pour désigner l'édifice d'habitation. Voir INVENTAIRE GENERAL, *Thesaurus de l'architecture* [coll. « Documents et méthodes », n° 7], Paris : éd. du patrimoine, 2000.

20 Sur cette analyse morphologique « qui brise la dichotomie entre maison et hôtel pour ne plus conserver que des partis distributifs », voir en particulier COSTE, TOULIER, 1984.

21 SOURNIA, 1984.

22 1400 photographies du service concernant Riom ont déjà été versées sur la base nationale *Mémoire*.

23 André J. Donzet, François René Girard et Gilles Séraphin, 1994.

24 INVENTAIRE GENERAL – SERVICE REGIONAL D'AUVERGNE, 1990.

25 PIERA, 2001.

26 Ce système d'information géographique sera mis à disposition du public via l'Internet.

27 ROSSI, 2001, p. 36-40 : « Il est donc évident qu'une des thèses de ce livre, qui veut affirmer l'importance de l'architecture dans l'étude de la ville, est de refuser l'explication de tous les faits urbains à travers leur fonction ; je soutiens même que cette explication, loin d'être éclairante, est régressive, parce qu'elle empêche l'analyse des formes et la connaissance des lois véritables du monde de l'architecture ».

28 ALLAIN, 2004, p. 35.

29 TEYSSOT, 2003[2].

30 Le plan cadastral que nous avons utilisé est la mise à jour de 1987.

31 « Forme rémanente : traces d'un édifice ou d'un aménagement urbain largement effacé, mais dont la forme d'ensemble est perceptible dans un tissu urbain, et particulièrement dans le parcellaire. ». Définition tirée de INVENTAIRE GENERAL - SOUS-DIRECTION DE L'INVENTAIRE. *Espace urbain. Vocabulaire et morphologie*, par GAUTHIEZ, Bernard [coll. « Principes d'analyse scientifique »], Paris : Monum, Editions du patrimoine, 2003, p. 251.

32 Le baptistère, devenu église Saint-Jean, a été reconstruit à la fin du XIV^e^ siècle.
Sur l'église Saint-Amable, voir PHALIP, Bruno, « Des terres médiévales en friche. Pour une étude des techniques de construction et des productions artistiques montagnardes [...] », mémoire d'habilitation à diriger des recherches, université de Clermont-Ferrand II, 2001, vol. 5, p. 75-82. Voir aussi COURTILLE, Anne, *Auvergne et Bourbonnais gothiques* -1 - les débuts, Nonette : Créer, 1990. Voir enfin : PIERA, Pascal, « Les transformations de l'église Saint-Amable de Riom au XVIII^e^ siècle », *Congrès archéologique de France* (2000), 2003, p. 359-362.

33 Il ne reste aucune trace intra-muros de l'installation humaine initiale (peu avant ou pendant l'occupation romaine).

34 FOURNIER, 1973, p. 100-106 (Riom).

35 Le champ de diffusion de ce type de lotissement est beaucoup plus étendu : la ville de Morges, en Suisse, en constitue un autre exemple.

36 TEYSSOT, 2003[2].

37 FOURNIER, 1985, p. 190-230.

38 C'est la conversion choisie par Josiane Teyssot, d'après CHARBONNIER, Pierre, *Les anciennes mesures locales du Massif central d'après les tables de conversion*, Clermont-Ferrand : Institut du Massif central, 1990, p. 226. (TEYSSOT, 2003[1]). La conversion choisie par Pierre Garrigou Grandchamp est de 1,998 m dans GARRIGOU GRANDCHAMP, 2003[2]. Dans le premier cas, l'auteur déclare retrouver les superficies correspondantes dans la réalité pour de nombreuses parcelles actuelles du centre de Montferrand ; dans le second cas, « la régularité des parcelles qui devrait découler des prescriptions de la charte ne se trouve pas vérifiée dans les faits ».

39 Les références riomoises pour ces caractéristiques sont tardives (cloître des cordeliers, à partir de 1357 ; bas-côtés de l'église du Marthuret, reconstruite entre 1308 et 1415) mais la fourchette chronologique pendant laquelle sont adoptées ces formes n'a pas pu être précisée. En Auvergne, on observe des arêtes chanfreinées à Notre-Dame d'Aigueperse (1165-1253) et en Bourgogne, à Cluny précisément, on n'en trouve pas avant la fin

du XIIe siècle et elles se systématisent à partir de la première moitié du XIIIe siècle. Pour Cluny, voir le résumé de la communication orale de Pierre Garrigou Grandchamp aux journées d'étude organisées par *Arbeitskreis für Hausforschung* et le *Centre d'études clunisiennes*, consacrées à « La maison médiévale en Europe occidentale 1150-1350 » (7-12 octobre 2005).

40 TEYSSOT, 2003[1].

41 TEYSSOT, 2003[1]

42 TEYSSOT, 2003[2].

43 PARENT, Daniel, YERY, Eric, « Ilot Grenier / Les tanneries. Riom (Puy-de-Dôme) », rapport de diagnostic, sondages, études de bâti, 2004, n°1057, DRAC Auvergne, service régional de l'archéologie.

44 LEPETIT, 1988, p. 52.

45 Voir DE BOOS, 1998. Gabriel Fournier le date « d'avant ou d'après 1456 » (FOURNIER, 1973).

46 E. de Boos y voit, lui, « des maisons petites et bien rangées » (BOOS, 1998, p. 116).

47 Il se peut que les représentations des deux villes n'aient pas été confiées au même peintre : E. de BOOS a en effet distingué trois mains selon le degré de synthèse et de détail des représentations.

48 BOOS, 1998, p. 15.

49 INVENTAIRE GENERAL, 1999. Le palais de Jean de Berry avait été construit à l'emplacement du château d'Alphonse de Poitiers mais l'ensemble, à peu de choses près, a disparu quand le palais de justice a été élevé au même endroit à partir de 1824, hormis la Sainte-Chapelle.

50 Dans une liève du XVIIe siècle conservée aux Archives départementales du Puy-de-Dôme sous la cote A 112 (article 1145), un des confins d'une maison consiste en « maison et orloge de la ville » : on peut comprendre qu'à cette époque au moins, la maison de ville, lieu de réunion des consuls, est installée dans le même bâtiment que le beffroi.

51 E. de Boos y voit plutôt un bâtiment du chapitre de la collégiale mais au vu d'une photographie prise du même endroit on se rend compte qu'il pourrait bien s'agir de la seconde église paroissiale, l'église du Marthuret.

52 Sur cet édifice à l'époque médiévale, voir TEYSSOT, 1999, p. 117-131.

53 TEYSSOT, 1999, p. 269.

54 PHALIP, 2003, p. 27.

55 FOURNIER, 1973, p. 105-106. L'auteur proposait de voir dans une deuxième tour un élément d'une enceinte dont l'existence est controversée.

56 18 rue de l'Horloge (parcelle 1987 BX 73).

57 9 rue de la Caisse d'épargne (parcelle 1987 BX 140). Voir RENAUD, SERAPHIN, 1999.
L'analyse dendrochronologique a été réalisée par le laboratoire de chrono-écologie de Besançon à partir de 9 échantillons (carottage des entraits, et lecture directe sur la tranche de cinq planches peintes). Voir LAMBERT, Georges, PERRAULT, Christophe, « Etude dendrochronologique de bois provenant de la maison Lepercq à Riom (63) », rapport, université de Franche-Comté, novembre 1997.

59 Il semblerait que ce soit à la demande de Blanche de Castille qu'un premier connétable ait été nommé à Riom. Voir TEYSSOT, 1999, p. 46-47.

59 5 et 9 rue Malouet (parcelles 1987 BX 82, 83, 85 et 73) ; la façade sur rue d'un bâtiment au n° 5 portait les caractères du XIIIe siècle d'après Bréhier.

60 Au 21 rue Victor-Basch (parcelle 1987 BX 24). Pour l'étude dendrochronologique réalisée à partir de neuf échantillons (entraits et chevrons), voir GIRARDCLOS, Olivier, PERRAULT, Christophe, « Datation par dendrochronologie de la charpente de l'école Notre-Dame des Arts 13-15 (*sic*) rue Victor-Basch », rapport, C.E.D.R.E., Besançon, janvier 2004. La charpente à chevrons porteurs est en chêne. Pour les précisions sur les vestiges subsistants, voir *Système d'Information Géographique* de la ville de Riom, thème « substrat médiéval », notice n°169 (à paraître sur le site Internet du Conseil régional d'Auvergne).

61 Alors que les deux voûtes d'ogive du passage d'entrée et l'escalier en vis sont encore en place également. Cette maison est située au 4 rue de l'Horloge (parcelle 1987 BX 87).

62 9 rue de l'Intendance d'Auvergne (parcelle 1987 BY 61).

63 FRAY, Jean-Luc, « Sous la menace de la guerre », dans MARTIN, 2002, p. 263-266.
Dès 1390 aussi, « la reconstruction rurale peut commencer en Haute-Auvergne ou en Brivadois » (PHALIP, Bruno, *Seigneurs et bâtisseurs. Le château et l'habitat seigneurial en Haute-Auvergne et Brivadois entre le XIe et le XVe siècle*, [Clermont-Ferrand] : Institut d'études du Massif Central, [coll. « Prestige », n° III], [1993], p. 143.

64 Pour une estimation de la population à cette époque, et le caractère aléatoire qui s'y attache, voir TEYSSOT, 1999, p. 165-169.

65 J. Teyssot se livre à l'exercice à partir de plusieurs types de documents d'archives. Voir TEYSSOT, 1999, p. 281-283.

66 GARRIGOU GRANDCHAMP, 2003[1].

67 Dans le sens de marchés aux viandes.

68 La famille de Cériers avait donné, entre 1270 et 1539, dix-sept consuls à la ville. Voir TEYSSOT, 1999, p. 313.

69 Sur l'hôtel de Cériers, voir RENAUD, 2003[2]. La nouveauté réside essentiellement dans le flanquement du corps principal, côté cour, et parallèlement à la rue, d'un portique surmonté d'une galerie ouverte, qui assurent la distribution des pièces sur rue.

70 Voir INVENTAIRE GENERAL, 1999, p. 14.

71 Voir RENAUD, 2003[2].

72 A la date de construction de l'édifice, les armes des ducs de Bourbon sont reprises par le duc de Vendôme mais aucun lien n'a pu être établi entre ce dernier et Riom.

73 B. Lepetit affirme que le nombre total des sénéchaussées est mal connu y compris de l'administration royale, peut-être leur nombre s'élevait-il à 400 en 1789. Voir LEPETIT, 1988, p. 142.

74 Cité par B. Lepetit : Piganiol de la Force au sujet de Pont-Audemer « Cette ville est décorée d'un bailliage, d'une vicomté, d'une élection, [...] » (LEPETIT, 1988, p. 71).

75 En fait, depuis un édit de février 1626 qui supprima la charge de grand voyer et des voyers particuliers, et donna leurs pouvoirs aux trésoriers de France, et à partir d'un autre édit d'avril 1627 qui confirma et précisa cette disposition.
« Cependant, tous les bureaux des finances n'exerçaient pas leurs compétences dans les mêmes conditions ni de façon analogue » : par exemple, la voirie échappait complètement au Bureau des finances à Lille (ROSSET, Philippe, « Les bureaux des finances à la fin de l'Ancien Régime : déclin et résistance de l'institution », *L'administration des finances sous l'Ancien Régime* [actes d'un colloque tenu les 22/23 février 1996], Paris : Comité pour l'histoire économique et financière, 1997, p. 274).

76 EVERAT, Edouard, *Le Bureau des finances de Riom (1551-1790)*, Riom : U. Jouvet, 1900, p. 79.

77 HAROUEL, 1993, p. 26-27.

78 LEGRAND D'AUSSY, Pierre-Jean-Baptiste, *Voyage fait en 1787 et 1788 dans la ci-devant Haute et Basse-Auvergne*, Paris : Imprimerie des Sciences et des Arts, an II (1793-1794), t. I, p. 134. Cité dans PIERA, 2001, t. I, p. 36.

79 GRIMMER, Claude, « La diversité auvergnate à l'époque moderne », dans MARTIN, 2002, p. 267-280.

80 INVENTAIRE GENERAL, 1999, p. 14.
Voir aussi le manuscrit n°1072 conservé à la Bibliothèque communautaire et inter-universitaire de Clermont-Ferrand, intitulé « Notes historiques et chronologiques sur la ville de Riom d'après les registres et les documents existant aux archives de cette ville » (manuscrit anonyme et datable vers 1820), f°167 : « avant que François Ier par lettres patentes du 13 décembre 1541 eut donné l'usage de la salle du palais, et de deux chambres pour l'administration de la justice, le prêtoire et la chambre du conseil étaient le logement du geolier aujourd'hui. Le lieutenant général était logé dans le château, Monsieur Binet qui exerçait cette charge y habitait en 1614 ».

81 Nous rappelons que par unité distributive, nous entendons édifice d'habitation caractérisé par un système distributif propre, et que le comptage d'unités est issu de notre propre recensement, ainsi son caractère significatif est celui qu'il acquiert dans le cadre d'un recensement de l'état actuel du bâti.

82 Les chiffres sont d'autant plus parlants que la fourchette chronologique « 1615-1710 » est presque deux fois plus large que la précédente.

83 Voir GIRARDCLOS, Olivier, PERRAULT, Christophe, « Datation par dendrochronologie de la charpente de la maison Soubrany, 41 rue de l'Hôtel de ville, à Riom (63) », rapport, C.E.D.R.E., Besançon, février 2005. La datation a été obtenue à partir de 12 échantillons (prélevés dans des chevrons, un blochet et une jambette de la charpente de comble et dans deux poutres de plancher).

84 Les armes des Soubrany ont été identifiées : cette famille de notaires et de marchands aurait compté deux consuls au XVIe siècle.
85 Ce type de place semble d'ailleurs convenir à un homme du XVIIe siècle (Jacques Audigier), cité par EVERAT, 1975, p. 138, note 2 : « à l'endroit où elles [les quatre grandes rues] se coupent, forment une place assez grande. ».
86 INVENTAIRE GENERAL, 1999, p. 14. Voir notamment COHENDY, 1893-1927, notice C 1792 (cote à laquelle se trouve une requête datée de 1763, émanant des membres de différentes institutions au sujet de « l'état de dégradation où se trouvent les bâtiments qu'ils occupent aux palais »).
87 SEVE, Roger, « Une description de Riom au XVIIe siècle », *B. S. H. A.*, t. LXXXIV, 1970, p. 351 - 356, note 24.
88 BOYER, 1892, p. 189 (A. C. Riom, CC 121bis).
89 A. C. Riom, BB 69. *Registres des délibérations municipales*, 4 février 1656. Voir aussi SERRYN, Brigitte, *Riom de 1630 à 1660*, mémoire de maîtrise dactylographié, Université de Clermont II, déc. 1980, p. 101-106.
90 Il est quasiment impossible de délimiter avec précision l'emprise du couvent des carmélites (seuls un désordre parcellaire et quelques vestiges épars témoignent de son existence) et celui des religieuses de Notre-Dame.
91 GILLE, Bertrand, « Etudes sur Clermont à l'époque classique », *Revue d'Auvergne*, n° 448, 1972, p. 85-128.
92 Par exemple, la marquise de Sénecey, gouvernante du roi, avait soutenu la demande des jésuites de s'installer à Riom, ce qui n'y avait rien fait.
93 A. D. Puy-de-Dôme, 5 E 57 / 182. Acte de subrogation du 19 août 1624 : « et parce que le monastère de Notre-Dame estably en ladite ville depuis ung an […] ».
94 Sur la construction du collège et ses agrandissements au XIXe siècle, voir LAMOTTE, Daniel, PIERA, Pascal, « Le cadre de la vie scolaire : les bâtiments de l'Oratoire de Riom », *Le collège de Riom et l'enseignement oratorien en France au XVIIIe siècle*, Paris : C.N.R.S. Editions, 1993, p. 57-72.
95 A. C. Riom, BB 63. *Registres des délibérations municipales*, 16 mars et 10 octobre 1646.
96 Pour la même raison, l'année précédente, les consuls avaient envoyé un homme à Clermont et à Chanonat pour chercher des architectes. A.C. Riom, CC 129.
97 A. D. Puy-de-Dôme, 26 G, chapitre de Saint-Amable, liasse 9a. « Titres divers XVIIe-XVIIIe siècle », acte du 20/12/1676.
98 A. C. Riom, BB 47 et BB 80. *Registres des délibérations communales*, 12 juin 1631 et *Registres des délibérations communales*, 4 juin 1675.
99 A. C. Riom, BB 63 et BB 70. *Registres des délibérations communales*, 14 novembre 1646 et *Registres des délibérations communales*, 29 février 1660.
100 A. C. Riom, BB 75. *Registres des délibérations communales*, 27 juillet 1667.
101 SERRYN, Brigitte, *op. cit.*, 1980. On relève par exemple dans le tableau des dépenses courantes de la municipalité de 1634 que 77 livres sont consacrées aux réparations des bâtiments publics tandis que 2541 livres servent au paiement des robes consulaires et aux gages des officiers de la ville.
102 BERNARD, Mathias, « Un siècle de politisation (1815-1906) » dans MARTIN, 2002, p. 329-354.
103 LEPETIT, 1988, p. 68.
104 DULAURE, Jacques-Antoine, *Description des principaux lieux de France*, Paris : Lejay, 1789, p. 115. Cité dans PIERA, 2001, t. I, p. 13.
105 PETITFRERE, Claude, « Une ville mise en scène : Tours d'après l'iconographie générale des XVIe-XVIIIe siècle », *Images et imaginaires de la ville à l'époque moderne*, Tours : Maison des sciences de la ville, 1998, p. 175-210.
106 LEPETIT, 1988, p. 67.
107 Il est probable que l'auteur de la vue de Riom soit l'architecte de la ville du même nom (à partir de 1754). Voir PIERA, 2001, p. 891.
108 Legay place au centre de sa vue le clocher du beffroi, tandis que Chéreau ne le mentionne même pas. On voit bien par là que pour Chéreau les édifices religieux comptent avant tout, ce que confirme sa légende, soit dans l'intention de présenter la ville comme un lieu sacré, mais à cette date ce serait un archaïsme, soit comme lieu d'une histoire prestigieuse justifiant un parcours touristique. Voir sur cette question PETITFRERE, Claude, « Une ville mise en scène : Tours d'après l'iconographie générale des XVIe-XVIIIe siècle », dans *Images et imaginaires de la ville à l'époque moderne*, Tours : Maison des sciences de la ville, 1998, p. 175-210.
109 « L'essentiel du Massif central, au XVIIIe siècle, apparaît comme un désert urbain où seules Clermont et Limoges atteignent ou dépassent, de très peu, 10 000 habitants. » : PINOL, 1996, p. 7.
110 LEPETIT, 1988.
111 POITRINEAU, Abel (texte établi et annoté par), *Mémoire sur l'état de la généralité de Riom en 1697 dressé pour l'instruction du duc de Bourgogne par l'intendant Lefèvre d'Ormesson*, Clermond-Ferrand : Institut d'études du Massif central, s. d., p. 43.
112 Les sept paires de « pantoufles de Paris pour hommes » inventoriées en 1745 dans le stock d'un marchand-mercier installé dans la rue principale de Riom sont peut-être à considérer comme un démenti. Voir A. D. Puy-de-Dôme, 5 E 47/14. Inventaire du 1er avril 1745.
113 Pour la définition de la liève par rapport à la censive et au terrier, voir *Terriers et plans-terriers du XIIIe au XVIIIe siècle*. Paris : Ecole nationale des Chartes, coll. « Mémoires et documents de l'Ecole des chartes, n° 62, 2002. D'après Gabriel Fournier, « la nature authentique du terrier rendit nécessaire le recours à des documents annexes plus maniables et plus souples appelés « lièves ». […] Les lièves [sont] construites comme les terriers, c'est-à-dire que tout ce qui concerne un même tenancier est présenté globalement. ». Nous remercions ici Joëlle Barreau et Jean-Yves Bardy pour leur aide dans le dépouillement et le traitement de ce document.
114 A. D. Puy-de-Dôme, A 112. Par déduction, le document doit être daté après 1653 (date à laquelle le quartier du Poux devient le quartier de Saint-Bénigne) et avant 1660 (annotations dans la marge du type « a payé 1660 »). 861 maisons (les autres entités sont des jardins, des granges, des étables…) sont tenues par 611 déclarants. 63 maisons sont franches et quittes de cens, une est dite « franche et allodiale » et pour 46 d'entre elles, le cens a été racheté.
115 Je remercie ici vivement Samuel Gibiat pour m'avoir initiée et guidée dans les arcanes de la hiérarchie sociale de l'Ancien Régime. Notons toutefois que certains ne sont déclarés que comme « conseiller » ou « procureur » ou « avocat », sans plus de précision. Nos pourcentages doivent donc être tenus pour des proportions approximatives.
116 Il ne faut pas s'étonner de trouver un grand nombre de tenanciers à cette extrémité de l'échelle sociale : à Montpellier, « un grand nombre de gens accèdent à la propriété au milieu du XVe siècle, les propriétaires de maisons sont plus nombreux que ceux qui n'en possèdent pas ». INVENTAIRE GENERAL – SERVICE REGIONAL DE LANGUEDOC-ROUSSILLON. *Montpellier : la ville médiévale*, par LOCHARD, Thierry, FABRE, Ghislaine [collection « Etudes du patrimoine », n°3], Paris : Imprimerie nationale, 1992, p. 253.
117 A. C. Riom, FF 20. *Police* (1546-1686).
118 A. C. Riom, BB 82. *Registres des délibérations communales*, 16 juin 1677.
119 Dans la liève, on repère des étables, des granges (mais à Riom, le terme est ambigu, voir l'encart sur ce sujet), quelques jardins et même un verger dans le quartier sud-ouest, au bord du ruisseau et entre deux chemins.
120 Les autres catégories socio-professionnelles représentées sont essentiellement les commerçants et les artisans (cependant, les métiers des tenanciers ne sont pas systématiquement donnés).
121 PIERA, 1990, p. 25.
Le Bureau rend lui-même un arrêt le 16 juillet 1739, voir PIERA, 2001, p. 97.
122 TEYSSOT, 1999, p. 353-354.
123 PIERA, 2001, p. 99 : l'intendant Chazerat (1771-1789) donnerait le coup de grâce aux murailles.
124 A. C. Riom, BB 121. *Registres des délibérations communales*, 11 juillet 1788.
125 A. D . Puy-de-Dôme, C 6519. Document du 18 août 1774.
126 A. C. Riom., BB 99. Délibération communale du 1er janvier 1709. Les cordeliers réclament un espace situé entre leur jardin et les remparts de la ville, considérant « que cette place embelira leur jardin qui est à proprement parler celuy des habitans les plus distingués qui leur font l'honneur de s'y aller promener tous les jours ».

127 D'après BOUILLET, Jean-Baptiste, *Description historique, scientifique et statistique des communes du département du Puy-de-Dôme* [1875], B. C. I. U., ms 977, f°291 (100).
En 1791, les abords de l'église des génovéfains (qui jouxte la promenade dite du Pré-Madame) sont décrits comme occupés les jours de marché par les bois de la forêt de Randan, ce qui pourrait indiquer que la tradition ne s'est pas perdue à cette date avancée du XVIII^e siècle.
128 Même source que précédemment.
129 A.C. Riom, BB 100. Délibération communale du 18 septembre 1718 : l'intendant propose de faire planter des arbres sur cette place et d'y faire construire un bassin, ou au moins « un bouillon d'eau ».
130 Plan retrouvé récemment par Pascal PIERA aux Archives nationales (PIERA, 2001).
131 Les marguilliers de Saint-Amable se plaignaient de l'état désastreux du cimetière auprès des édiles depuis 1653 au moins. Voir A. C. Riom, BB 68, f°51.
132 Auparavant, l'accès principal à l'église se trouvait à l'extrémité du bras sud du transept.
L'ingénieur en question est François-Charles Dijon (1705-1785). Sur son œuvre, voir PIERA, 2001, p. 891.
133 En ruine depuis au moins 1677 : voir A. C. Riom, BB 82. *Registres des délibérations communales*, 11 mai 1677. Il s'agit d'obtenir des chanoines du chapitre leur consentement « pour faire bastir des chapeles dans le cloistre qui menace ruine et par ce moyen agrandir la nef ». Où l'on voit que le projet réalisé en 1747 est déjà né à cette date.
134 A. C. Riom, DD 14. *Propriétés communales. Voirie.*
135 Sur les procédures concernant l'alignement (plans, ...), voir INVENTAIRE GENERAL - SOUS-DIRECTION DE L'INVENTAIRE. *Espace urbain. Vocabulaire et morphologie*, par GAUTHIEZ, Bernard [coll. « Principes d'analyse scientifique »], Paris : Monum, Editions du patrimoine, 2003, p. 290-291 et p. 72.
136 D'une manière générale, c'est ce que montre en particulier le travail de Pascal Piéra sur les embellissements de Riom (2001), les procédures entre institutions compétentes en matière de voirie et d'embellissement urbain semblent avoir été respectées pour ce qui concerne Riom.
Par exemple, le registre des délibérations communales montre que le 16 juillet 1768 le corps de ville décide de demander l'aide du Bureau des finances pour faire reculer deux maisons « qui outrepassent l'alignement » (A. C. Riom, BB 117).
137 ALLAIN, 2004, p. 32. Ce qu'Aldo Rossi soulignait dans d'autres termes : « la relation, mais aussi l'indépendance entre les faits économiques et le dessin de la ville » (ROSSI, 2001, p. 206).
Sur ce sujet, les études des services de l'Inventaire en particulier, ont montré par exemple que les armateurs de Saint-Malo avaient investi dans la construction de malouinières quand les affaires devenaient moins rentables ; à Rochefort, le projet urbain accuse un certain retard par rapport à l'essor économique et démographique que la ville connaît au XVIII^e siècle...
138 On y enseignait essentiellement le maniement des armes et l'équitation. Sur cet établissement, voir *Divers aspects de l'enseignement* [...], 1987, p. 13-15.
139 1710-1780 : 54 unités distributives, construites ou réaménagées, recensées, contre 177 entre 1780 et 1840.
140 Cité par Daniel Rabreau à l'article « Urbanisme » du *Dictionnaire européen des Lumières*, DELON, Michel, dir., Paris : P. U. F., 1997.
L'ouvrage dans lequel s'exprime S. Leczinsky date de 1752, il s'agit de *L'entretien d'un Européen avec un insulaire du royaume de Dumocala.*
141 Voir PIERA, 2003.
142 Dans le Paris décrit par Sauval vers 1660, seulement 100 hôtels sont du type « entre cour et jardin » sur les 2000 construits mais ils sont moins souvent évoqués, probablement car ils se fondent mieux dans le paysage urbain (et sont, de nos jours, beaucoup moins étudiés par les historiens).
143 Le changement d'échelle commence par le gabarit des pierres de taille utilisées : les assises de 39 cm sont plus hautes que les assises - standardisées à 32 cm (un pied) au XVIII^e siècle - des autres édifices de la ville !
144 Pascal PIERA attribue le projet à Alexis Delamair. Nous ne le suivrons pas sur ce point.
145 PIERA, 1990, p. 25.
146 DONZET, André, GIRARD, F. R., SERAPHIN, Gilles, *Secteur sauvegardé de Riom [...]. Rapport de présentation*, rapport dactylographié, juin 1994, p. 24.
147 PIERA, 1990, p. 26.
148 SITTE, Camillo, *L'art de bâtir les villes. L'urbanisme selon ses fondements artistiques*, Paris : éditions du Seuil, rééd. 1996 (1^ère^ éd. 1889), p. 35.
149 Sur ce projet de halle, voir PIERA, 2002.
150 Les archives du Bureau ont brûlé, il est donc impossible de vérifier dans les textes.
151 Montferrand soutient moins bien la comparaison car la voie structurante n'a pas la largeur de celles de Riom, Ardes ou Aigueperse.
152 La grande rue d'Ardes est tracée sur une seule pente, celle d'Aigueperse sur un terrain plat.
153 A. D. Puy-de-Dôme, O 019 (1). Décision du 5 avril 1843. Il est rappelé que les travaux en cours rue Saint-Louis (alignement et élargissement de la rue) ont pour but d'assainir la construction du palais, d'en faciliter l'accès, et en faisant reculer les maisons, d'offrir alors le grand avantage de « démasquer la Sainte-Chapelle, dont la belle architecture serait mieux vue, et produirait plus d'effet comme monument ».
154 A. C. Riom, O I (12). *Alignements*. Autorisation du 29 juin 1853.
En fait, la maison avait déjà échappé à une procédure d'alignement datant de 1768. Il avait fallu essuyer les récriminations des voisins obligés de faire abattre leurs portiques en bois.
155 L'église était classée depuis 1842 et dès 1877, ces reconstructions en style « néo » avaient valu une proposition de déclassement de l'édifice par l'architecte Louis-Clémentin Bruyère, qui n'a pas abouti.
156 3 et 9 rue du Commerce (parcelles 1987 BX 101 et 112). Le n°9 est déclaré « nouvellement construit » sur une matrice cadastrale de 1841.
157 A. C. Riom, non coté. Article dans *Courrier de Riom, de la Limagne et des montagnes d'Auvergne*, 64^e année, n° 25, 25 juin 1876.
Dans un rapport « à propos du plan d'alignement » datant du 22 mars 1872, il est demandé que la rue qui longe l'église du Marthuret soit élargie afin de « dégager un Monument historique ». A. C. Riom, O I (2). *Voirie urbaine.*
158 Le second musée de Riom, le musée des Arts et traditions populaires, a été installé en 1969 suivant la même logique dans un ancien hôtel particulier (auquel était adjointe la chapelle désaffectée de la congrégation de Pères maristes).
159 Détruite vers 1858-1864. Elle était intégrée dans les bâtiments de l'ancien collège de l'Oratoire.
160 1-3 rue Soubrany (parcelle BY 179).
161 Ecole communale des Frères de la doctrine chrétienne. Située au 6-8 rue Victor-Basch (parcelle 1987 BX 19).
On pourrait encore y ajouter l'établissement des postes construit plus tard, en 1913 (projet du 30/10/1911), suivant la même logique d'alignement et d'intégration au tissu environnant. Cet établissement a été réaffecté à la bibliothèque municipale depuis 1965.
162 Voir A. D. Puy-de-Dôme, N 0346. *Maison centrale.* Voir aussi : Archives nationales, F 21 1895. *Plan, élévations, coupe*, par [Pierre] Rousseau, déc. 1813. Voir aussi : C. N. R. S.-Université Paris IV (Centre de recherche sur l'histoire de l'art et de l'architecture modernes), *Base CONBAVIL*, Architecture publique française 1795-1840, dépouillement des rapports du Conseil des bâtiments civils. Nous remercions Françoise Boudon pour nous avoir communiqué cet outil. Voir aussi : PIERA, 1990 et DOUTRE, 2003.
163 A. C. Riom, 1 M, *Abattoir public.* PIERA, 1990. DOUTRE, 2003. *Base CONBAVIL* (voir note précédente).
164 A. C. Riom, non coté. *Registres des délibérations communales*, 1853 – 1857.
165 A. D. Puy-de-Dôme, N 0622 et Meuble à plans, n° 826 (Projet pour une Maison de justice et d'arrêt. Plan général, par Mallay, 25 juin 1858).
166 En fait, les cavaliers de la caserne Vercingétorix sont logés dans l'abattoir (1858). Auparavant, la caserne Lafayette avait été installée dans l'ancien hôtel-Dieu (*intra-muros*) en 1831. En 1872 est construite la caserne Dombrowski, et en 1893 la caserne d'Anterroche (hors centre).

[167] Sur la manufacture des tabacs, d'abord installée à titre provisoire dans l'ancien abattoir, puis dans des bâtiments construits entre 1877 et 1883, voir SMITH, Paul, « La manufacture des tabacs de Riom ; histoire et architecture », *Recherches en histoire de l'art*, n°3, p. 105-122.
[168] Sur cet édifice, voir INVENTAIRE GENERAL, 1999.
[169] INVENTAIRE GENERAL, 1999, p. 15.
[170] Daniel Rabreau a eu l'occasion d'observer à Riom même, lors d'une table ronde : « Sur le plan de la valeur symbolique de l'art passant par le pouvoir et par l'architecture et l'urbanisme, on pourrait imaginer un régime impérial qui fasse de l'augustéen, comme d'ailleurs Napoléon l'a fait avec Percier et Fontaine au Louvre et dans certains projets de palais pour le Roi de Rome, *etc.* En aucun cas cette idée-là n'est passée dans l'action des Bâtiments civils. ». Voir *Architecture et urbanisme pendant la Révolution française*. Clermont-Ferrand : Société des amis du centre de recherches révolutionnaires et romantiques, 1990, p. 61.
[171] A. D. Puy-de-Dôme, N 228, *Plan du jardin*, par Ledru, 23 janvier 1869. INVENTAIRE GENERAL, 1999, p. 34.
[172] EVERAT, 1975, p. 369.
[173] Le chiffre a en effet diminué de 5874 en 1962 à 3364 en 1990 ; en 1999, il est de 3463.
[174] 32 recensées en 1494 ; 4 vers 1930. Voir Ville de Riom, 1988.
[175] A. D. Puy-de-Dôme, O 02024 et O 02030. *Communes du département astreintes à un plan* (1919-1939) et (1936-1939). En dixième position dans l'énumération des grands travaux projetés figure l'aménagement du quartier des tanneries, projet du 31 août 1936.
La loi Cornudet obligeait toutes les villes de plus de 10 000 habitants à se doter d'un plan de ce type.
[176] Dans la même zone des tanneries, un second lot d'immeubles, désigné dès 1967 comme « îlot opérationnel » du Secteur sauvegardé, c'est-à-dire comme îlot à revitaliser en priorité, a été démoli sur environ un demi-hectare, et remplacé dans les années 1980 par l'Office public d'aménagement et de construction du Puy-de-Dôme (A.C. Riom, 7 W 1119, 1120. *Permis de construire*, 4 février 1980, architectes : F. Jaffeux, S.C.P. Lescher-Jarrier et V. Bernard, et A.C. Riom, 10 W 967. *Permis de construire*, 11 septembre 1986, architectes : Jean-Marie Rollier et A. Mianne).
[177] Dans le projet original, l'espace entre l'église du Marthuret et le bâtiment des postes devait être occupé par un jardin public (A.C. Riom, 5 W 647, plans du 30 avril 1960, dûs à R. Bauchet, architecte de Clermont-Ferrand).
[178] L'ouverture du jardin au public a été négociée par la ville avec l'institution judiciaire (contre restauration et entretien dudit espace).
[179] HEERS, Jacques, « En Italie centrale : les paysages construits, reflets d'une politique urbaine », *D'une ville à l'autre. Structures matérielles et organisation de l'espace dans les villes européennes (XIII<sup>e</sup>-XVI<sup>e</sup> siècle)*, Rome : Ecole française de Rome, coll. de l'Ecole française de Rome, n° 122, 1989, p. 279-322.
[180] Dans *Art et urbanisme* [Paris : Presses universitaires de France, coll. « Que sais-je ? », 1996], Alain Charre observe : « A Arras, la rue rectiligne des drapiers, dite de la Taillerie (1392), est en fait un monument. ».
[181] Phénomène qu'on pourrait rapprocher de celui qui est parfois observé dans le monde animal, qu'on dénomme homoplasie.
[182] Il est évident qu'elle ne peut correspondre à la définition admise de « local où l'on abrite la récolte en gerbe ou la paille battue », ni à celle, par exemple, de la remise (« local où l'on abrite les voitures »), qui sont des définitions trop restrictives.
[183] Voir PHALIP, 2003, p. 61-63.
[184] Par exemple :
Tiré d'un mémoire d'une « coalition » montée contre l'implantation des cordeliers dans l'enceinte de la ville, non daté mais probablement de la fin de 1357, évoqué dans TEYSSOT, 1999, p. 136-137.
[185] -A. C. Riom, BB 59. *Registres des délibérations communales*. 4 janvier 1644. Où il est relaté que M. de Sève, intendant de la justice en Auvergne, a été logé dès 1643 chez feu M. de Brion, mais la maison étant trop petite, on loge les domestiques ailleurs et on loue une grange pour les carrosses et les chevaux du sieur de Sève. La grange est finalement sous-louée à M. Dogerdias, procureur du roi en l'élection.
-A. D. Puy-de-Dôme, 5 E 1/1227. Inventaire après décès du 26 novembre 1733 : « [...] la moitié de la grange sans à ce comprendre les escuries et greniers, dépendants de ladite grange ».
[186] Parcelle 1987 CE 280 (grange située rue de la Harpe, entre le n°6 et le n°8).
[187] A. D. Puy-de-Dôme, U 11986. Plan du 17 décembre 1835 joint au rapport d'expertise du 20 avril 1836 (le gros-œuvre de la « grange » existe toujours au n° 2 ter de la rue Lafayette, parcelle 1987 CD 147). Sur le plan figure une « étable » dite « à pourceaux » dans le texte, pendant qu'une « loge à pourceaux » est mentionnée sous l'escalier dans la cour de l'immeuble.
[188] A. C. Riom, FF 20. *Police*. Règlement du 8 novembre 1546.
[189] D'après Pierre Bonnaud, il n'est « nullement étonnant de constater que les meilleurs vignobles, Madargues, Châtel-Guyon, furent aux environs immédiats de Riom, la seule ville ayant une bourgeoisie de quelque consistance ». Voir de cet auteur : « La formation et l'évolution du vignoble auvergnat », *Biza Neira*, 1990, n° 68.
[190] POITRINEAU, Abel, *La vie rurale en Basse-Auvergne au XVIII<sup>e</sup> siècle (1726-1789)*, Marseille : Laffitte reprints, rééd. 1979 (1<sup>ère</sup> éd. 1965), p. 308. Par exemple, on apprend du Père Tiolier, cordelier de Riom, qu'en 1760, « les vendanges ont été mises à Riom le 5 octobre et on a commencé à vendanger la semaine suivante[...] ». Voir [TIOLIER, le P., cordelier de Riom], « Recueil de diverses choses arrivées en Auvergne ou ailleurs depuis 1731 jusqu'à 1770 », ms 702). L'entrée des vendanges en ville se faisait à dates fixes, suscitant des encombrements aux portes de la ville. En revanche, en 1883, un arrêté de police est pris indiquant que chacun pourra « introduire sa vendange en ville quand bon lui semblera » (A. D. Puy-de-Dôme, O 0139 (5). *Arrêtés de police, an IX-1919*).
[191] 5 rue Massillon (partie ouest de la parcelle 1987 BX 161) et 48 boulevard Clémentel (parcelle 1987 CE 334).
[192] TEYSSOT, 1999, p. 289.
[193] A. C. Riom, non coté. *Registre des délibérations communales 1806-1808*, p. 136 (7 mai1808).
[194] BOYER, 1892, p. 83.
[195] BOYER, 1892, p. 175.
[196] A. C. Riom, BB 102. *Registre des délibérations communales*. 24 février 1722. En fait, les consuls hésitent entre louer une « grange » dans la ville pour y tenir le manège et « faire faire un couvert ou halle dans la cour sur le derrier des escuries pour servir au manesge ».
[197] A. C. Riom, BB 117. *Registre des délibérations communales 1766-1796*. 1<sup>er</sup> février et 4 mai 1768.
[198] A. D. Puy-de-Dôme, Q 107. *Procès-verbaux d'estimation de biens nationaux de première origine [...]*.
[199] A. C. Riom, non coté. *Registre des délibérations communales 1814-1820*, p. 366. 6/2/1819. L'installation nécessite quand même quelques aménagements.
[200] Déjà en 1733, quatre « granges » avaient été données par la ville à deux compagnies de cavalerie (A. C. Riom, BB 107. 20 janvier 1733).
[201] Notons que dans une ville plus éloignée comme Besançon, une « rue des granges » subsiste sans qu'aucune d'elle ne soit plus en place.
[202] A. C. Riom, non coté. *Registre des délibérations communales 1802-1803*, p. 95-96 (24 germinal an XI).
[203] Nous dénommons « façade-écran » les façades ayant la forme d'un mur-gouttereau dont le rôle est de masquer totalement ou en partie un mur-pignon.
[204] Un cas intéressant de ce type reste lisible au 6 rue Sirmond (parcelle 1987 CE 110) : une façade de « grange » rend insoupçonnable la présence d'une croisée et d'une tourelle d'escalier en vis, installée dans le volume, dont la modénature des baies indique une date fin XVI<sup>e</sup>- début XVII<sup>e</sup> siècle. Ces vestiges montrent qu'une belle maison de la fin du XVI<sup>e</sup> siècle a été transformée en « grange », probablement au XIX<sup>e</sup> siècle.
[205] A. C. Riom, O I. *Voirie*. 10 février 1822 et 10 mars 1824. Dans le second cas, l'autorisation est donnée (de faire les réparations nécessaires pour y loger et de percer trois fenêtres dans la façade) à

condition de « couronner son mur de face par un entablement pour supprimer la saillie du toit sur la rue publique ».
206 A. C. Riom, O I. *Voirie*. 7 avril 1817.
207 5 rue Massillon (partie ouest de la parcelle 1987 BX 161), 17 rue Sirmond (parcelle 1987 CE 26), 4 rue Albert-Evaux (parcelle 1987 CE 360) et impasse Lafayette (parcelle 1987 CE 298). Les trois premiers édifices sont du XVIIIe siècle, le quatrième du XIXe siècle.
208 17 rue Sirmond (parcelle 1987 CE 26). Dans ce cas, l'escalier est situé sur l'espace libre situé à l'arrière du corps de bâtiment sur rue.
209 19 rue Grenier (parcelle 1987 CE 275).
210 BOUDON, *et al.*, 1977, p. 37.
211 Car comme nous avons déjà eu l'occasion de le signaler, les archives du Bureau des finances ont disparu. Leur disparition est déjà évoquée dans un mémoire publié en 1801 (*Mémoire du citoyen Ducher [...] aux citoyens Maire et adjoints de ladite ville et commune*, Riom : imp. De Landriot, an 10, p. 18).
212 GAUTHIEZ, Bernard, « Etude des maisons de Rouen », *Nouvelles de l'archéologie*, 1993, n°53-54, p. 19-21.
Une tradition locale, à Riom, veut que le Bureau des finances ait imposé aux particuliers d'inventer de nouveaux dessins de balconnet en ferronnerie, ce que nous n'avons pas pu vérifier.
213 LA MARE, Nicolas de (1639-1723), *Continuation du Traité de la police [...]*, Paris : J.-F. Hérissant, 1738, t. 4 : « De la voirie, de tout ce qui en dépend [...] ».
214 A. D. Puy-de-Dôme, 5 E 47/54. Prix-fait du 13 janvier 1760.
215 Les premiers documents conservés aux archives communales de Riom de la série O I concernant la voirie commencent en 1809. Ils sont complétés par les actes conservés aux archives départementales du Puy-de-Dôme, sous la cote O 019. Nos sondages ont porté principalement sur la période 1809-1872.
216 La fermeté avait été relative dans le cas déjà amplement évoqué de l'hôtel Dufraisse qui, si ses murs de clôture respectaient bien un tracé de rue antérieur, ne s'embarrassait pas de continuité avec le voisinage.
217 Tiré du *Mémoire du citoyen Ducher [...]*, Riom : imp. De Landriot, an 10 [1801].
218 Faure, s'il n'est pas cité dans les confins immédiats de la future maison, doit être un voisin proche. A. C. Riom, DD 12. *Ventes diverses de terrains et emplacements (1777-1791)*. Délibération du 11 juillet 1788.
219 A. C. Riom, M II. *Saint-Amable*. Mémoire du 1er octobre 1796. Cité par PIERA, 1990, p. 67.
220 A l'angle de la rue Anne-Dubourg.
221 A l'angle de la rue Marengo.
222 A. C. Riom, O I. *Voirie*. Autorisations du 5 mai 1826, 12 mai 1862 et 21 juillet 1862.
223 A. C. Riom, O I. *Voirie*. Autorisation du 27 janvier 1819.
224 A. C. Riom, O I. *Voirie*. Autorisation du 11 avril 1822.
225 *Règlement de police*, Riom : E. Thibaud, imprimeur de la mairie, 1832. Et A. C. Riom, *Registres des arrêtés municipaux*.
226 A. C. Riom, O I. *Voirie*. Demande du 19 mars 1825 (la maison est située rue Hippolyte-Gomot). Autre exemple : le 28 juillet 1853, une demande d'autorisation pour crépir une façade (d'une maison située rue Grenier) arrive à la mairie, à laquelle il est répondu favorablement à condition « d'enlever la saillie du toit » et de faire régner un entablement au sommet du mur.
227 Par exemple : A. C. Riom, O I. *Voirie*. Demande du 23 février 1833 (la maison est au quartier Saint-Jean).
Les génoises sont encore très nombreuses dans une ville du département comme Issoire, située à environ 45 km de Riom.
228 A. C. Riom, O I. *Voirie*. Demande du 27 janvier 1821 (la maison est à l'angle de la rue Chabrol et de la rue Marivaux). C'est la cinquième des conditions établies.
229 A. C. Riom, O I. *Voirie*. Demande du 3 juillet 1833 (boutique à côté de la porte d'entrée de l'église du Marthuret).
D'une façon générale, nous comprenons que les murs-écrans sont à élever devant des pignons mais il peut arriver qu'un vrai mur-gouttereau soit à surélever qui cachera un toit brisé en pavillon, comme le montre un croquis en date du 2 août 1826, dans un registre des demandes d'autorisation.
Les murs-écrans « semblent avoir été très présents aux XIIe et XIIIe siècles, sans disparaître au XIVe siècle [...] » écrit Pierre Garrigou Grandchamp dans sa synthèse sur l'architecture domestique dans les agglomérations du Puy-de-Dôme du XIIe au XIVe siècle (GARRIGOU GRANDCHAMP, 2003[1]). La conception de telles façades a donc une origine ancienne dans la région en milieu urbain, mais aussi dans le monde rural : voir la tour Rambaud (commune de Saint-Floret, Puy-de-Dôme) datée de la seconde moitié du XIIIe siècle par Bruno Phalip et signalée par lui dans PHALIP, Bruno, « Des terres médiévales en friche. Pour une étude des techniques de construction et des productions artistiques montagnardes [...] », mémoire d'habilitation à diriger des recherches, université de Clermont-Ferrand II, 2001, vol. V, p. 206-207. Voir aussi PHALIP, 2003, p. 218-219.
230 A. C. Riom, O I. *Voirie*. Demande du 22 juin 1825 (la maison à l'angle de la rue Daurat et de la rue Marivaux).
231 Avec les exceptions notables de la maison dite des consuls, et de la maison Soubrany qui s'en inspire. Les édifices religieux sont exclus de cette généralité.
232 Riom : imp. de la veuve de P. Thomas, [vers 1750].
233 A. C. Riom, O I. *Voirie*. Demande du 23 août 1822 (la maison est à l'angle de la rue Saint-Antoine et de la « rue de la tannerie »). Demande du 12 février 1833 (la maison est à l'angle de la rue Hippolyte-Gomot et de la rue Marengo).
234 A. D. Puy-de-Dôme, O 019(1). Projet d'arrêté portant modification au règlement sur les saillies du 1er avril 1844, proposé le 14 mai 1851. Dans l'arrêté susceptible d'être modifié les balcons, comme les pilastres, colonnes et devantures de boutiques faisaient l'objet d'une adéquation entre avancée sur la rue et largeur de celle-ci. Par ailleurs, on peut noter que les auvents sont à supprimer et à remplacer par des corniches en bois, les bancs en pierre au-devant des façades ne sont tolérés que sur les boulevards.
235 21 rue de l'Horloge (parcelle 1987 BY 22), 36 rue du Commerce (correspondant au 17 bis rue Croisier, parcelle 1987 CD 14), 14 rue de l'Hôtel-de-Ville (parcelle 1987 BZ 102), 13 rue Saint-Amable (parcelle 1987 BX 14), entre le 15 et le 17 rue Hippolyte-Gomot (correspondant au 18 rue Massillon, parcelle 1987 BX 135), 5 rue Chabrol (parcelle 1987 BZ 96).
236 Il s'agit probablement de la maison du 24 rue Saint-Amable.
237 A. D. Puy-de-Dôme, O 019(1). Courrier du 22 mai 1851.
238 A. D. Puy-de-Dôme, O 019(1). Courrier du 17 juin 1851.
Le sous-préfet, cependant, n'avait pas tout à fait raison, puisqu'à Nantes aussi le règlement interdit la construction de balcons dans les rues et ne les tolère que sur les places et les quais. Voir HAROUEL, 1993, p. 232.
239 Le chiffre de 864 est la somme de 555 murs gouttereaux et 231 écrans avérés auxquels s'ajoutent 78 murs de façade qu'il n'a pas été possible de qualifier. Et il reste 36 cas dits « non pertinents » (mur d'appentis, façade unique pour deux maisons, ...). Dans ce décompte figurent les façades de remises puisqu'elles sont intégrées aux fronts de rues.
240 Par exemple sur l'élévation sud de la maison 11 rue Chabrol (parcelle 1987 BZ 153).
241 Par exemple 45 rue Hippolyte-Gomot (parcelle 1987 BX 263), 5 rue Soubrany (parcelle 1987 BY 49), ou encore au 1 rue Sirmond (parcelle 1987 CE 10). Nous ne pensons pas que ces corbeaux aient pu soutenir des encorbellements d'élévations en pan-de-bois (au vu des pratiques régionales) mais cela resterait à vérifier.
242 Notons à cette occasion que lorsque les tuyaux de descente préconisés remplacent les « lancières », certains sont pourvus à leur extrémité de dauphins en pierre.
Actuellement, toutes les gargouilles, ou « lancières », sont neutralisées.
243 Par exemple, 25 rue Hippolyte Hippolyte-Gomot (parcelle 1987 BX 165), 6 rue de l'Horloge (parcelle 1987 BX 86), 3 rue du Commerce BX 101), 10 rue Gilbert-Romme (parcelle 1987 BZ 181) : galerie en bois reliant deux corps de logis ; belvédère en pan-de-bois au 13 rue du Commerce (parcelle 1987 BX 114).

[244] Bien sûr, des lucarnes ont pu « disparaître » très récemment, comme au 22 rue de l'Hôtel-de-Ville, où une série de petites lucarnes est encore en place sur une photographie juste antérieure à l'année 1971. Avec la surélévation de l'immeuble, elles ont été englobées dans le mur de façade.
[245] DELORME, Philibert, *Architecture*, Paris : fac-similé, 1894 (1ère éd. 1561), f° 271 r°.
[246] SAUVAL, Henri, *Histoire et recherches des antiquités de la ville de Paris*, Genève : fac-similé, 1974 (1ère éd. 1724, [rédigé en 1650-1655]), t. I, p. 725.
[247] LOYER, 1987, p. 100-101.
[248] Le premier architecte du Secteur sauvegardé de Riom, André Donzet, préconisait d'ailleurs le rétablissement de la flèche de la Sainte-Chapelle car, pour lui, la ville manquait d'une composante verticale.
[249] A. C. Riom, 1 D 22. Délibération communale du 9 août 1899.
Il a été impossible de déterminer la nature et la couleur des enduits de façades avant les années 1860.
[250] A. C. Riom, O I. *Voirie*. Demande des 3 et 4 avril 1870 (la maison est rue Hippolyte-Gomot).
[251] Depuis quelques années sont autorisés les badigeons colorés.
[252] A. D. Puy-de-Dôme, U 11982. Article 3 (visite du 30 mai 1831).
[253] Pour l'Auvergne, Luc Breuillé date leur apparition vers le XIIe siècle, dans les gros bourgs fortifiés de Limagne (BREUILLE, Luc, DUMAS, Richard, ONDET, Roland, TRAPON, Patrice, *Maisons paysannes et vie traditionnelle en Auvergne*, Nonette : Créer, 1980, p. 120), mais Bruno Phalip les estime plus tardives (XVe-XVIe siècles) et pas nécessairement liées au milieu urbain.
Martine Chavent détecte leur présence dans Brive *intra-muros* à l'époque médiévale, et seulement après dans les faubourgs. Voir « Formes rurales à l'épreuve des réglementations urbaines. L'exemple de Brive-la-Gaillarde », *Histoire urbaine*, n°8, 2003, p. 57-68.
La question du milieu dans lequel ces maisons apparaissent reste ouverte.
Voir aussi INVENTAIRE GENERAL – SERVICE REGIONAL DE LANGUEDOC-ROUSSILLON, *Montpellier : la demeure médiévale*, par SOURNIA, Bernard, VAYSSETTES, Jean-Louis [coll. « Etudes du patrimoine », n° 1], Paris : Imprimerie nationale, 1991, p. 50.
[254] A. C. Riom, O I. *Voirie*. Demande du 30 septembre 1823.
[255] D'après une délibération municipale du 16 juillet 1768. A. C. Riom, BB 117.
[256] [A. Messeix], « Journal d'Antoine Messeix, habitant de Riom », *Auvergne historique*, t. 27, 1906, p. 129-231.
[257] A. C. Riom, FF 20. *Police*. Règlement du 8 novembre 1546.
Le même type d'interdiction fait l'objet d'une ordonnance à Bordeaux en 1528, à Paris en 1554 : voir DUBY, Georges, dir., *Histoire de la France urbaine*, t. 3, « La ville classique, de la Renaissance aux Révolutions », p. 140.
[258] A. C. Riom, FF 20. *Police*.
[259] A. C. Riom, S 438 à 488. Bail du 9 février 1812. Il s'agit d'une maison située « rue de la Monnaie ».
[260] *Règlement de police*, *op. cit.*, art. 33.
[261] Le point de vue de Viollet-le-Duc est le suivant (dans la rubrique « boutiques », après avoir traité des boutiques des villes de Flandre, « parfois situées au-dessous du sol ») : « il fallait descendre quelques marches pour y entrer, et ces marches empiétaient même sur la voie publique [...] un auvent préservait la descente et les bancs de la pluie ». Voir dans VIOLLET-LE-DUC, Eugène, *Dictionnaire de l'architecture médiévale ou Dictionnaire raisonné de l'architecture française du XIe au XVe siècle*, [Paris] : Bibliothèque de l'Image, 1997 (la 1ère éd. est de 1854-1868), vol. 1, p. 239-240.
[262] A. C. Riom, O I. Demande du 1er février 1822.
[263] A. C. Riom, O I. Demande du 12 mars 1833.
[264] Les « autorisations de voirie », ou « arrêtés de voirie », ne sont remplacés par les « permis de construire » qu'en 1943.
[265] Parcelle 1987 BX 143.
[266] Parcelle 1987 BX 231.
[267] Par commodité, nous utiliserons le mot « caves » alors que le doute subsistant sur leur fonction réelle devrait justifier l'utilisation du mot plus vague de « sous-sols » ou « niveau enterré ».
[268] D'une manière générale, les premiers niveaux enterrés sont les plus anciens (les seuls susceptibles d'être datés des XIIe, XIIIe ou XIVe siècles). Les deuxièmes, voire troisièmes niveaux sont des excavations postérieures et ne sont donc pas compris dans l'étude.
[269] Voir GARRIGOU GRANDCHAMP, Pierre, JONES, Michael, MEIRION JONES, Gwyn, SALVÊQUE, Jean-Denis, *La ville de Cluny et ses maisons : XIe-XVe siècles*, Paris : Picard, 1997, p. 122-123.
A Provins, une boutique est encore installée en niveau semi-enterré accessible directement depuis la rue.
[270] Voir HAROUEL, 1993, p. 231. Et LAMBERT, Elie, « La maison de Saubist et les caves gothiques de Bayonne », B. M., t. LXXXV, 1926, p. 339-352. Ainsi que CLABAUT, Jean-Denis, *Les caves médiévales de Lille*, Villeneuve-d'Asq : Presses universitaires du Septentrion, 2001, p. 75.
[271] PORCEL, Magali, communication orale, « The medieval houses of the monastic town of Vézelay / Burgundy, XIIth-XIIIth century », colloque *La maison médiévale en Europe occidentale, 1150-1350*. Cluny, octobre 2005 (organisé par *Arbeitskreis für Hausforschung* et *Centre d'études clunisiennes*, publication à paraître).
[272] Voir INVENTAIRE GENERAL-SERVICE REGIONAL DU LIMOUSIN. *Saint-Léonard-de-Noblat. Un culte, une ville, un canton*, par CHABRELY, Colette, *et al.*, [coll. « Cahier de l'Inventaire », n°13], Limoges : Association patrimoine Inventaire Limousin, 1988.
[273] Voir par exemple, INVENTAIRE GENERAL-SERVICE REGIONAL D'AUVERGNE. *Canton de Billom, Puy-de-Dôme*, par BRUNET, Marceline, CERONI, Brigitte, LECLERCQ, Jean-Paul [coll. « Images du patrimoine », n° 95], Clermont-Ferrand : Etude du patrimoine auvergnat, 1991, p. 25, 26, 29.
[274] GAUTHIER, Fabrice, « Rue Saint-Gilles, 43 000 – Le Puy-en-Velay (Haute-Loire) », rapport de fouille d'évaluation archéologique, DRAC Auvergne, Service régional de l'archéologie, Clermont-Ferrand, octobre 2000.
[275] Dans la partie est de la rue Saint-Amable. Voir VERNET, Gérard, « Rue Saint-Amable. Riom (63). Du 24/8/1999 au 11/9/1999 », rapport de surveillance de travaux de voirie, 1999, n°449, DRAC Auvergne, Service régional de l'archéologie, Clermont-Ferrand, 1999. Et RENAUD, Bénédicte, « Rapport d'étude sur les caves de la rue Saint-Amable. RIOM (Puy-de-Dôme) », DRAC Auvergne, service régional de l'Inventaire, 1999.
Pour les premiers niveaux de cave taillés dans le substrat marno-calcaire, voir parcelle 1987 CE 167 (27 rue du Commerce) et parcelle 1987 BZ 159 (22 rue de l'Hôtel-de-Ville).
[276] Voir BOYER, 1892, p. 102.
[277] Voir TEYSSOT, 1999, p. 100. Les traductions sont de Josiane Teyssot.
[278] A.D. Puy-de-Dôme, 5 E 47/647.
[279] Quatre pieds exactement, d'après Antoine Messeix. Le recul se rapporte à un « devant de maison ».
[280] Sur la datation des linteaux en bâtière, voir PHALIP, Bruno, « Des terres médiévales en friche. Pour une étude des techniques de construction et des productions artistiques montagnardes [...] », mémoire d'habilitation à diriger des recherches, université de Clermont-Ferrand II, 2001, vol. 1, p. 55. Voir aussi FOLKESTAD, William, NILSSON, Joan, « Les linteaux en bâtière romans d'Auvergne. Recherches sur la typologie et les origines », *Cahiers de civilisation médiévale*, 1995, n°3, p. 227-237.
Au portail sud de l'église Saint-Amable, datable des années 1160, deux baies sont couvertes de linteaux en bâtière. Folkestad et Nilsson estiment que si ce type de linteaux a été largement utilisé entre le IXe et le XIIIe siècle, c'est un phénomène « qui a fleuri pendant la première moitié du XIIe siècle » en Europe avant d'être caractéristique de l'Auvergne. Bruno Phalip, quant à lui, réduit l'aire de diffusion de ce type de couvrement sur des édifices romans aux milieux épiscopaux du diocèse de Clermont.
[281] A Clermont-Ferrand : 3 rue Barbançon (parcelle 1975 IL 128 ; la parcelle ne circonscrit que le passage sur lequel est « entaillé » l'accès à la cave, et « fonctionne » avec le bâti des parcelles 127 et 129).

282 Parcelle 1987 BY 37. L'escalier présente en fait une première volée parallèle à la façade, celle qui est en saillie sur la rue, et une seconde, inscrite dans le volume de la cave, qui lui est perpendiculaire.
283 Parcelle 1987 BX 95.
En face, toujours en niveau enterré, une arcade brisée est élevée, ouvrant sur une petite avancée sous la rue.
284 Les dimensions précises des baies d'origine sont difficiles à donner car elles ont été murées en partie basse et agrandies en partie haute, suivant en cela les variations du niveau du sol (une analyse archéologique fine s'imposerait). Mais on peut estimer, par exemple, que dans la cave du 5 rue Malouet (parcelle 1987 BX 87), les baies médiévales sont hautes de 1,15m et large de 0,53 m.
285 Voir COLLIN-ROSET, Simone, GUILLAUME, Jacques, REMY-TOSI, Annie, « Marville : l'apport de l'étude des sous-sols à la connaissance de l'architecture civile », *In Situ*, n° 2, 2002 (revue électronique de l'Inventaire général : http://www.revue.inventaire.culture.gouv.fr/). Où on lit, p. 4 : « Enfin, nombre de façades ont été alignées au XVIII^e^ siècle et le niveau de la place a été exhaussé sans doute à la même époque, modifications qui se lisent parfaitement dans l'observation de certains sous-sols ».
286 Par exemple au 34 rue de l'Horloge (parcelle 1987 BX 64). Quand la maison sera reconstruite en 1854, le perron sera démoli.
Ces opérations ne sont malheureusement bien documentées, à Riom, que pour le XIX^e^ siècle.
287 ESQUIEU, Yves, PESEZ, Jean-Marie, dir., *Cent maisons médiévales en France (du milieu du XII^e^ siècle au milieu du XVI^e^ siècle) : un corpus et une esquisse*, Paris : éd. C.N.R.S., « Monographies du Centre de recherches archéologiques », n° 20, 1998, p. 95.
Sur le terme, retrouvé localement, voir A. C. Riom, série O I. *Voirie*. Demande d'autorisation du 11 juillet 1815 pour supprimer « un escalier extérieur vulgairement appelé ballet ».
288 A. C. Riom, BB 119. *Registre des délibérations communales*. 28 mars 1776.
289 A. D. Puy-de-Dôme, U 11995. *Rapports d'expertise, tribunal civil de Riom*. Rapport du 5 février 1850, déposé le 6 février de la même année. La maison n'a pas pu être située plus précisément que « rue de la Comédie » [actuelle rue Hellénie].
290 « L'urbanisme », PRIGENT, Christiane, dir., *Art et société en France au XV^e^ siècle*, Paris : Maisonneuve et Larose, 1999, p. 41-58.
Citons également Annie Cosperec, au sujet de Blois : « Dénommées sans doute à tort « celliers », ces pièces sont situées, depuis les reconstructions du XVI^e^ siècle, en sous-sol, mais bon nombre d'indices permettent d'affirmer qu'elles correspondaient à des étages de soubassements ou à des rez-de-chaussée », dans INVENTAIRE GENERAL-SERVICE REGIONAL DU CENTRE. *Blois, la forme d'une ville*, par COSPEREC, Annie [coll. « Cahiers du patrimoine », n° 35], Paris : Imprimerie nationale, 1994, p. 99.
291 GAUTHIEZ, Bernard, « Les maisons de Rouen, XII^e^-XVIII^e^ siècle », *Archéologie médiévale*, XXIII, 1993, p. 131-217. Et PITTE, Dominique, LEMOINE-DESCOURTIEUX, Astrid, « La maison romane en pierre dans les villes de Haute-Normandie », *Revue d'Auvergne*, 2005, n° 574 (Actes du XII^e^ colloque international d'art roman : « L'habitation à l'époque romane », Issoire, 2002), p. 247-263.
292 LALEMAN, Marie-Christine, RAVESCHOT, Patrick, *Inleiding tot de studie van de woonhuizen in Gent periode 1100-1300*. De kelders, Brussels : Paleis des Academiën, 1991. Référence aimablement transmise par M. Pierre Garrigou Grandchamp.
293 SOURNIA, Bernard, « L'inventaire du patrimoine ou le monument introuvable », *L'abus monumental ?*, Paris : Fayard, coll. « Actes des entretiens du patrimoine », 1999, p. 207-213.
294 Les termes « sièges à tonneaux » et « poinsons de vin » sont des termes locaux retrouvés dans les archives. Voir par exemple, en 1702 (A. D. Puy-de-Dôme, Bri 1189) « quatre-vingt poinsons de vin bien relliés pozée sur leurs sièges ».
295 Parcelles 1987 BX 128 (13 rue Hippolyte-Gomot) et BZ 159 (22 rue de l'Hôtel-de-Ville) ; BX 73 (18 rue de l'Horloge).
296 Parcelle 1987 CE 155 (18 rue Hippolyte-Gomot).
297 Parcelles 1987 BX 106 (12 rue Saint-Amable), BX 142 (5 rue de la Caisse-d'Epargne), BX 68 (30 rue de l'Horloge), BZ 17 (6 rue du Commerce) et CE 163 (4 rue Hippolyte-Gomot).
298 Parcelles 1987 BX 24 (21 rue Victor-Basch), BX 104 (10 rue Saint-Amable), BY 51 (9 rue Soubrany), BZ 102 (14 rue de l'Hôtel-de-Ville).
299 Voir MIGNOT, Claude, « De la cuisine à la salle à manger, ou de quelques détours de l'art de la distribution », *XVII^e^ siècle*, janvier-mars 1989, n°162, p. 17-33.
300 Pour les hôtels de Dijon : d'après une communication orale de Agnès Botté, « Les hôtels particuliers à Dijon au XVII^e^ siècle », séminaire de 3^e^ cycle *Histoire de l'architecture (XV^e^-XVIII^e^ siècles)*, Paris (Université Paris IV/UMR André Chastel / Inventaire général), le 16 décembre 2005.
A Moulins aussi, à l'hôtel connu sous l'appellation hôtel Héron, dont les plans sont attribués à l'agence de Robert de Cotte, les cuisines sont aménagées en sous-sol.
301 BABELON, Jean-Pierre, *Demeures parisiennes sous Henri IV et Louis XIII*, Paris : Hazan, 1991 (2^e^ édition), p. 187. Voir aussi, pour une cuisine en sous-sol au XVI^e^ siècle et une autre au XVIII^e^ siècle : INVENTAIRE GENERAL – SERVICE REGIONAL DES PAYS DE LA LOIRE, « 49. Angers-centre (Aire d'étude) HÔTELS-MAISONS-IMMEUBLES », par Dominique LETELLIER et Olivier Biguet, dossier collectif, ministère de la Culture et de la Communication, DRAC Pays de la Loire, 1989, p. II B 6.
302 Voir GARRIGOU GRANDCHAMP, Pierre, SALVEQUE, Jean-Denis, *Les décors peints dans les maisons de Cluny XII^e^-XIV^e^ siècles*, Mâcon : Centre d'études clunisiennes, 1999, p. 19.
Parcelle 1987 CE 155 (18 rue Hippolyte-Gomot).
303 Salles : parcelles 1987 BX 229 (1 rue Anne-Dubourg) et CD 187, 188 (24 rue Lafayette) ; passage : parcelle 1987 CD 146 (15 rue du Marthuret).
304 Parcelles 1987 BY 49 (5 rue Soubrany) et BX 73 (9 rue Malouet). Le fait est d'autant plus étonnant qu'à proximité de Riom, des caves voûtées d'ogives ont été recensées, par exemple à Saint-Myon (salle du prieuré, 4 route de Combronde) et à Billom (par exemple, 6 place du Chanvre, impasse place du Chanvre et maison dite Taverne Saint-Jacques). Ajoutons, pour la période suivante (XV^e^-XVI^e^ siècles), les espaces en rez-de-chaussée voûtés d'ogives sur les parcelles 1987 BX 87 (4 rue de l'Horloge), et BX 81 (12 rue de l'Horloge).
305 Voir PARENT, Daniel, « Riom, îlot Grenier », *Service régional de l'archéologie. Bilan scientifique de la région Auvergne 2004*, Paris : ministère de la Culture et de la Communication, 2005, p. 97-101. (PARENT, Daniel, YERY, Eric, « Ilot Grenier / Les tanneries. Riom (Puy-de-Dôme) », rapport de diagnostic, sondages, étude de bâti, 2004, n°1057, DRAC Auvergne, service régional de l'archéologie). La datation a été obtenue par le laboratoire Archeolabs à partir d'échantillons prélevés sur 13 solives du plancher couvrant l'espace situé à l'ouest de l'arcade.
306 Cependant, au cloître des cordeliers, les arcs retombent directement dans les piédroits sans passer par l'intermédiaire d'impostes.
307 A. C. Riom, BB 117. *Registre des délibérations municipales*. 16 juillet 1768. Dans l'affaire des portiques en bois (prolongeant le portique en pierre de la « maison des consuls »), la ville demande au Bureau des finances « de faire reculer ces deux maisons sur leurs anciens fondemens ». D'après le mémoire du citoyen Ducher, déjà cité au sujet de cette même affaire, rédigé par « l'ancien jurisconsulte » Andraud, on ne peut conclure à une « usurpation et empiétation sur la rue » qu'après visite des « souterrains ».
308 Trémie dans la voûte de la cave du 18 rue de l'Horloge (parcelle 1987 BX 73) à mettre en regard de la porte d'entrée située en niveau enterré du 41 rue de l'Hôtel-de-Ville (la maison fait l'angle avec la rue de l'Horloge, parcelle 1987 BY 37).
309 Au carrefour de la rue Hippolyte-Gomot et des rues Massillon et Saint-Antoine, voir les angles chanfreinés des maisons situées au 19 et 24 bis rue Hippolyte-Gomot (parcelles 1987 BX 134 et CE 137).
310 A Saint-Flour, la question se pose au XIV^e^ siècle de savoir qui, du seigneur-évêque ou des consuls, a autorité pour accepter la construction de galeries en surplomb sur la rue et l'aménagement d'étals au-dessous de ces galeries (voir RIGAUDIERE, Albert, *Saint-Flour, ville d'Auvergne au bas Moyen Âge. Etude d'histoire administrative et financière*, Paris : presses universitaires de France, 1982, t. 1, p. 215-221).

311 A. C. Riom, BB 117. *Registre des délibérations municipales*. Délibération du 16 juillet 1768.
312 A. D. Puy-de-Dôme, O 019(1). 13 avril 1843. Dossier incluant les intentions de l'architecte du palais de justice, Guillaume Degeorge, celles du conseil municipal et de l'architecte de la ville, et les arbitrages du préfet.
Dans cette zone reste posée la question de la limite de l'enceinte castrale du côté intérieur de la ville, qui n'a encore jamais été retrouvée.
313 A. C. Riom, O I. *Voirie urbaine*. Demande du 8 avril 1824. Le mur de façade d'une maison rue Neuve-Saint-Amable sera reculé et prendra pour alignement « la maison Fayolles en jour et celle de M. Albert en nuit ».
314 Par exemple, au 12 rue de l'Hôtel-de-Ville, M. Polin doit aligner son mur de façade entre l'angle nord-est du n° 14 et l'angle nord-ouest du n°10 (A. C. Riom, O I. *Voirie*. Demande du 21 juin 1853).
315 Voir GAUTHIEZ, Bernard, « Le rôle du contrôle de l'espace public et l'urbanisme au XIIIe siècle en France », *Urbanism in Medieval Europe* (actes du colloque « Medieval Europe Brugge 1997 »), Zellik : Guy De Boe and Frans Verhaege, 1997, p. 183-188. Voir aussi GRAND, Roger, *Les « Paix » d'Aurillac : études et documents sur l'histoire des institutions municipales d'une ville à consulat (XIIe-XV[e] siècles)*, Paris : Recueil Sirey, 1945, p. 147, et PHALIP, 2003, p. 28.
316 Loi du 16 septembre 1807 sur l'assèchement des marais (l'article 52 de la loi oblige les villes de France de plus de 2000 habitants de se doter d'un plan général d'alignement des rues).
Sur cette loi, ses effets et ses modalités d'application, voir en particulier BONDON, Anne, « La ville moderne en gestation : Bourges, Laval et Colmar durant le premier XIXe siècle », *Histoire de l'art*, octobre 2006, n°59, p. 63-73.
317 A. D. Puy-de-Dôme, O 019(1). Courrier du 13 mars1819.
D'une manière générale, les villes françaises concernées par la loi ne s'y conformeront pas avant les années 1840.
318 A. C. Riom, BB 37. Délibération du 9 août 1622. « Me Gilbert Lamothe, painctre, a bailhé une requeste et demande reconpence d'ung plain et pourtraict de ceste ville qu'il a faict et bailhé à messieurs les dellegués pour apporter en court ». Il s'agit probablement de transmettre un document au grand voyer de France.
*N.B.* : Un « Claude Lamothe, peintre » est recensé dans une liève de Riom, rédigée probablement entre 1653 et 1661 (A. D. Puy-de-Dôme, A 112), habitant au quartier Notre-Dame à Riom. En 1675, les consuls passent commande, moyennant 75 livres, à ce Claude Lamothe « pour cinq grands tableaux, représentant St Amable, pour mettre sur les cinq portes de la ville ». A.C. Riom, CC 129.
319 Voir PIERA, 1990, p.13.
320 Au texte de loi du 16 septembre 1807 s'ajoute en effet celui de la loi de finances du 15 septembre 1807 (obligation pour les conseils municipaux de concevoir et d'adopter un plan cadastral).
321 1810 : le conseil municipal décide de commander un plan de la ville destiné à fixer les alignements ; 1811 : plan d'assemblage et plans parcellaires des sections hors-les-murs, signés de Vigier, déposés aux A. D. Puy-de-Dôme, P 02393 ; 1813 : état du classement parcellaire de la section AA, arrêté le 5 juillet 1813.
322 A. D. Puy-de-Dôme, O 019(1). Délibération du 6 février 1819 consignée dans un courrier.
323 A. D. Puy-de-Dôme, O 019(1). Courrier du sous-préfet au préfet daté du 13 mars1819.
324 Le plan original ainsi que les copies ont disparu, ce qui rend le cas de Riom assez exceptionnel (Lons-le-Saunier serait cependant dans le même cas).
325 C. N. R. S. -Université Paris IV (Centre de recherche sur l'histoire de l'art et de l'architecture modernes), *Base CONBAVIL*, Architecture publique française 1795-1840, dépouillement des rapports du Conseil des bâtiments civils, notice 11456.
326 A. C. Riom, O I. *Voirie urbaine*. Minute de délibération relative à la levée d'un plan géométrique de la ville, 6 février 1819.
327 A. C. Riom, non coté. *Cahier de délibérations municipales*, p. 152. A la date du 22 juillet 1833 : comptes pour 1832, mentionnant le plan d'alignement commencé en 1828. On retrouve encore cette ligne dans les dépenses extraordinaires de l'année 1839.
Dans un dossier des archives municipales classé dans la série BB et intitulé « Recueil de pièces 1815-1835 » figure un « plan visuel de Riom » qui correspond peut-être aux minutes préparatoires du géomètre Faure qui font l'objet d'une donation par ses héritiers en 1885 (voir délibération du 23 mai 1885). Ce « plan visuel » est tellement schématique qu'il est inexploitable.
328 A. C. Riom, B. *Registre des délibérations communales*. 28 novembre 1841.
329 A. C. Riom, B. *Registre des délibérations communales*. 22 janvier 1842.
330 Une première campagne de nivellement avait eu lieu dans les années 1770 (voir PIERA, 1990, p. 68), puis en 1805 au motif que « depuis plus de trente ans, les issues de la ville se sont multipliées, soit par les démolitions successives qui ont eu lieu des anciens remparts, de manière que plusieurs de ces rues qui se terminaient alors à ces murs, sont aujourd'hui des issues très fréquentées qui conduisent aux promenades » (A. D. Puy-de-Dôme, O 019(1)).
331 Un des effets de ce plan réside cependant dans le dégagement d'une patte-d'oie (voir plan du 17 juillet 1844 conservé aux archives municipales en série OI, paraphé du préfet) située aux abords immédiats de l'enclos ecclésial originel (actuelle place Malouet).
332 A. D. Puy-de-Dôme, *Meuble à plans*, n°786.
333 Bizarrement, l'ensemble des plans d'alignement avait déjà été approuvé par le préfet, *via* le Conseil des bâtiments civils, « sous la réserve de quelques modifications ». Il n'est pas expressément déclaré que le complément d'enquête concerne ces quelques modifications, mais on doit le supposer.
334 A. C. Riom, B. *Délibérations communales*. Plans d'alignement. Parties réservées. Nouvelle enquête. 22 mars 1872.
335 Au droit du 8 bis de la rue du Marthuret.
336 Entre le n°9 rue du Marthuret et le n° 37 rue Gilbert-Romme.
337 A. D. Puy-de-Dôme, O 0396. *Monuments aux morts 14-18*. Pièces diverses (bordereau de prix, avant-métré, détail estimatif du 1er avril 1922, ...). Ce monument fait en quelque sorte pendant à l'original monument commémoratif des « victimes des conseils de guerre » dont l'érection au cimetière municipal fut approuvée lors d'une délibération du 7 juin 1922 (A. C. Riom, *Registre des délibérations communales*, 1919-1925, p. 235).
338 A. C. Riom, B. *Registre des délibérations communales*, 1793-1934. Travaux effectués au 29 mai 1914. Et voir :
A. D. Puy-de-Dôme, 2 O 298/5. *Collège 1897-1938*. Projet de construction d'un escalier entre la jonction des rues Marivaux, Hellénie et le boulevard Desaix, plan, 30 juillet 1912, par Guermint, architecte-voyer.
339 INVENTAIRE GENERAL - SERVICE REGIONAL DE POITOU-CHARENTES. *Cognac. Cité marchande : urbanisme et architecture*, par COSTE, Georges, DEBELLE, Jacqueline, *et al.* [coll. « Cahiers de l'Inventaire », n°20], Poitiers : Connaissance et promotion du patrimoine de Poitou-Charentes, 1990, p.105.
340 A. C. Riom, O I. *Voirie urbaine*. Minute de délibérations relative à la levée d'un plan géométrique de la ville, 6 février 1819. Le géomètre propose un plan « premièrement, avec les superficies de la ville des boulevards, des promenades et faubourgs », portant l'indication de toutes les routes, rues, impasses ou culs-de-sac, les différentes empiétations sur icelles, saillies, avant-corps, escaliers, entrées de caves ou cuvages avec trappes et les sous-distributions des différentes îles, en indiquant les maisons, granges, jardins, et autres bâtiments. [...] »
341 A. D. Puy-de-Dôme, 2 O 298/2.
C'est nous qui soulignons.
342 D'après INVENTAIRE GENERAL - SOUS-DIRECTION DE L'INVENTAIRE. *Espace urbain. Vocabulaire et morphologie*, par GAUTHIEZ, Bernard [coll. « Principes d'analyse scientifique »], Paris : Monum, Editions du patrimoine, 2003, p. 179 : « Cour formant passage, bordée de bâtiments, accessibles de la voie publique par une porte cochère. »
343 DONZET, André, GIRARD, F. R., SERAPHIN, Gilles, « Secteur sauvegardé de Riom. Plan de sauvegarde et de mise en valeur », rapport de présentation, juin 1994, p. 68.

344 Car aux passages encore en place, il faudrait ajouter, après un dépouillement exhaustif des archives, toutes les mentions purement textuelles, comme par exemple, en série U (A. D. Puy-de-Dôme), un acte datant du 15 février 1838 où il est question d'une impasse sur laquelle ouvre une maison, alors que la maison qui la remplace (11 bis rue Daurat, parcelle 1987 BZ 167) a été reconstruite en englobant ladite impasse.

345 FOURNIER, Gabriel, « Notes historiques sur Ardes et sa paroisse», *B. H. S. A.*, 1995, n° 726-727, p. 383-516.

346 De la CODRE, Simon, « La salle Jeanne d'Arc », *S. P.A. R. S. A. E.* (Revue de l'association culturelle d'Aigueperse et environs), 2e semestre 2003, n°52, p. 37-47.

347 FOURNIER, 1985, p. 190-230.

348 Parcelle 1987 BX 258. De quand datent ces dispositions, dans quelles proportions ont-elles disparu ? Un plan cadastral napoléonien nous aurait renseigné en partie sur ce point.
Exemple tardif d'une cour disposée latéralement, sur laquelle s'ouvre la maison, et restée ouverte sur la rue : 61 rue Albert-Evaux (parcelle 1987 CE 344).

349 GARRIGOU GRANDCHAMP, 2003[1].

350 Parcelle 1980 IP 51, 133, 134, 135, 136. Des rampes de ce type ont été observées à d'autres endroits dans Clermont : 1 rue Savaron (parcelle 1980 IL 94), 16 rue de l'abbé Girard,...

351 La porte présente une modénature que l'on peut dater de l'extrême fin du XVIIIe siècle (comparable à celle des portes des immeubles de la place de la Halle-au-Blé), tandis que le gros-œuvre des deux maisons desservies date de la fin du XVIe – début XVIIe siècle (l'ensemble a fait l'objet de reprises).

352 Situé au niveau du n° 35 rue Sirmond.

353 Maisons du 9 rue Malouet (parcelle 1987 BX 73) et du 21 rue Victor-Basch (parcelle 1987 BX 24). Au 10 rue Hippolyte-Gomot (parcelle 1987 CE 160) : passage accessible par la rue Grenier associé aux substructures d'un corps de bâtiment orienté nord-sud au débouché du passage. Le passage du 9 rue Malouet n'est pas très large, ni très haut : d'un gabarit piétonnier, contrairement aux deux autres ouverts par de larges arcades. Au 17 rue Danchet (parcelle 1987 CE 316), une salle en cœur d'îlot, avec cheminée médiévale, est accessible par un passage dont l'arcade de front est brisée. Un autre passage - plafonné mais délimité par une arcade brisée - situé au 15 rue du Marthuret (parcelle 1987 CD 146), donnait accès à une tannerie. Au 56 rue Hippolyte-Gomot (parcelle 1987 CE 16), substructure en cœur d'îlot ayant aujourd'hui un double accès : passage du 10 boulevard Desaix ou du 56 rue Hippolyte-Gomot.
Par ailleurs, des vestiges de maisons médiévales en cœur d'îlot ont été repérés dont l'accès originel n'a pas pu être restitué : au 9 rue de l'Horloge (parcelle 1987 BY 30) et au 9 rue de l'Intendance-d'Auvergne (parcelle 1987 BY 51), cheminées monumentales installées sur des murs en cœur d'îlot. Un passage débouchant sur la rue Soubrany est peut-être à associer à la cheminée monumentale du 9 rue de l'Horloge.
Inversement, une série de trois passages placés à 10 et 6 mètres d'intervalle, au sud de la rue Daurat, peut être restituée (entre les n° 11 et 19) mais leur datation ne peut être avancée (cependant une cheminée du XIVe siècle est adossée au mur de fond de parcelle du n°17).

354 Par exemple, voir HAROUEL, Jean-Louis, *Histoire de l'urbanisme*, Paris : P.U.F., rééd. 1985 (1ère éd. 1981), p. 33. A la période médiévale, écrit l'auteur, « l'autorité publique se heurte à cette réalité fondamentale que la rue médiévale constitue une sorte d'annexe des maisons qui la bordent : plus qu'une voie de communication, c'est un espace où l'on vit ». A plus forte raison pour des voies de communication secondaires.

355 GAUTHIEZ, Bernard, « L'approche de la morphologie urbaine aujourd'hui », *Ville d'hier, ville d'aujourd'hui en Europe*, Paris : Fayard, Editions du patrimoine (coll. des Actes des Entretiens du patrimoine, 2000), 2001, p. 113-139.

356 On notera qu'à Blois, les deux « passages communs » décrits par Annie Cosperec sur la base Mérimée du ministère de la Culture et dans *Blois, la forme d'une ville* ( Paris : Imprimerie nationale, coll. « Cahiers du patrimoine », n°35, 1994) datent l'un du 2e quart du XVIe siècle, l'autre de la première moitié du XVIIe, et que tous les deux disparaissent au XVIIIe siècle dans de nouvelles constructions.

357 LOYER, François. Propos recueillis par Corinne Martin et Thierry Paquot, le 12 mars 2002 à Paris, dans *Revue Urbanisme, le magazine international dans l'architecture de la ville*, n°324, version électronique : http://www.urbanisme.fr/archives/ancien/324/Ide/invite1.html

358 Le gros-œuvre du corps de bâtiment sur rue peut être stylistiquement daté de la fin du XVIe siècle-début XVIIe, le bâtiment attenant entre 1780 et 1840. Quant aux deux autres qui finissent de composer l'ensemble, ils font partie de ces immeubles « anciens » dont la simplicité des modénatures ne donne prise à aucune datation. La façade sur rue date, elle, du XIXe siècle.

359 Architecte : Philippe Gazeau. Immeuble situé 46 rue de l'Ourcq (Paris 19e). Construit en 1993.

360 Cité par Hervé MARTIN dans *Guide de l'architecture moderne à Paris*, Paris : éditions Alternatives, 2001, p. 304.

361 Il est fort probable que la travée située au-dessus de la première partie du passage est un ajout du XIXe siècle.

362 De façon certaine depuis le XIXe siècle, probablement depuis le XVIIIe siècle, peut-être même avant, mais il est impossible d'être plus précis.

363 Le gros-œuvre de la maison à l'ouest peut être daté stylistiquement du début du XVIe siècle (avec des reprises postérieures) et celui de la maison à l'est fait partie des constructions dont il est difficile de dire si elles datent effectivement de la seconde moitié du XVIIe siècle ou si l'on a affaire à un édifice néo-XVIIe siècle.

364 Les parcelles de passages : BY 90, BX 157, 158, BX 149, 151, BX 105, BX 116, BX 129, BZ 146, CE 47, CE 528, CD 58, CE 57, CE 332, CD 92, CE 8. Tous les passages communs ne font pas l'objet d'un n° cadastral.

365 Les parcelles de cours : CD 8, CD 180, CE 70. Toutes les cours communes ne font pas l'objet d'un n° cadastral.

366 Les parcelles d'escalier : CE 187, BX 58, BX 94, BX 172, BZ 5, CE 99, CD 7, CD 98, CD 187, CE 195. Tous les escaliers communs ne font pas l'objet d'un n° cadastral.
Des escaliers communs antérieurs au XIXe siècle faisant l'objet de parcelles sur le cadastre ancien m'ont été signalés à Lyon (par Bernard Ducouret) et à Crémieu (par Maryannick Chalabi). Le phénomène est donc connu qui mériterait d'être étudié afin d'en cerner les interprétations.

367 Il convient de la distinguer des servitudes affectées aux parcelles où un propriétaire apparaît comme un propriétaire principal. Par exemple, actuellement au 12 rue Danchet, une servitude de passage existe sur la parcelle CE 288 dont bénéficie la parcelle CE 289.

368 A. C. Riom, 1 S 250. Je remercie Francine Mallot, archiviste municipale à Riom, pour m'avoir signalé ce document.
Les mises en commun de ce type sont souvent source de dissension. En témoigne un acte du 2 mai 1822 des Archives communales.

369 A. D. Puy-de-Dôme, 5 E 47/688. Actes du 11 octobre 1749.
On pourrait encore ajouter l'exemple d'une vente partielle du 26 janvier 1677 (5 E 47/614) où le « degré en [a]vis », l'entrée et la cour resteront communs.

370 A.D. Puy-de-Dôme, 1 Q 280. Prieuré Saint-Jean, plan du doyenné, 1er février 1792. Plan de C.-F.-M. Attiret.

371 Ne faudrait-il pas établir, dans une certaine mesure, un parallèle entre nos circulations communes et les « biens sectionnaux » connus des ruralistes ? Aujourd'hui encore, bien des impasses et autre voirie interstitielle restent dans un flou juridique.

372 INVENTAIRE GENERAL – SERVICE REGIONAL DE LANGUEDOC-ROUSSILLON. *Montpellier : la ville médiévale*, par FABRE, Guislaine, LOCHARD, Thierry [coll. « Etudes du patrimoine », n° 5], Paris : Imprimerie nationale, 1992, p. 239.

373 Voir INVENTAIRE GENERAL – SERVICE REGIONAL DE MIDI-PYRENEES. *Cahors, ville et architecture civile au Moyen-Âge (XIIe-XIVe siècles)*, par SCELLES, Maurice [coll. « Cahiers du patrimoine », n°54/55], Paris : Editions du Patrimoine, 1999. Et communication orale, « Ville et architecture civile à Cahors, XIIe, XIIIe, XIVe siècles », conférence du 24 avril 2000, Paris, Institut national d'histoire de l'art.

[374] L'application de la définition propre à l'Inventaire général de l'unité architecturale d'étude, soit un organisme indépendant du point de vue des circulations, pose dès lors un problème.
[375] Interrogée, la base Mérimée du ministère de la Culture livre 259 « cours communes » contre seulement 14 « escaliers communs ». Cependant ces chiffres mêmes sont à utiliser avec précaution puisque les expressions « cours communes » et « escaliers communs » ne figurent pas dans le thesaurus de la base.
[376] A. D. Puy-de-Dôme, A 112.
[377] En vieux français, l'adjectif « punais, aise » signifie « qui sent très mauvais ».
[378] Il s'agit apparemment d'une exception lorsque à l'article 565, il est précisé que la « ruelle voisinable » reçoit les eaux du couvert et celles des écuries et latrines.
[379] On peut y ajouter la mention isolée de « ruelle pour le service des maisons voisines ».
[380] Voir, pour un dernier état de la question, TEYSSOT, 1999, p. 364-377.
[381] TEYSSOT, 1999, p. 368.
[382] A. D. Puy-de-Dôme, U 11988.
[383] Parmi eux : Bernard Gauthiez, Jean-Denis Clabaut.
[384] Pour la transcription de la charte : TEYSSOT, 1999, p. 366-367.
[385] En 1546, il est en effet demandé dans un article de police « que les retraits respondant et egoutans sur les rues publiques ou ruelles dérivantes à ycelles seront enfoncés dans la terre [...] », cité dans un manuscrit anonyme conservé à la Bibliothèque communautaire et inter-universitaire de Clermont-Ferrand sous la cote ms 1072 et intitulé « Notes historiques et chronologiques sur la ville de Riom d'après les registres et les documents existant aux archives de cette ville », [vers 1820].
[386] On peut supposer qu'à partir du moment où les fonds s'agrandissent en traversant l'îlot, les venelles d'égout représentent des obstacles dont il faut s'affranchir.
Au 12 rue de l'Horloge (maison dite « hôtel Guimoneau », datée approximativement de la première moitié du XVI^e^ siècle ; parcelle 1987 BX 81, Fig. 95), l'élévation postérieure de la maison, située au centre de l'îlot, au droit d'un tracé de venelle qu'il est facile de restituer, est traitée comme une « belle façade », indiquant par là l'existence d'un espace libre d'une nature différente à celle d'une venelle d'égout.
[387] A. D. Puy-de-Dôme, B Ri 480. Il s'agit alors de recevoir les eaux pluviales dans un puisard qui est « dégorgé par le canal ». Les experts observent : « l'incommodité de ces eaux est bien plus grande à présent que si la ruelle se continuoit, parce que les égouts et sédiments séjournent davantage lorsqu'ils s'échappent par un canal couvert qu'ils ne le feroient sur le pavé en pente d'une ruelle libre ».
[388] A. C. Riom, FF 20. *Police*. Article de police homologué par la Cour des Grands Jours à Riom le 4 novembre 1546.
[389] Parcelles 1987 BX 131, BX 264 (17 rue Hippolyte-Gomot, 3 rue Victor-Basch).
[390] Voir INVENTAIRE GENERAL – SERVICE REGIONAL DE LANGUEDOC-ROUSSILLON. *Montpellier : la demeure médiévale*, par SOURNIA, Bernard, VAYSSETTES, Jean-Louis [coll. « Etudes du patrimoine », n° 1], Paris : Imprimerie nationale, 1991, p. 69. Voir aussi dans le même chapitre le développement sur le terme de « découvert », dénomination trouvée aussi dans les archives riomoises (en 1622, 1710, 1822, ...).
[391] Parcelles 1987 BX 83 (3 rue Malouet ou 10 rue de l'Horloge), 1987 BX 240 (14 rue de l'Horloge : seuls les piédroits de l'arcade subsistent), 1987 BX 125 (12 rue de la Caisse-d'Epargne).
[392] En posant ces questions, nous espérons susciter des études complémentaires chez les étudiants et les archéologues.
[393] GARRIGOU GRANDCHAMP, 2003².
[394] BROISE, Henri, « Les maisons d'habitation à Rome aux XV^e^ et XVI^e^ siècles : les leçons de la documentation graphique », *D'une ville à l'autre. Structures matérielles et organisation de l'espace dans les villes européennes (XIII^e^-XVI^e^ siècle)*, Rome : Ecole française de Rome, coll. de l'Ecole française de Rome, n°122, 1989, p. 609-629.
[395] ARLAUD, Catherine, « Lyon : archéologie du bâti civil sur les deux rives de la Saône », *Les nouvelles de l'archéologie*, automne-hiver 1993, n° 53-54, p. 7-11.
[396] Quel crédit faut-il prêter à l'interprétation qui nous a été donnée de ces corbeaux par un habitant ? Il s'agirait selon lui de « corbeaux de non-mitoyenneté » destinés à faire savoir que le mur appartient à un seul propriétaire. Il arrive bien sûr qu'aujourd'hui ces cours soient couvertes, au moins au rez-de-chaussée, afin de servir d'arrière-boutique.
[397] Parcelle 1987 BZ 88 (17-19 rue Chabrol).
[398] Parcelle 1987 BX 114 (13 rue du Commerce).
[399] 25 au 31 rue Hippolyte-Gomot et 10 rue Fleurus (parcelles 1987 BX 165 à 166, 168 et 252) ; et en face, du 24bis au 32 rue Hippolyte-Gomot (parcelles 1987 CE 120, 134 à 137 et 408).
[400] 35 impasse Lafayette (parcelle 1987 CE 466).
[401] Au 10 rue de la Caisse-d'Epargne (parcelle 1987 BX 115).
[402] Les élévations arrière des maisons à deux corps de logis implantées sur des parcelles en lanière sont des élévations de type secondaire. Lorsque cette élévation est soignée, on peut comprendre que l'édifice s'étendait exceptionnellement sur deux parcelles aboutées : c'est le cas dès le XVI^e^ siècle pour la maison du 12 rue de l'Horloge (parcelle 1987 BX 81), dite hôtel Guimoneau, où l'on comprend que dès ce moment la ruelle d'égout peut être inféodée.
[403] Voir notre encart sur les « granges ».
Il peut arriver que la « grange » soit située en face de la maison, dans la même rue, comme c'est le cas en 1813 pour la maison du 3 rue Daurat ou « maison Legay » (parcelle 1987 BZ 161), dont la « grange » est située en 1987 BZ 97 (sans numéro dans la rue) : voir A. D. Puy-de-Dôme, *Plan cadastral. Etat de section*. Section AA, Riom, [1813 ?], classement parcellaire de la section AA.
Dans la *Liève du domaine royal* des années 1650 (A. D. Puy-de-Dôme, A 112), les maisons font l'objet de 70% des notices et les « granges » (qui peuvent contenir les écuries et greniers) font l'objet de 15% des notices, auxquelles s'ajoutent en quantité négligeable les écuries, cuvages, greniers, « dépendances » qui ont leurs propres notices. On recense 16% de « granges » dans le quartier Saint-Jean (où se tient le gros des tanneries) et 12% dans le quartier à caractère résidentiel le plus proche du palais.
[404] Parcelle 1987 BY 47. Voir RENAUD, 2003².
[405] Parcelle 1987 BZ 50 (l'adresse est au 5 rue Gilbert-Romme alors que le logis est situé sur la rue de l'Hôtel-de-Ville) et parcelle 1987 BZ 159 (22 rue de l'Hôtel-de-Ville).
[406] Nous empruntons l'appellation « parcelle en drapeau » à Françoise Boudon (voir BOUDON, Françoise, *et al.*, 1977, p. 82-85). L'emprunt est probablement abusif si l'on considère que ce qui doit motiver la position latérale du passage comme une hampe de drapeau tient au seul fait que la propriété est enclavée en cœur d'îlot.
[407] Hôtel situé au 28 rue de l'Horloge (parcelle 1987 BX 69). Voir SOLER, Isabelle, *La vie quotidienne dans un monastère de la Visitation XVII^e^-XVIII^e^ siècle (Montferrand, Riom, Clermont)*, mémoire de maîtrise, Clermont-Ferrand : Université Blaise Pascal, 1997. Les visitandines acquièrent douze maisons de 1623 à 1632, avec « granges », jardins et caves. Et voir A. D. Puy-de-Dôme, 74 H 1. *Procès-verbal de visite de l'évêque* du 6 décembre 1623. L'ensemble est décrit comme composé de deux corps de logis, chambres basses et hautes, greniers, caves, cuvages, une grange avec basse-cour et jardin « et lieu pour la chapelle et le chœur ». Une partie est revendue à la famille La Cleyde vers 1640 puis à Jean-Paul Courtin, trésorier de France, en 1675. L'autre partie est louée puis achetée par la ville en 1707.
[408] Quand cela arrive, cela concerne tout au plus deux parcelles consécutives. Voir 22, 32 au 36, 31, 37 rue de l'Horloge (parcelles 1987 BX 63 à 65, 71 ; BY 6, 177), 3, 9, 17, 6, 16 rue du Commerce (parcelles 1987 BX 101, 112, 118 ; BZ 17, 22).
[409] 42 boulevard Desaix (parcelle 1987 BZ 136), entourée du 6 rue Hellénie (parcelle 1987 BZ 137) et du 10 rue Hellénie (parcelle 1987 BZ 135).
[410] On peut lire l'ancien tracé du rempart dans le parcellaire du sud de la ville : interne aux îlots, il aurait constitué une contrainte dans l'aménagement des parcelles traversantes.
Au 68 boulevard Clémentel (parcelle 1987 CE 227), par exemple, le rez-de-chaussée sur le boulevard (garage) bute sur un mur de soutènement que la maison chevauche en partie supérieure.

411 22bis boulevard Desaix (parcelle 1987 CE 150) : ici, des dépendances donnent sur la rue *intra-muros*, et un grand espace libre s'intercale entre lui et la maison alignée sur le front du boulevard.
412 La « promenade » de Riom n'a pas autant attiré les demeures aisées que dans d'autres villes, comme Brive, par exemple, bien étudiée par Martine Chavent.
413 CHASTEL, André, « Un membre privilégié de l'architecture », *L'escalier dans l'architecture de la Renaissance*, Paris : éd. Picard, coll. « De Architectura », Centre d'études supérieures de la Renaissance, 1985, p. 7-8.
414 Nous entendons par « étage », «un espace habitable délimité à l'intérieur d'un bâtiment par des divisions horizontales, planchers ou voûtes », qui, dans un décompte, « a toujours le sens restreint d'étage-carré » et que nous distinguons du « niveau qui est une division de la composition d'une élévation ».Voir INVENTAIRE GENERAL - SOUS-DIRECTION DE L'INVENTAIRE. *Architecture. Méthode et vocabulaire*, par PEROUSE DE MONTCLOS, Jean-Marie, [coll. « Principes d'analyse scientifique »], Paris : imprimerie nationale, 1972, p. 29 et 33.
415 Rappelons brièvement la définition du « type » selon Quatremère de Quincy (1755-1849) : un objet d'après lequel chacun peut concevoir des objets qui ne se ressemblent pas entre eux.
Pour la définition intégrale, se reporter à QUATREMERE DE QUINCY, Antoine, « Type », *Architecture* [coll. « Encyclopédie méthodique »], Paris : Panckouke, 1788-1825, t. 3, p. 543-545.
416 Les quelques maisons reconstruites dans le centre ancien durant la seconde moitié du XX<sup>e</sup> siècle n'ont cependant pas été prises en compte.
417 L'ensemble des « unités de construction » recensées *intra-muros* s'élève à 1046. Pour la question des distributions, il fallait éliminer en priorité les « granges » et les maisons dans lesquelles nous n'avions pas pu pénétrer. Pour la question des façades, nous avons eu à éliminer 24 élévations non vues (bâtiments figurant sur le cadastre mais inaccessibles) et 226 autres qui n'étaient pas en mesure de répondre à la question qui nous intéressait, que nous exposons plus loin, et qui demande un minimum d'homogénéité.
Je dois ici vivement remercier Georges Coste qui a assuré la partie d'analyse statistique et factorielle préparatoire à ce travail (analyse sur *corpus*-test).
418 Nous n'avons retenu la désignation « hôtel » que rarement, seulement lorsque les dimensions et le caractère de la construction confirmaient « manifestement » les données bibliographiques (IDEVILLE, 1877, CORAIL, du, 1919).
419 MIGNOT, Claude, « L'escalier dans l'architecture française : 1550-1640 », *L'escalier dans l'architecture de la Renaissance*, Paris : éd. Picard, coll. « De Architectura », Centre d'étude supérieure de la Renaissance, 1985, p. 49-65.
420 LETELLIER, Dominique, BIGUET, Olivier. « Demeures urbaines à Angers », *303, Arts, recherches et créations*, 1992, n° 34, p. 33-51.
421 INVENTAIRE GENERAL – SERVICE REGIONAL DU LIMOUSIN. *Brive-la-Gaillarde. Urbanisme et architecture*, par CHAVENT, Martine, avec la collaboration d'Etienne d'Alençon [coll. « Images du patrimoine », n° 203], Limoges : éd. Culture et patrimoine en Limousin, 2000. Et aussi : INVENTAIRE GENERAL – SERVICE REGIONAL DU LIMOUSIN. « La demeure urbaine à Brive-la-Gaillarde (centre). Observations générales », par CHAVENT, Martine, avec la collaboration de Georges COSTE, ministère de la Culture et de la Communication, DRAC Limousin, 2002, p. 55.
422 ROSSI, 2001, p. 75.
423 INVENTAIRE GENERAL – SERVICE REGIONAL DE LANGUEDOC-ROUSSILLON. *Montpellier : la demeure classique*, par SOURNIA, Bernard, VAYSSETTES, Jean-Louis [coll. « Cahiers du patrimoine », n°38], Paris : Imprimerie nationale, 1994.
424 Ce n'est pas le cas en milieu rural : voir PHALIP, Bruno, 2003.
425 Seules quelques marches en pierre d'un escalier médiéval peuvent être signalées : elles ont été remployées dans une descente de cave et sont caractérisées par une moulure en quart-de-rond qui suit leur profil sur le mur d'échiffre (21 rue Victor-Basch ; parcelle 1987 BX 24).
426 On les rencontre essentiellement à l'ouest et au sud de la ville.
427 Cartographier ces types de distribution est très significatif : la surface concernée est loin de représenter les 44% en superficie que l'on obtient en unités recensées.
428 Par exemple 1 et 11 rue Croisier (parcelles 1987 BZ 55 et 42), 7 rue du Marthuret (parcelle 1987 CD 201), 14 rue Danchet (parcelle 1987 CE 525), 17 rue Marivaux (parcelles 1987 BZ 177/178), 15 rue Sirmond (parcelle 1987 CE 25). Ce dispositif de l'escalier en saillie (demi hors-œuvre) sur la rue disparaît après le XVI<sup>e</sup> siècle.
429 Il faut compter aussi avec les cours partagées que nous avons évoquées dans la seconde partie. Parmi les escaliers s'éclairant sur les espaces libres d'autres maisons : 13 et 38 rue Hippolyte-Gomot (parcelles 1987 BX 128/129), (parcelle 1987 CE 116), 12bis rue Saint-Louis (parcelle 1987 BY 181).
430 Par exemple 23 rue Fleurus (parcelle 1987 BX 247).
431 6 et 11 rue de l'Horloge (parcelles 1987 BX 86 et BY 169), 16 rue Croisier (parcelle 1987 CD 48), 50 rue Hippolyte-Gomot (parcelles 1987 CE 7/8/9), 58 rue Hippolyte-Gomot (parcelle 1987 CE 4), 9 rue Gilbert-Romme (parcelle 1987 BZ 44), 27 rue Hippolyte-Gomot (parcelle 1987 BX 166), 9 rue de la Caisse-d'Epargne (parcelle 1987 BX 140), 20 rue de l'Hôtel-de-Ville (parcelle 1987 BZ 98).
432 8 rue Croisier (parcelle 1987 BZ 46), 11 rue du Commerce (parcelle 1987 BX 245), 12 rue de l'Horloge (parcelle 1987 BX 81 ; à l'initiative du service des Monuments Historiques pour ce cas-là.) Tous les réaménagements au XVIII<sup>e</sup> siècle de maisons dont la séquence distributive prévoyait un passage à découvert ne portent pas systématiquement sur ce point-là, peut-être à cause du prestige du cheminement à découvert qui caractérise l'hôtel entre cour et jardin.
433 Annie Cosperec désigne ce type d'espace du terme de passage.Voir INVENTAIRE GENERAL – SERVICE REGIONAL DU CENTRE, *Blois, la forme d'une ville* [coll. « Cahiers du patrimoine », n°35], Paris : Imprimerie nationale, 1994, p. 164.
434 Parcelle 1987 BX 14.
La terrasse permettait de profiter du spectacle de la rue lors des entrées de personnalités, lors des processions religieuses ou de toute autre cérémonie.
435 Ce constat est à mettre en relation avec l'indépendance des granges dans la ville qui font office de remises.
436 La lecture des archives nous permet de confirmer cette observation : les « grandes chambres », chambres avec alcôve ou « sallon » sont situées « sur le devant ».
437 Parcelles 1987 BZ 46 et BZ 114.
438 Nous avons évoqué ces cas de figure dans le chapitre consacré aux dessertes secondaires mais ils trouvent leur place ici aussi car ces espaces ont été fermés sur la rue et font l'objet de parcelles (à propriétaires multiples ou uniques).
439 Par exemple, au 24 rue du Commerce (parcelle 1987 BZ 28).
440 Cité par C. Mignot, *op. cit.*, 1985.
441 Voir RENAUD, 2003[2].
442 58 et 50 rue Hippolyte-Gomot (parcelles 1987 CE 4 et CE 7/8/9) ; 22 rue de l'Hôtel-de-Ville (parcelle 1987 BZ 159) : maison dont l'entrée se situe rue Daurat mais elle a été englobée par remembrement dans la parcelle BZ 159.
443 Voir sur cette question notre article : RENAUD, 2003[2].
444 Par exemple au 10 rue Gilbert-Romme (parcelle 1987 BZ 181). Un seul cas avéré de rez-de-chaussée de fond de cour destiné à un appartement : 13 rue Daurat (parcelle 1987 BZ 168).
445 On pourrait imaginer que, comme dans les résidences royales des débuts de la Renaissance, la cour était occasionnellement transformée en salle de fête de façon à donner une ampleur qui manquait à la demeure (voir LECOQ, Anne-Marie, « Les résidences royales à l'épreuve des fêtes. Les courts-circuits du charpentier », *Architecture et vie sociale à la Renaissance* [coll. « De architectura », n° 6], Paris : Picard, 1994, p. 83-95). Pour ce faire, la cour pouvait être couverte d'une toile, technique dont on ne possède pas de témoignage pour l'hôtel Arnoux de Maison Rouge mais dont on sait qu'on avait fait usage à Riom à l'hôtel des monnaies ainsi qu'au couvent des visitandines. Une portion de rue avait même été couverte d'une toile en 1785 lors de la visite des filles de Louis XV (A.C. Riom, BB120. *Registre des délibérations communales*. 2 juillet 1785).

446 Nous nous bornerons à citer les cas datés ou pour lesquels le statut des commanditaires est connu. Une maison datée précisément de 1785 (date portée en façade) illustre ce parti (parcelle 1987 BZ 136). Le presbytère de Saint-Amable (28 rue Saint-Amable, parcelle 1987 BX 176) en est un autre exemplaire bien daté (devis de maçonnerie du 30 mars 1837 conservé aux A. D. Puy-de-Dôme. 2 O 298(18). *Edifices et travaux publics*). Au 6 rue Saint-Louis (parcelle 1987 BY 121) et au 32 boulevard Desaix (parcelle 1987 CD 134), des maisons ont été construites sur ce schéma-là dans la seconde moitié du XIXe siècle.
447 Trois demeures adoptent cette typologie, situées toutes les trois dans la rue de l'Hôtel-de-Ville, aux n° 1, 13 et 6 (parcelles 1987 BY 129, 73 et BZ 141).
448 Voir ROUSSEL, Christiane, « Entre tradition et modernité : les hôtels à Besançon de 1730 à 1750 », *In Situ*, n° spécial, septembre 2005 (Revue électronique de l'Inventaire général : http://www.culture.gouv.fr/revue-inv/insitu-ns/roussel/html/roussel.html).
449 Voir CONNIER, Yves, « Architecture médiévale et lave de Volvic. Sur l'ouverture des carrières », *L'histoire en Auvergne*, 1995, n°2, p. 53-62.
450 Le chœur de l'église a été en grande partie repris au milieu du XIXe siècle mais on sait par la documentation que des éléments de l'ancien chœur gothique avaient été remployés (voir A. D. Puy-de-Dôme, 2 O 298/18).
451 Tourelles et échauguettes sur trompes coniques, en saillie dans des cours : 7 rue Delille (parcelle 1987 BY 122), 19, rue Delille (parcelle 1987 BY 108), 15 rue de l'Horloge (parcelle 1987 BY 172), 15 rue Hippolyte-Gomot (parcelle 1987 BX 130), 5 rue Gilbert-Romme (parcelle 1987 BZ 50) ; en saillie sur la rue (un seul cas, sur la rue Malouet) : maison dont l'entrée est située au 26-28 rue de l'Horloge (parcelle 1987 BX 69), cette tourelle est en fait juchée sur des trompes jumelées (une trompe plate côté rue, une trompe conique côté cour).
Voûtes plates couvrant des tours d'escalier en vis : au 1 rue Croisier (maison dite des consuls, parcelle 1987 BZ 189), au 24 rue de l'Hôtel-de-Ville (parcelle 1987 BZ 158), au 5 rue Hippolyte-Gomot (parcelle 1987 BX 122), ...
Les dalles de palier sont trop nombreuses pour être toutes citées, elles sont représentées à toutes les époques.
452 En 1665, Jean Languille et son fils Guillaume recevaient encore commande de « deux grandes pierres de taille dans l'une desquelles seront gravées les armes du duc seigneur de Randan aveq plusieurs autres figures qui doivent estre posées dans l'église des révérends pères cordeliers [...] » (A. C. Riom, BB 73. *Registres des délibérations communales*, 1er janvier 1665).
453 A l'exception des clefs d'arcs de la façade de l'hôtel Grangier (20 rue de l'Hôtel-de-Ville).
Le phénomène n'est pas propre à Riom et s'observe dans l'ensemble des constructions en lave de Volvic de la région.
454 Les parements de grands édifices plus anciens comme l'hôpital général, vers 1725, présentent déjà des signes lapidaires. Il se pourrait que la réapparition au XVIIIe siècle de la pratique des signes lapidaires ne soit à signaler que dans les « petits chantiers » (les maisons) car certains parements à la Sainte-Chapelle de Riom en témoignent à la fin du XVe siècle, contredisant l'hypothèse d'une interruption totale de la pratique entre le XIIe et le XVIIIe siècle.
Il arrive aussi que les parements avec bossages à refends, dès le XVIIe siècle, respectent une mise en œuvre d'assises régulières d'un pied.
Des pierres d'un pied et demi ou d'un demi pied ont également fait l'objet de standardisation.
455 La distinction déterminante se fait entre organes clavés (arc, plate-bande) et linteau (bloc).
456 D'après Yves Connier que nous avons interrogé à ce sujet, le travail demandé au tailleur de pierre, dans la cas d'un arc appareillé, est sans conteste plus difficile que dans le cas d'un linteau même délardé, cependant les dimensions des blocs mis en jeu sont moins importantes (toutefois la possibilité du remploi de grands blocs est à prendre en considération).
457 Voir TEYSSOT, Josiane, « Un grand chantier de construction à la fin du XIVe siècle en Auvergne : le palais ducal de Riom », *Bulletin Historique et Scientifique de l'Auvergne*, 1992, n°714, p. 151-166.
458 A. D. Puy-de-Dôme. 2 O 298/18.
Ni la construction du presbytère (1837-1839), ni les aménagements de la sous-préfecture (1847-1848) n'y échappent.
459 A. D. Puy-de-Dôme. 5 E 47/521. Prix-fait [le seul qu'il nous ait été donné de retrouver !] pour la reconstruction d'une façade, du 21 janvier 1642 : « [...] se pourront lesdits entrepreneurs servir de la pierre de taille qui est à présent au devant de ladite maison ».
460 A. D. Puy-de-Dôme. 5 E 1/849. Prise de possession du 7 février 1622.
461 De même qu'au 2 rue du Commerce, au 36 rue de l'Hôtel-de-Ville (la façade porte la date de 1776), au 7 rue Soubrany (l'escalier en vis possède un noyau tourné, la façade a été reconstruite en 1751, d'après le Père Tiolier), etc.
462 22 rue Saint-Amable (parcelle 1987 BX 154).
463 Voir PHALIP, 2003, p. 53-58.
464 Une troisième galerie en bois subsiste au 25 rue Hippolyte-Gomot mais elle est plus tardive. Il faut ajouter, à ces trois galeries en place, des indices archéologiques qui témoigneraient du remplacement de galeries en bois par des galeries en pierre au 12 rue de l'Horloge (pour le dernier niveau de galerie) et au 11 rue du Commerce. Au 10 rue Gilbert-Romme, seuls de minces poteaux en bois et chanfreinés subsistent d'une ancienne galerie.
465 Voir escalier rampe-sur-rampe en bois du 5 rue Saint-Amable (parcelle 1987 BX 91).
466 En 1711 encore, le preneur (un maître charpentier) d'un bail à loyer s'engage à refaire à neuf la galerie [en bois] du logement qu'il occupera (A. D. Puy-de-Dôme. 5 E 03660. Bail à loyer du 30 mars 1711). Pour les « cabinets » en saillie, voir A.D. Puy-de-Dôme. 5 E 47/688. Bail à rente du 11 octobre 1749. Pour les cloisons en bois, voir A. D. Puy-de-Dôme. 5 E 57/542. Visite pour réparations (après la vente du 15 décembre 1728) du 30 juillet 1729.
467 Je remercie Alain Prevet pour m'avoir signalé cet intéressant document inédit conservé au Centre de recherche des monuments historiques sous la cote MH 52581-54.
468 9 rue de la Caisse-d'Epargne (parcelle 1987 BX 140) : charpente couvrant le bâtiment sur rue (sur cette maison, voir RENAUD, SERAPHIN, 1999).
469 9 rue Malouet (parcelle 1987 BX 73) : charpente couvrant le bâtiment sur rue.
470 21 rue Victor-Basch (parcelle 1987 BX 24) : charpente couvrant la partie sud de l'aile ouest donnant sur la cour. Pour l'étude dendrochronologique réalisée à partir de neuf échantillons (entraits et chevrons), voir GIRARDCLOS, Olivier, PERRAULT, Christophe, « Datation par dendrochronologie de la charpente de l'école Notre-Dame des Arts 13-15 (*sic*) rue Victor-Basch », rapport, C.E.D.R.E., Besançon, janvier 2004.
471 Je remercie Madame Nicole Lepron des Archives départementales du Puy-de-Dôme qui a bien voulu me livrer quelques résultats de sondages effectués dans les études de notaires, ainsi que Joëlle Barreau qui m'a aidée dans mon dépouillement. Deux stagiaires sont à remercier ici aussi : Marie Petiaud et Anne Gaillard.
472 Nos demandes étaient limitées afin de ne pas effrayer avec des investigations dans la sphère privée et donc être mieux reçues.
Certaines visites ont été rendues possibles grâce à la bienveillance de Mmes Brigitte Juillard et Rachel Royon, des services techniques de la ville, de M. Gilles Séraphin, chargé de mission du secteur sauvegardé, et de M. Antoine Armynot, architecte des bâtiments de France, que nous remercions.
473 Adresses des maisons disposant de belvédères au sommet de la cage d'escalier : pour les XVe-XVI[e] siècles, 45 rue Hippolyte-Gomot (parcelle 1987 BX 263), 30 rue de l'Hôtel-de-Ville (parcelle 1987 BZ 189, maison dite des consuls), 21 rue Victor-Basch (parcelle 1987 BX 24). Pour le XVIIe siècle, 24 rue de l'Horloge (parcelle 1987 BX 70), 40 rue Saint-Amable (parcelle 1987 BX 225). Pour le XVIIIe siècle, 20 rue de l'Hôtel-de-Ville (maison dite hôtel Grangier de Cordès, parcelle 1987 BZ 98), 2 rue Chabrol (maison dite hôtel Dagonneau-Marcilly, parcelle 1987 BZ 114), 20 rue Hellénie (parcelle 1987 CD 127), 5 rue Victor-Basch (parcelle 1987 BX 29), 24 rue de l'Hôtel-de-ville (parcelle 1987 BZ 158 ; une date figure sous forme de graffiti sur un appui d'une petite baie du belvédère : « 1789 »), 5 rue Hippolyte-Gomot (parcelle 1987 BX 122). Pour le XIXe siècle, 6 rue du Commerce (parcelle 1987 BZ 17).
474 De même que Rouen, et probablement d'autres villes encore.
475 GADY, Alexandre, « « La ville par dessus les toits... ». A propos de quelques bélvédères parisiens du XVIIIe siècle », *La nature citadine au siècle des Lumières. Promenades urbaines et villégiature, Annales du Centre Ledoux* (Actes du colloque tenu à Nancy les 24-25 juin 2005), 2005, t.V, p. 215-221.

476 A cette dernière adresse, il est probable que le dernier niveau d'habitation actuel ait remplacé le niveau du « beauregard ».
477 Echelle de meunier puis trappe pour le belvédère du 21 rue Victor-Basch, petit escalier de fortune pour la terrasse du 20 rue Hellénie, …
478 20 rue de l'Hôtel-de-Ville (parcelle 1987 BZ 98). Sur la terrasse elle-même, les vestiges d'un cadran solaire et d'un support de longue-vue sont encore en place. Dans le petit salon sont également évoqués la peinture, la sculpture, l'architecture, l'histoire, la poésie et le jardinage.
479 CABESTAN, 2004.
480 Nous qualifions le logis à deux « chambres » de logis « standard » car il est celui qui, proportionnellement, est revenu le plus souvent dans notre dépouillement d'archives.
481 On peut même parler d'une « chambre basse voultée à laquelle il y a un ouvroir [étal] servant de boutique » (A. C. Riom. 13 S, B 2. Acte du 6 septembre 1672).
482 32 rue Saint-Amable (nord de la parcelle 1987 BX 178).
483 Parcelle 1987 BX 152.
484 A. D. Puy-de-Dôme. 5 E 47/364. Succession de Pierre Ducros, greffier de la justice de paix du canton ouest de Riom, 20 février 1854. Il pourrait s'agir de la maison située actuellement au 40 rue de l'Horloge (parcelle 1987 BX 61). Voir le plan de pavé de 1843 indiquant le nom du même propriétaire à cet endroit.
485 Pour les XIIIe-XIVe siècles : 9 rue Malouet, corps de bâtiment sur la cour (parcelle 1987 BX 73), et 5 rue Soubrany (parcelle 1987 BY 49). Pour le XVIe siècle : 12 rue de l'Horloge (parcelle 1987 BX 81) et 30 rue de l'Hôtel-de-Ville (maison dite des consuls, parcelle 1987 BZ 11).
486 22 rue de la Rodade / 2 place Poly (parcelle 2000 LX 185).
487 A. D. Puy-de-Dôme, 5 E 47/374. Inventaire après décès de Claude Amable Verny, conseiller honoraire à la cour impériale de Riom, du 4 août 1856.
488 A. D. Puy-de-Dôme, Q 361, n° 73. Dans cet acte d'expertise du 10 vendémiaire de l'an V [1797], on peut lire : « Le principal corps de bâtiment est composé d'un étage souterrain où l'on trouve les cuisines, bûcher, caves et autres aisances de ce genre ; […] ». Et il est possible de vérifier dans les faits que deux salles d'un niveau enterré disposent de cheminées monumentales en pierre, l'une du XVe siècle et l'autre du XVIe siècle. Sur l'hôtel Dufraisse, aussi PIERA, 2003, p. 403-410.
489 A. D. Puy-de-Dôme, 5 E 57/708. Procès-verbal du 29 novembre 1725 : la « grande chambre » est au premier étage sur le devant de la maison ». A. D. Puy-de-Dôme, Q 790. Expertise du 18 août 1795. Etat du mobilier : le « sallon de compagnie » et la chambre à alcôve sont au premier étage et ont « vue sur la grande rue ». A. D. Puy-de-Dôme, N 10. Testament de A.-R. Moreau du 3 novembre 1807, suivi de l'inventaire après décès du 23 octobre 1807, d'un appartement occupé à titre de locataire.
490 A. D. Puy-de-Dôme, 5 E 47/364. Succession de Pierre Gros, greffier de la justice de paix du canton ouest de Riom, du 20 février 1854. Il pourrait s'agir de la maison située actuellement au 40 rue de l'Horloge (parcelle 1987 BX 61). Voir le plan de pavé de 1843 indiquant le nom du même propriétaire à cet endroit.
491 A. D. Puy-de-Dôme, 2 O 298 (18). Devis général du 30 mars 1837.
492 La datation est donnée dans l'expertise de la maison comme bien national. A. D. Puy-de-Dôme, Q 377. Expertise comme bien national du 11 vendémiaire an V, concernant l'hôtel dit Dagonneau-Marcilly, situé actuellement au 2 rue Chabrol (parcelle 1987 BZ 114).
493 A. D. Puy-de-Dôme, U 11986. Expertise du 12 décembre 1836. La maison est située rue de l'Horloge mais il nous a été impossible de la localiser plus précisément.
494 On décrit les garde-robes à deux ou quatre battants : il s'agit donc d'armoires (ou de placards ?). Quand Savot, dès 1624, précise, au sujet de la garde-robe : « La garderobe n'aura pas moins de dix pieds en tout sens, & n'excédera en capacité les trois quarts de la chambre […] » ; Félibien la définit comme « une petite chambre, ou cabinet de commodité, propre à serrer des meubles ; on nomme aussi garderobe le lieu où est la chaise percée » et D'Aviler (1710) comme un endroit où l'on serre les habits et où couchent les domestiques « qu'on retient près de soi. ». Cités par MIGNOT, Claude, « Petit lexique de l'hôtel parisien », *XVIIe siècle*, janvier-mars 1989, n°162, p. 101-109.
495 A. D. Puy-de-Dôme, 5 E 47/631. Inventaire du 24 juillet 1694. Il s'agit de la maison d'un bourgeois, située rue Hippolyte-Gomot. La salle dont il est ici question « regarde sur la rue ».
496 A. D. Puy-de-Dôme, Q 377. Expertise comme bien national du 11 vendémiaire an V [1797], concernant l'hôtel dit Dagonneau-Marcilly, situé actuellement au 2 rue Chabrol (parcelle 1987 BZ 114). Nous apprenons par ce même document que le commanditaire de cette demeure est « le père du citoyen Pissis » et que la construction ne remonte qu'à 45 ans (soit 1751).
497 A. D. Puy-de-Dôme, 5 E 47/114. Inventaire après décès du 18 mai 1771. Il s'agit du décès de Catherine Devaux, veuve de Claude Forget, « chevalier, seigneur du château et habitante de Maringues ». Elle partageait l'appartement avec sa mère, « dame de la Rochebriant », qu'elles louaient à « dame Deligondès ».
498 9 rue Soubrany (parcelle 1987 BY 51). On aurait souhaité, en entreprenant l'étude de Riom, pouvoir situer de manière certaine la maison de l'amateur d'antiquités Louis Chaduc (1564-1638), situer la ou les pièces destinées à accueillir ses collections et retrouver des éléments (dans les archives ou dans la réalité) autorisant une restitution de leur présentation. Ce conseiller au présidial de Riom avait en effet constitué une bibliothèque et surtout une des collections « d'antiquités » les plus intéressantes du royaume (médailles, manuscrits, pierres « ithyphalliques », …) : après être passée par le cabinet Sainte-Geneviève et les mains de Gaston d'Orléans, elle avait été acquise par Louis XIV.
499 A. D. Puy-de-Dôme. 5 E 47/409. Inventaire après décès du 2 janvier 1694 et articles de mariage (fille de G. Chassaing) du 25 avril 1694.
500 A. D. Puy-de-Dôme, 5 E 1/301. Testament, inventaire et vente des meubles d'Eustace Viallard, du 13 juin 1695.
501 A. D. Puy-de-Dôme, 5 E 47/647. Procès-verbal de vérification du 16 juillet 1710.
502 A. D. Puy-de-Dôme, 5 E 47/186. Procès-verbal de visite de réparations faites et à faire du 14 août 1734. Il s'agit de Claude Brujas, conseiller du roi, et d'Amable Devernaison, trésorier général de France.
503 Voir LECLERCQ, Francine, « Les lectures d'un magistrat riomois du XVIIe siècle », « Mélanges offerts à Pierre-François Fournier », *Mémoires de l'académie des sciences, belles-lettres et arts de Clermont-Ferrand*, t. L, 1985, p. 119-161. Signalons qu'il a été impossible de se reporter au document original malgré l'aide de Madame Nicole Lepron (Archives départementales) que nous remercions.
504 A. D. Puy-de-Dôme, 5 E 57/343. Testament du 20 juin 1666, inséré dans une liasse de l'année 1676. Ce prêtre, Jean Dauzat, d'après ce même document, désire être enterré dans la chapelle de Saint-Etienne située en l'église Saint-Amable, là où se trouve la vicairie fondée par ses ancêtres. Mais il supplie d'être traité « en étranger », qu'on lui accorde, en effet, « le retranchement de ces cérémonies et offrandes de cire, pain et vin usitées en ce pays, qui n'aboutissent qu'à un faste […] » et il exprime sa préférence pour « l'usance de Paris ».
505 Les documents consultés aux archives ne nous ont pas permis d'aborder la question du programme « immeuble de logements », celui sur lequel s'est penché Jean-François Cabestan. C'est par le biais de la question des façades que nous l'évoquerons.
506 INVENTAIRE GENERAL – SERVICE REGIONAL DE MIDI-PYRENEES. *Cahors, ville et architecture civile au Moyen-Âge (XIIe-XIVe siècles)*, par SCELLES, Maurice [coll. « Cahiers du patrimoine », n°54/55], Paris : Editions du Patrimoine, 1999. Et communication orale, « Ville et architecture civile à Cahors, XIIe, XIIIe, XIVe siècles », conférence du 24 avril 2000, Paris, Institut national d'histoire de l'art.
507 BABELON, Jean-Pierre, « La naissance des beaux quartiers à Paris », *D'une ville à l'autre. Structures matérielles et organisation de l'espace dans les villes européennes (XIIIe-XVIe siècles)*, Rome : Ecole française de Rome, 1989, p. 55-68.
508 Voir la notice « Robe » dans BLUCHE, François, dir., *Dictionnaire du Grand siècle*, Paris : Fayard, 1990.
509 A. D. Puy-de-Dôme, 5 E 47/728. Bail « de louage » du 29 décembre 1678. D'après les recherches en cours de Stéphanie Dargaud, il semblerait que le système de location par les villes pour les intendants était largement répandu en France jusque dans les années 1740.

510 Cité par AUBERT, Gauthier, « La noblesse et la ville au XVIIIe siècle. Réflexion à partir du cas rennais », *Histoire urbaine*, n°4, décembre 2001, p. 127-149.
511 Bibliothèque municipale et inter-universitaire de Clermont-Ferrand, ms 1072.
512 Montluçon (Allier) est situé à 75 km au nord de Riom. Je remercie Samuel Gibiat, qui travaille sur les demeures de la noblesse à Montluçon, de m'avoir fourni ces renseignements. Voir « Les demeures de la noblesse à Montluçon, XVe-XVIII[e] siècles », *Bulletin des amis de Montluçon*, 2006, n°56, p. 131-178. D'après S. Gibiat, le père de Jean-Nicolas Chacaton, Claude, sieur des Réaux, était également titulaire d'un office de trésorier de France au Bureau des finances à Riom mais lui aussi vivait principalement à Montluçon. L'hôtel occupé au XVIIIe siècle par la famille Chacaton de la Grange est situé 21 rue Grande à Montluçon.
513 A. D. Puy-de-Dôme, 5 E 47/708. Procès-verbal de visite du 10 juillet 1767. La maison est située dans le quartier de Saint-Amable, près de la porte de Layat.
514 Faut-il lier son séjour à la présence d'une « académie royale » à Riom (académie destinée à former principalement les jeunes gens au maniement des armes et à l'équitation) ?
Faut-il lier son séjour, en l'absence de casernes, au cantonnement régulier des troupes royales dans Riom ? Sur cette dernière question, voir STURGILL, Claude C., « Echec du pouvoir royal en France : guerre sourde contre la construction des casernes. Exemple de l'Auvergne (1720-1731) », *Bulletin historique et scientifique d'Auvergne*, t. XCVI, n° 715, oct.-déc. 1992, p. 185-195.
515 A. D. Puy-de-Dôme, Vente du 36 janvier 1677. D'autres actes renvoient à ce genre de mise en commun propre aux maisons réparties entre plusieurs locataires (qui concernent aussi les puits). Dans certains cas, les répartitions sont particulièrement tarabiscotées.
516 D'après Philippe Hamon, les grands officiers de la finance de la première moitié du XVIe siècle mènent une vie de nomade et « les sommes [destinées à constituer un patrimoine urbain] restent sensiblement en retrait par rapport aux investissements ruraux » (HAMON, Philippe, « *Messieurs des finances* ». *Les grands officiers de finance dans la France de la Renaissance*, Paris : Comité pour l'histoire économique et financière de la France, 1999, p. 241).
517 L'inventaire après décès de R. de Girard à partir duquel Francine Leclercq a rédigé son article n'ayant pas été retrouvé, nous n'avons pas pu nous y reporter et accéder ainsi à la description détaillée des deux maisons.
518 Sur ces questions à l'échelle de l'Europe, essentiellement pour le XVIe siècle, et sur les formes architecturales de ces résidences, voir CHATENET, Monique, dir., *Maisons des champs dans l'Europe de la Renaissance*, Actes des premières Rencontres d'architecture européenne, juin 2003, Paris : Picard [coll. « De architectura », n°11], 2006.
519 A. D. Puy-de-Dôme, 5 E 1/291. Constitution de rente du 8 décembre 1696.
520 Par exemple, dans la « chambre » principale de la maison de ville, « le garderobbe » est grand, en bois de noyer, tandis que celui de la maison de campagne est « un méchant garderobbe en chêne ».
521 Voir PIERA, 2001, et PIERA, Pascal, « Le néo-classicisme en Basse-Auvergne », *L'histoire en Auvergne*, 1997, n°3, p. 5-85.
C'est aussi la conviction d'Annie Regond, qui s'est intéressée aux maisons des champs en Bourbonnais et en Limagne aux XVIe et XVIIe siècles (communication orale du 20 décembre 2002, séminaire de 3e cycle *Histoire de l'architecture (XVe-XVIII[e] siècles)*, Paris (Université Paris IV/UMR André Chastel/Inventaire général).
522 Sur l'investissement de l'intendant à Clermont-Ferrand au XVIIIe siècle (1760-1764, campagne du gros-œuvre), voir PIERA, Pascal, *Clermont-Ferrand. Hôtel de Chazerat (Puy-de-Dôme)* [coll. « Itinéraires du patrimoine », n°158], Clermont-Ferrand : E.P.A., 1997.
523 Bernard Duprat et Michel Paulin ont élaboré une méthode très sophistiquée (avec recours à une modélisation logico-mathématique) pour la mise en évidence d'un système de composition des façades des maisons lyonnaises du XIXe siècle. Ce travail qui vise à créer un nouveau regard sur ce patrimoine doit être signalé : DUPRAT, Bernard, PAULIN, Michel, (DUVETTE, Catherine, PIATON, Claudine, collab.), *Le système de la façade et de la baie : maisons à loyer urbaines du XIXe siècle*, Lyon : éditions du Cosmogone pour le Laboratoire d'analyse des formes (Ecole d'architecture de Lyon), 1995.
524 Pierre Le Muet demande d'une part que la hauteur « sous plancher » d'une pièce soit fonction de ses autres dimensions (c'est-à-dire une grande hauteur pour la pièce la plus grande) puis, comme Philibert Delorme, que la baie soit faite « le plus haut que faire se pourra », soit les plus grandes baies pour les plus grandes pièces.
525 Voir SABOYA, Marc, *Presse et architecture au XIXe siècle : César Daly et la Revue générale de l'architecture et des travaux publics*, Paris : Picard, [coll. « Villes et sociétés »], 1991, p. 274.
526 14 rue de l'Hôtel-de-Ville (actuel musée Mandet, parcelle 1987 BZ 102).
527 TIERCELET, [Gilles], *Architecture moderne ou l'art de bien bâtir pour toutes sortes de personnes [...]*, Paris : C. Jombert, 1728.
Nous devons ces éléments d'analyse du traité de Gilles Tiercelet à Claude Mignot qui les a livrés lors d'une séance du séminaire de 3e cycle « histoire de l'architecture moderne (XVe-XVIII[e] siècle) », Paris (Université Paris IV/UMR André Chastel/Inventaire général), le 15 février 2002.
528 INVENTAIRE GENERAL – SERVICE REGIONAL DE LANGUEDOC-ROUSSILLON. *Montpellier : la demeure classique*, par SOURNIA, Bernard, VAYSSETTES, Jean-Louis [coll. « Cahiers du patrimoine », n°38], Paris : Imprimerie nationale, 1994, p. 230.
529 Baies d'éclairement des immeubles constituant la place de la halle au blé, par C.-F.-M. Attiret (1794-1795). Et aussi, 11 rue Hellénie (parcelle 1987 BZ 118), 3 rue de l'Intendance-d'Auvergne, qui porte la date de 1785 (parcelle 1987 BY 139), 14 rue de l'Horloge (parcelle 1987 BX 80), daté de 1841 par la documentation (A. D. Puy-de-Dôme. O 019(1). Plan de pavé « de 1843 ». Et : A. D. Puy-de-Dôme, P 10694. *Matrices des propriétés foncières* 1823-1913. Augmentations de 1844). En 1832, une demande est faite pour l'autorisation de percer des « œils-de-bœuf pour éclairer le grenier » (A. C. Riom, O I.). C'est un parti qui sera repris en 1921 pour le grand édifice de la Banque de France situé sur la rue de l'Hôtel-de-ville.
530 B. C. I . U., [TIOLIER, le P., cordelier de Riom], « Recueil de diverses choses arrivées en Auvergne ou ailleurs depuis 1731 jusqu'à 1770 », ms 702.
531 Hôtel Grangier : 20 rue de l'Hôtel-de-Ville. L'unique masque sculpté à la clef d'une baie du XVIIIe siècle de Riom se trouve à la porte d'entrée du même hôtel.
Pour le XIXe siècle, on notera aussi qu'un masque a été sculpté à la clef de la baie centrale au premier étage du 6 rue Saint-Louis (la baie éclaire le salon) (parcelle 1987 BY 121).
532 22 rue Marivaux (parcelle 1987 CD 51), 7 rue Soubrany (maison Faydit, d'après, en particulier A. D. Puy-de-Dôme, Q 363. Procès-verbal du 10 avril 1794) façade reconstruite en 1751 d'après le Père Tiolier (parcelle 1987 BY 50), 3 rue Daurat (« maison Legay », du nom de l'architecte qui l'aurait reconstruite pour lui-même en 1766, parcelle 1987 BZ 161). Une autre « maison Faydit » est située au 6 rue Croisier par Henri d'Ideville.
533 A. C. Riom, O I. *Voirie*. Demande du 8 avril 1824.
534 La maison est dite « hôtel Laval de Lacresne » (parcelle 1987 BY 44). En fait, la façade comprend le n°27 actuel (parcelle 1987 BY 45).
535 « Hôtel de Chamerlat » : situé au 12 rue Gilbert-Romme (parcelle 1987 BZ 180). Hôtel Vallon de Grandville (?) : situé au 13 rue de l'Hôtel-de-Ville (parcelle 1987 BY 73) ; voir A.D. Puy-de-Dôme, Q 407. Dossier n°78 (adjudication du 5 juillet 1795 et procès-verbal du 23 mai 1796). Q 1316. Procès-verbal du mobilier du 27 janvier 1798. Q 1373. Mémoire du 20 décembre 1825.
536 Sur Louis et Simon Saladin, voir PIERA, 2001, p. 895-896 : Louis (mort en 1732) était qualifié de « gradué de l'Université d'Avignon » et d'ingénieur de la ville de Riom, et en a été l'architecte de 1706 à 1732, son fils Simon était qualifié d'ingénieur du roi et d'architecte de la ville de Riom de 1732 à 1754.
537 Voir BABELON, Jean-Pierre, *Demeures parisiennes sous Henri IV et Louis XIII*, Paris : Hazan, 1991 (2e édition), p. 236 (note 79).
538 Par exemple, dans le devis du château de Jarzé (construit entre 1485 et 1490), il apparaît que la hauteur sous plancher des salles est réduite d'un demi-pied entre deux niveaux et que par ailleurs il est dit « monteront lesdites fenestres croysees aussi hault que les planchers desdites salles ». Voir CHATENET, Monique, CUSSONNEAU, Christian, « Le devis du château de Jarzé : la place du lit », *Bulletin monumental*, 1997-II, p. 103-126. Le principe est donc ancien et non spécifique au milieu urbain.

539 23 rue Chabrol (parcelle 1987 BZ 86). Voir A. C. Riom, O I. *Voirie*. Demande du 27 janvier 1821.
540 Voir INVENTAIRE GENERAL - SOUS-DIRECTION DE L'INVENTAIRE. *Architecture. Méthode et vocabulaire*, par PEROUSE DE MONTCLOS, Jean-Marie, *[coll. « Principes d'analyse scientifique »]*, Paris : imprimerie nationale, 1972, p. 76-77 : « on nomme travée toscane, dorique, ionique, corinthienne ou composite, une composition formée par un ordre (colonnes ou pilastres) toscan, dorique, ionique, corinthien ou composite portant un entablement. Cette travée est elle-même une baie ou l'encadrement d'une baie [...] ».
541 L'hôtel Dufraisse, seul, obéit à ce principe de hiérarchisation : la porte d'entrée sur la cour et les trois portes-fenêtres sur le jardin sont couvertes d'arcs en plein cintre.
542 A.D. Puy-de-Dôme, 5 E 57/1352. Procès-verbal du 24 février 1840 effectué à la demande de M. Duché de Carbon, négociant et propriétaire de la maison depuis le 21 janvier de la même année. Il semble s'agir de l'actuel 9 rue du Commerce dont la réfection doit être située dans les années 1840-1841.
543 10 rue Daurat (parcelle 1987 CD 127) et 8 rue Gibert-Romme (parcelle 1987 BZ 182).
544 Voir LOYER, 1987 et DUPRAT, Bernard, PAULIN, Michel, *Le système de la façade et de la baie : maisons à loyer urbaines du XIXe siècle*, Lyon : éditions du Cosmogone pour le Laboratoire d'analyse des formes (Ecole d'architecture de Lyon), 1995.
545 42 boulevard Etienne-Clémentel (parcelle 1987 CE 215).
546 Du côté de l'hémicycle, en outre, le « premier étage » est constitué en étage d'entresol.
547 2 rue Chabrol (parcelle 1987 BZ 114). A.D. Puy-de-Dôme, Q 377. Expertises comme bien national du 24 thermidor an IV, du 19 nivôse et du 11 vendémiaire an V [1796-1797]. L'acte de vente du 25 août 1779 retrouvé aux archives départementales du Puy-de-Dôme confirme en partie l'historique de l'hôtel délivré dans l'expertise de 1796 (série 5 E 57/861).
548 L'escalier principal situé au nord, d'une mauvaise facture (« cet escalier en général a été manqué et déprécie un peu la maison » selon les termes de l'expert de 1796), a été remplacé par un autre escalier au sud de la parcelle, après 1796.
549 On sait par différents actes qu'en 1796 le premier étage de cette maison était occupé par le salon de compagnie et une salle à manger, tandis que le second était divisé en deux grandes chambres, que trois « chambres de maître » se trouvaient au premier du corps de bâtiment sur la cour. Mais un réaménagement intervenu en 1766 en avait peut-être modifié la distribution originelle.
550 1 rue Sirmond (parcelle 1987 CE 10).
551 Angles médiévaux des maisons : 8 et 32 rue Lafayette, 19 et 24bis rue Hippolyte-Gomot, 1 rue du Docteur-Duché.
552 Dans d'autres villes (Paris, Dijon, ...), la lecture des devis permet de repérer les clients qui signalent aux entrepreneurs les maisons déjà construites pour servir de modèle (l'ensemble ou un détail), ce n'est pas le cas pour Riom où seul l'existant peut nous renseigner sur cette pratique.
553 Voir PIERA, 2003.
554 Une reproduction du dessin général de la porte cochère de l'hôtel Dufraisse est également perceptible dans le dessin de la porte cochère de l'hôtel des monnaies (élévations et plans donnés par [Louis] Saladin en 1719), sauf que dans ce dernier cas, des pilastres surmontés de fragments d'entablement dorique soutiennent l'entablement en plein-cintre.
555 IDEVILLE, [DU CORAIL], [1877], p. 102-104.
556 Diego de Sagredo : la première édition en français de la *Raison d'architecture antique [...]* date de 1536 ; Vitruve : la première édition en français de l'*Architecture ou art de bien bastir [...]* remonte à 1547 ; Philibert Delorme : la première édition des *Nouvelles manières pour bien bastir [...]* date de 1561, celle du *Premier tome de l'architecture [...]* de 1567 ; Pierre Le Muet : la première édition de *Manière de bien bastir [...]* date de 1623.
557 A. C. Riom, BB 56. *Registre des délibérations communales*, au 2 février 1640.
En 1644, lui sont payées 20 livres des travaux pour le jacquemart de l'horloge (A.C. Riom, CC 121bis). En 1648, il était associé avec Jacques Pothier, tous deux qualifiés de maîtres architectes, pour la reconstruction du clocher de l'église du Marthuret (voir VISSAC, Marc de, *L'église Notre-Dame du Marthuret*, Riom : E. Girerd, 1889, p. 39-41).
558 A. C. Riom, BB 47. *Registre des délibérations communales*, au 16 février 1631 : « un nommé Languile, maître sculteur, dézire se retirer en cette ville pourveu qu'on le traite doucement et par forme d'abbonnement en ses tailles ». En juin 1634, on retrouve sa trace au château de Nonette où il assistait deux huissiers riomois dans l'expertise d'une statue (peut-être la « Vierge du Marthuret »).
559 A. D. Puy-de-Dôme, 9 F 53. Comptes (du 15 janvier 1631 au 10 juin 1632).
Voir aussi Gady, Alexandre, *Jacques Lemercier, architecte et ingénieur du Roi*, Paris : éditions de la Maison des sciences de l'homme, 2005, p. 136, 256, 259.
560 A. C. Riom, BB 73. *Registre des délibérations communales*, 1er janvier 1665.
Jean et Guillaume Languille reçoivent 200 livres des consuls en 1664 « pour une grande pierre taille où sont gravées les armes de la maison du sieur comte de Randan, ou pour diverses figures et autres choses ». A.C. Riom, CC 126.
561 A. D. Puy-de-Dôme, 5 E 47/498. Traité du 21 janvier 1679. Liève royale des environs de 1660 (A. D. Puy-de-Dôme, A 112, notice n° 335). Benoît Languille était adjudicataire des travaux du palais de Riom en 1688 (A. D. Puy-de-Dôme, C 1779).
562 A.C. Riom, 5 W 647. Architecte : R. Bauchet, domicilié à Clermont-Ferrand.
563 SECCHI, Bernardo, *Première leçon d'urbanisme*, Marseille : éditions Parenthèses [coll. « Eupalinos »], 2006, p. 81-82. L'édition italienne est de 2000.
564 Rapport du 3 décembre 1977 signé du groupe TOPOS. A.C. Riom, 23 W. Secteur sauvegardé. Et A.C. Riom, 31 W 13. P.O.S.. Rapport de présentation du 3 mars 1978.
565 A.C. Riom. 7 W 1119 et 1120. Permis de construire du 4 février 1980 (pour la première tranche, ici évoquée). Architectes : François Jaffeux, S.C.P. Lescher-Jarrier, V. Bernard, domiciliés à Riom. Et A.C. Riom. 7 W 1118. Permis de construire du 4 février 1980 et 16 mars 1981. Architectes : François Mercier et Jean-Marie Rollier, domiciliés à Riom.
566 Les architectes du projet ont eu une interprétation inverse du lieu et estimé qu'il fallait dégager les abords de la porte du palais de justice.
567 PEROUSE DE MONTCLOS, Jean-Marie, « La période blanche de l'architecture française », *Architecture et décors peints*, actes d'un colloque tenu à Amiens, octobre 1989 [coll. « Actes et colloques de la direction du patrimoine », n° 9], Paris : Ministère de la culture, de la communication, des grands travaux et du bicentenaire, avec le concours de la C.N.M.H.S., 1990, p. 113.
Il est possible, mais nous n'en avons pas la preuve, que certaines façades en pierre de taille de couleur foncée aient été badigeonnées, comme l'avaient été les briques de l'hôtel de ville de Toulouse.
568 Question posée par Françoise Boudon dans sa contribution à INVENTAIRE GENERAL – SERVICE D'ILE-DE-FRANCE, *Le faubourg Saint-Antoine, un double visage*, par HERVIER, Dominique, FERAULT, Marie-Agnès ; BOUDON, Françoise [coll. « Cahiers du patrimoine », n° 51], Paris : A.P.P.I.F., 1998, p. 93.
569 FABRE, Xavier, « Aux villes du centre », ACHACHE, Gilles (dir.), *Massif central l'esprit des hautes terres*, Paris : Autrement (éditions), 1996, p. 158-167.
570 PANERAI, 2005, p. 54.
571 Voir INVENTAIRE GENERAL – SERVICE D'AUVERGNE, *Canton de Saignes. Cantal*, par BRUNET, Marceline, SAUZADE, Lionel [coll. « Images du patrimoine », n° 176], Clermont-Ferrand : E.P.A., 1999.
572 Voir PHALIP, 2003, p. 14-16.
573 On pourrait considérer comme une première étape de cette réflexion le colloque organisé du 15 au 17 mars 2004 par l'université Blaise-Pascal de Clermont-Ferrand II intitulé « Espaces collectifs et d'utilisation collective dans les campagnes du Moyen-Âge à nos jours », et qui réunissait historiens, juristes et géographes.
574 Pour Bernardo Secchi, c'est, d'une manière générale, l'intérêt des études des centres anciens.
575 Cela paraît d'autant plus justifié à l'heure où l'ouvrage de Jean-Louis Maupu *La ville creuse pour un urbanisme durable. Nouvel agencement des circulations et des lieux* (Paris : L'Harmattan, 2006, non consulté) se trouve récompensé d'un prix de La Recherche.
576 DONNADIEU, Brigitte, *L'apprentissage du regard. Leçons d'architecture de Dominique Spinetta*, Paris : éditions de La Villette, 2002, p. 94.

# Sources et bibliographie

## SOURCES

**Archives communales de Riom.**

Série BB. Registres des délibérations communales (1567 à 1790).
Série B. Registres des délibérations communales (1790 à 1940).
Série CC. Comptabilité. CC 89bis à CC 166 (1529-1791).
Série DD. Biens communaux. DD 3 à DD 20 (1391-1788).
Série FF. Police. FF 20, 21 (1546-1756).
Série M I à M IV. Edifices communaux, monuments et établissements publics (1793 à 1938).
Série O I. Voirie urbaine (1790 à 1872).
Série 1 S. Acquisitions Semin (minutes notariales).
Série W. Secteur sauvegardé. 23 W.

**Archives départementales du Puy-de-Dôme.**

Série A. Actes du pouvoir souverain. A 98. Liève du quartier Notre-Dame, XVIIIe siècle. A 112. Liève, milieu du XVIIe siècle.
Série B IS 408/J. Fragments de liève, XVIIe siècle.
Série B Ri. Procès-verbaux d'expertises, inventaires après décès (Ancien régime).
Série C. Administrations provinciales (Bureau des finances : vestiges d'un registre de permissions de voirie (1750-1755) ; intendance ; juridiction consulaire ; monnaie ; terrier ; ville, ... ).
Série E. Actes notariés. 5 E 1, 5 E 47, 5 E 57.
Série G. Clergé séculier (26 G, Chapitre de Saint-Amable, 25 G, Chapitre du Marthuret, 27 G, Chapitre de la Sainte-Chapelle).
Série H. Clergé régulier (74 H, Visitandines, 70 H Carmélites, 87 H, Religieuses de Notre-Dame, 32 H, Cordeliers).
Série N. Edifices de l'administration départementale (cour royale, maison centrale, maison d'arrêt, sous-préfecture, ...).
Série O. Voirie urbaine. Arrondissement de Riom (an IX-1913).
Série 2 O 298. Riom. Administration et comptabilité communales (1800-1940).
Série P. Cadastre. Etat de section. P 10 664 (1813). Matrices. P 10 6987, P 10 694 (1823-1912).
Série Q. Vente de biens nationaux de seconde origine, dossiers individuels d'émigrés. Q 361, 364, 377, 407, 1015, 1058.
Série U. Minutes de jugements, tribunal civil de Riom. U 11599-11659 (1835-1894). Rapports d'expertises. U 11982 – 12033 (1829-1899).

**Archives nationales.**

Série P 989. Etat des domaines de la généralité de Riom (1734).

**Archives des monuments historiques.**

Médiathèque : dossiers de travaux par édifice. Riom, n°2359 à 2362 (essentiellement : baptistère Saint-Jean, beffroi, cour d'appel, église Notre-Dame du Marthuret, église Saint-Amable, hôtel de ville, immeuble 61 rue du Commerce, maison des consuls, ...).
Service photographique.

**Bibliothèque nationale.**

Ms Fr 22 297 : armorial de Guillaume Revel.

**Bibliothèque communautaire et interuniversitaire de Clermont-Ferrand.**

Ms 702 : « Recueil de diverses choses arrivées en Auvergne ou ailleurs depuis 1731 jusqu'à 1770 » par le Père TIOLIER, cordelier de Riom.

Ms 977 : « Description historique, scientifique et statistique des communes du département du Puy-de-Dôme » par Bouillet, Jean-Baptiste (1799-1878).

Ms 1072 : « Notes historiques et chronologiques sur la ville de Riom, d'après les registres et les documents existants aux archives de cette ville », anonyme, [2[e] quart XIXe siècle ?].

**D. R. A. C. AUVERGNE**

**Service de l'archéologie.**

CABEZUELO, Ulysse, « Riom : place Malouet et rue Victor Basch », rapport, sauvetage urgent, 1994, n°484.
CABEZUELO, Ulysse, « Riom : parvis Saint-Amable, rapport, sauvetage urgent, 1994, n°485.
CABEZUELO, Ulysse, « Riom : rue Victor Basch et Languille », rapport, sauvetage urgent, 1995, n°486.
PARENT, Daniel, YERY, Eric, « Ilot Grenier / Les tanneries. Riom (Puy-de-Dôme) », rapport de diagnostic, sondages, étude de bâti, 2004, n°1057.
VERNET, Gérard, « Rue Saint-Amable, Riom (63) », rapport de surveillance de travaux de voirie, 1999, n°449.

**Service des monuments historiques.**

DONZET, André-J., GIRARD, François René, SERAPHIN, Gilles, *Secteur sauvegardé de Riom, Plan de sauvegarde et de mise en valeur, Rapport de présentation*, juin 1994.

## BIBLIOGRAPHIE

*Ne sont mentionnées en bibliographie que les publications qui, pour une raison ou pour une autre (méthode, problématique ou donnée), ont réellement servi à avancer dans cette étude. La bibliographie est à compléter par les ouvrages ou articles cités en notes.*

### ORIENTATION BIBLIOGRAPHIQUE GENERALE


ALLAIN, Remy, *Morphologie de la ville. Géographie, aménagement et architecture de la ville*, Paris : Armand Colin/SEJER, 2004.

BOUDON, Françoise, CHASTEL, André, COUZY, Hélène, HAMON, Françoise, *Système de l'architecture urbaine. Le quartier des Halles à Paris*, Paris : éd. CNRS, 1977.

CHASTEL, André, GUILLAUME, Jean, dir., *La maison de ville à la Renaissance . Recherches sur l'habitat urbain en Europe aux XV<sup>e</sup> et XVI<sup>e</sup> siècles* [coll. « De architectura »], Paris : Picard, 1983 (actes du colloque, Tours, 1977).

CHASTEL, André, GUILLAUME, Jean, dir., *L'escalier dans l'architecture de la Renaissance* [coll. « De architectura »], Paris : Picard : 1985 (actes du colloque, Tours, 1979).

COSTE, Georges, TOULIER, Bernard, « La demeure urbaine : expérimentations et méthode : l'exemple de Tours », *Revue de l'art*, n° 65, 1984, p. 88-97.

DUBY, Georges, dir., *Histoire de la France urbaine*, Paris : Seuil, 1980-1985.

EHRARD, Jean, PIERA, Pascal, RABREAU, Daniel, RONCAYOLO, Marcel, SZAMBIEN, Werner, *Architecture et urbanisme pendant la Révolution française*, Clermont-Ferrand : Société des amis du Centre de recherches révolutionnaires et romantiques, (actes de la table ronde organisée à Riom, 26 octobre 1990), [1990].

GAUTHIEZ, Bernard, « La forme de l'immeuble et le statut juridique des terrains : l'exemple de Rouen du XIII<sup>e</sup> au XVIII<sup>e</sup> siècle », *Le sol et l'immeuble. Les formes dissociées de propriété immobilière dans les villes de France et d'Italie (XII<sup>e</sup>-XIX<sup>e</sup> siècle)*, actes d'une table ronde, Lyon, 14-15 mai 1993, [coll. Ecole française de Rome, n° 206], Rome, école française de Rome5 : éd. Olivier Faron, Etienne Hubert, 1995, p. 267-299.

HAROUEL, Jean-Louis, *L'embellissement des villes. L'urbanisme français au XVIII<sup>e</sup> siècle*, Paris : Picard, 1993.

LAVEDAN, Pierre, *Histoire de l'architecture urbaine, Antiquité, Moyen-âge*, Paris : H. Laurens, 1926.

LEPETIT, Bernard, *Les villes dans la France moderne : 1740-1840,* Paris : Albin Michel, 1988.

LOYER, François, *Paris XIX<sup>e</sup> siècle. L'immeuble et la rue*, Paris : Hazan, 1987.

PANERAI, Philippe, DEPAULE, Jean-Charles, DEMORGON, Marcelle, *Analyse urbaine* [coll. « Eupalinos »], Marseille : éd. Parenthèses, 2005 (1<sup>ère</sup> éd. 1999).

PINOL, Jean-Luc, *Atlas historique des villes de France*, Paris : Hachette, 1996.

ROSSI, Aldo, *L'architecture de la ville*, Gollion (Suisse) : InFolio éditions, coll. Archigraphy, 2001 (1<sup>ère</sup> éd. 1966).

SECCHI, Bernardio, *Première leçon d'urbanisme* [coll. Eupalinos], Marseille : éd. Parenthèses, 2006 (1<sup>ère</sup> éd. en italien, 2000).

SITTE, Camillo, *L'art de bâtir les villes. L'urbanisme selon ses fondements artistiques*, Paris : éd. du Seuil, 1996 (1<sup>ère</sup> éd. 1889).

SOURNIA, Bernard, « Montpellier, ville et morphologie de la demeure urbaine. Une méthode d'analyse assistée par ordinateur », *Revue de l'art*, n° 65, 1984, p. 82-88.

TEYSSOT, Josiane, « Les acteurs, les promoteurs de l'urbanisme », dans GAUTHIEZ, Bernard, ZADORA-RIO, Elisabeth, GALINIE, Henri, dir., *Village et ville au Moyen Age : les dynamiques morphologiques* [coll. « Villes et territoires », n° 5], Tours : Presses universitaires François-Rabelais et Maison des sciences de l'homme, 2003[1], t. 1, p. 447 - 451.


### ORIENTATION BIBLIOGRAPHIQUE relative au Puy-de-Dôme ou à l'Auvergne


DE BOOS, Emmanuel, *L'armorial d'Auvergne Bourbonnais et Foretz de Guillaume Revel*, Nonette : éd. Créer, 1998.

COHENDY, Michel, ROUCHON, G., *Inventaire sommaire des archives départementales antérieures à 1790, Puy-de-Dôme, Archives civiles, série C*, Clermont-Ferrand : imp. et lith. Mont-Louis, 1893-1937.

CONNIER, Yves, « Architecture médiévale et lave de Volvic. Sur l'ouverture des carrières », *L'histoire en Auvergne*, 1995, n°2, p. 53-62.

FOURNIER, Gabriel, *Châteaux, villages et villes d'Auvergne au XV<sup>e</sup> siècle, d'après l'armorial de Guillaume Revel*, Genève : Droz, Paris : Arts et métiers graphiques, 1973.

FOURNIER, Gabriel, FOURNIER, Pierre-François, « Villes et villages neufs au XIII<sup>e</sup> siècle en Auvergne : à propos des fondations d'Alphonse de Poitiers », *Journal des savants*, n° 4, oct.-déc. 1985, p. 190-230.

GARRIGOU GRANDCHAMP, Pierre, « L'architecture domestique du XII<sup>e</sup> au XIV<sup>e</sup> siècle dans les agglomérations du Puy-de-Dôme. Etat des questions », *Congrès archéologique de France* (2000), 2003[1], p. 241-278.

GARRIGOU GRANDCHAMP, Pierre , « Trois demeures des XII<sup>e</sup> et XIII<sup>e</sup> siècles à Montferrand : les maisons « de l'éléphant », « de la Chantrerie » et « d'Adam et Eve »», *Congrès archéologique de France* (2000), 2003[2] , p. 279-311.

MARTIN, Daniel, dir., *L'identité de l'Auvergne, mythe ou réalité historique. Essai sur une histoire de l'Auvergne des origines à nos jours*, Nonette : Créer, 2002.

PHALIP, Bruno, *Auvergne et Bourbonnais gothiques. Le cadre civil*, Paris : Picard, 2003.

ROBINNE, Paul-Edouard, *Montferrand du XII<sup>e</sup> au XVIII<sup>e</sup> siècles : notes et documents,* Clermont-Ferrand : C.R.D.P., 1974.


### ORIENTATION BIBLIOGRAPHIQUE relative à Riom


BERNET-ROLLANDE, L., *Saint-Amable. Sa vie. Son église. Son culte*, Clermont-Ferrand : M. Bellet et fils, 1891.

BONNET, Jean, *Le carmel de Riom, 1618-1698,* Riom : imp. Vau, s. d.

BOYER, François, *Inventaire sommaire des archives communales antérieures à 1790*, Riom : Ulysse Jouvet, 1892.

BREHIER, Louis, DESDEVISES du DEZERT, Georges, *Les villes d'art célèbres. Riom, Mozat, Volvic, Tournoël*, Paris : Librairie Renouard, H. Laurens, 1932.

CLOUARD, Emile, *Les gens d'autrefois. Riom aux XV<sup>e</sup> et XVI<sup>e</sup> siècles*, Riom : Ulysse Jouvet, 1910.

Commission d'histoire des rues, *Ville de Riom*, [sans lieu ni éd.], 1988-1994.

DU CORAIL, Robert, *Vieilles maisons de Riom,* Paris : Champion, 1919.

*Divers aspects de l'enseignement à Riom du XV<sup>e</sup> au début du XX<sup>e</sup> siècle*, cat. exp. Riom, musée Mandet, 4 mai – 4 juin 1987.

EVERAT, Edouard, *Le monastère de la Visitation Sainte-Marie de Riom et Jeanne Charlotte de Brechard*, Clermont-Ferrand : Bellet, 1892.

EVERAT, Edouard, *Le bureau des finances de Riom (1551-1790)*, Riom : Ulysse Jouvet, 1900.

EVERAT, Edouard, *Histoire abrégée de la ville de Riom depuis les origines jusqu'à nos jours, racontée à mes petits-enfants*, Marseille : Laffite reprints, rééd. 1975 (1ère éd. 1923).

FOURNIER, Pierre-François), « A propos de la charte de coutumes de Riom », *B.H.S.A.*, t. 84, 1970, p. 337-338.

IDEVILLE, [Henry], DU CORAIL, Robert, *Les châteaux de mon enfance (Auvergne, Bourbonnais)*, Paris-Bruxelles : éd.Victor Palmé et G. Lebrocquy, [1877].

INVENTAIRE GENERAL - SERVICE REGIONAL D'AUVERGNE. *Claude-François-Marie Attiret, 1750-1823, architecte de Riom*, par PIERA, Pascal [coll. « Cahiers de l'Inventaire », n°19], Clermont-Ferrand : Etude du patrimoine auvergnat, 1990.

INVENTAIRE GENERAL - SERVICE REGIONAL D'AUVERGNE. *Riom, le palais de justice et la Sainte-Chapelle, Puy-de-Dôme*, par DELMIOT, Franck, KURMANN-SCHWARZ, Brigitte, RENAUD, Bénédicte, REYNIES, Nicole de, TEYSSOT, Josiane, WHITELEY, Mary [coll. « Images du patrimoine », n° 192], Clermont-Ferrand : Etude du patrimoine auvergnat, 1999.

*L'industrie et le commerce à Riom sous l'Ancien régime et au XIXe siècle*, cat. exp. Riom, musée Mandet, 9 décembre 1988 - 16 février 1989.

MANRY, André-Georges, dir., *Histoire des communes du Puy-de-Dôme, 2, Arrondissement de Riom*, Roanne : éd. Horvath, 1987.

[MESSEIX, Antoine], « Journal d'Antoine Messeix, habitant de Riom », *L'Auvergne historique, littéraire et artistique*, t. 27, 1906, p. 129-231.

MORAND, Edmond, « L'abbaye de Saint-Amable de Riom », *B. H. S. A.*, t. LXXXII, 1963.

PIERA, Pascal. « L'embellissement des villes de Clermont-Ferrand et de Riom et les châteaux et maisons de plaisance en Basse-Auvergne entre 1688 et 1823 », thèse de doctorat, université Paris-I-Panthéon-Sorbonne, 2001.

PIERA, Pascal, « Amable Richier (1754-1836) ou l'utopie architecturale : ses projets de halles pour Riom et Clermont », *Recherches en histoire de l'art*, 2002, n° 1, p. 99-113.

PIERA, Pascal, « L'hôtel Dufraisse à Riom », *Congrès archéologique de France* (2000), 2003, p. 403-410.

POITRINEAU, Abel, texte établi et annoté par, *Mémoire sur l'état de la généralité de Riom en 1697 dressé pour l'instruction du duc de Bourgogne par l'intendant Lefèvre d'Ormesson*, Aurillac : imp. Moderne, s. d.[1970].

RENAUD, Bénédicte, SERAPHIN, Gilles, « Puy-de-Dôme. La charpente peinte d'un édifice du XIIIe siècle à Riom », *Bulletin monumental*, t. 157, 1999, p. 210-217.

RENAUD, Bénédicte, « L'inventaire de l'architecture civile médiévale de la ville de Riom : bilan provisoire », *Congrès archéologique de France* (2000), 2003[1], p. 363-391.

RENAUD, Bénédicte, « Deux édifices riomois de la première Renaissance : l'hôtel de Cériers et la maison dite des consuls », *Congrès archéologique de France* (2000), 2003[2], p. 393-402.

*Riom d'après les documents anciens figurés*, cat. exp. Riom, musée Mandet, 9 février – 31 mars 1985.

SERRYN, Brigitte, *Riom de 1630 à 1660*, Mémoire de maîtrise, Université de Clermont-Ferrand, 1980.

SEVE, R., « Une description de Riom au XVIIe siècle », *B. H. S. A.* , t. LXXXIV, 1970, p. 350-356.

Société des amis du Centre de recherches révolutionnaires et romantiques. *Le collège de Riom et l'enseignement oratorien en France au XVIIIe siècle*. Paris : CNRS Editions, Oxford :Voltaire foundation, 1993.

SOLER, Isabelle, « La vie quotidienne dans un monastère de la Visitation, XVIIe-XVIIIe siècles (Montferrand, Riom, Clermont) », Mémoire de maîtrise, Université de Clermont-Ferrand, 1997.

*Tanneries de Riom et des environs*, cat. exp. Riom, Bibliothèque municipale, 8 octobre-30 octobre 1985.

TARDIEU, Ambroise, *Grand dictionnaire historique du département du Puy-de-Dôme*, Marseille : Laffite reprints, rééd. 1976 (1ère éd. 1877).

TEYSSOT, Josiane, « Consulats et municipalités de Riom de 1270 à 1789 », *Bulletin historique et scientifique de l'Auvergne*, juillet-septembre 1984, t. XCII, n° 682.

TEYSSOT, Josiane, « Les relations seigneurs-villes : le cas des trois « capitales » de Basse Auvergne, Clermont, Riom et Montferrand du XIIe au XVe siècle », *Congrès national des sociétés savantes*. Section d'histoire médiévale et de philologie, n°117 (« Seigneurs et seigneuries au Moyen-âge »), 1992, p. 211-221.

TEYSSOT, Josiane, « Découvertes archéologiques à Riom », *Bulletin historique et scientifique de l'Auvergne*, n°721, avril-juin 1997, p. 97-102.

TEYSSOT, Josiane, « Les institutions communales de Riom, XIIIe-XVIIIe siècles », *Histoire en Auvergne*, 1995, n°2, p. 63-70.

TEYSSOT, Josiane, *Riom : capitale et Bonne ville d'Auvergne, 1212-1557*, Nonette : Créer, 1999.

TEYSSOT, Josiane, « Montferrand et Riom, XIIe-XVe siècle », dans GAUTHIEZ, Bernard, ZADORA-RIO, Elisabeth, GALINIE, Henri, dir., *Village et ville au Moyen Age : les dynamiques morphologiques*, Tours : Presses universitaires François-Rabelais et Maison des sciences de l'homme, coll. « Villes et territoires », n° 5, 20032, t. 1, p. 97 -109.

THIERY, Yvonne, « Hôtels et maisons de la Renaissance à Riom », *Bulletin monumental*, t. XCIV (1935), p. 435-490.

149- Fontaine à mi-pente de la rue de l'Horloge.